SAN FRANCISCO

San Francisco

6e édition

It's an odd thing, but anyone who disappears
is said to be seen in San Francisco.

Oscar Wilde
The Picture of Dorian Gray

« C'est étrange, mais chaque fois qu'une personne disparaît, quelqu'un prétend l'avoir vue à San Francisco. »

ULYSSE

Des quartiers à découvrir

1. Lombard Street, la rue à sens unique la plus « tordue » au monde, serpente sur les flancs de Russian Hill. (page 72) © iStockphoto.com/Philip Dyer
2. Les fenêtres du Caffe Trieste dans le quartier de North Beach, jadis un lieu de rendez-vous des beatniks. (page 71) © San Francisco Travel, photo by Rick Gerharter
3. Un tramway circule sur l'Embarcadero devant le Ferry Building Marketplace, dont la tour s'inspire de celle de la cathédrale Giralda de Séville. (page 69) © iStockphoto.com/Frank van den Bergh
4. Le San Francisco Museum of Modern Art, aux formes géométriques audacieuses, a contribué à la renaissance du quartier de South of Market. (page 94) © San Francisco Travel, photo by Tom Bross
5. Porte d'entrée du quartier chinois de San Francisco, la Chinatown Gateway se trouve sur Grant Avenue, la plus ancienne artère de la ville. (page 63) © San Francisco Travel, photo by Kerrick James
6. Les populaires *cable cars*, véritables emblèmes de San Francisco, circulent sur les collines de la ville depuis 1873. (pages 51 et 73). © Dreamstime.com/Can Balcioglu
7. Dans le quartier de Haight-Ashbury, le joli Alamo Square est flanqué de six fabuleuses maisons victoriennes que l'on surnomme *Painted Ladies*. (page 87) © Dreamstime.com/Photoquest Cable car
8. Le Castro Theatre, avec sa jolie façade néocoloniale, est dédié au septième art. (page 96) © San Francisco Travel, photo by Kerrick James

天下為公
5

POWELL & HYDE St.
14
6

CASTRO
RESTORED VERSION OF BERTOLUCCI'S
BILLY WILDER TRIBUTE FEB. 2
8

1

2

3

4

Entre terre et mer

1. Datant de la fin du XIXe siècle, le spectaculaire Conservatory of Flowers est le plus ancien bâtiment du Golden Gate Park. (page 88)
© Dreamstime.com/Chee-onn Leong

2. Vue d'ensemble du quartier de North Beach, aux abords de la baie de San Francisco, avec la St. Peter and St. Paul Church à l'avant-plan. (pages 70 et 72)
© San Francisco Travel, photo by Can Balcioglu

3. Des visiteurs admirent les otaries sur le Pier 39, avec l'île d'Alcatraz à l'arrière-plan. (pages 74 et 76)
© San Francisco Travel, photo by Jeff Greenberg

4. Les amateurs d'espaces verts peuvent emprunter l'un des nombreux sentiers qui sillonnent les collines bucoliques du parc Presidio. (page 79)
© iStockphoto.com/Siew Yee Lee

1

2

3

4

Les environs de San Francisco

1. Le magnifique Golden Gate Bridge relie la ville de San Francisco à sa banlieue cossue de Marin County. (pages 81 et 98) © Dreamstime.com/Christophe Michot
2. Le South Hall de l'Université de Californie à Berkeley, où flotte toujours le parfum révolutionnaire des années 1960. (page 100) © Dreamstime.com/Rachabodin Suwannakanthi
3. Datant de 1875 et aujourd'hui converti en auberge de jeunesse, le Point Montara Lighthouse surplombe l'océan du haut de sa falaise au sud de San Francisco. (page 104) © Dreamstime.com/Santhanraj
4. De ravissantes maisons colorées construites à flanc de colline dans le charmant village de Sausalito. (page 98) © Dreamstime.com/Joseph Mercier

Localisation des circuits

Auteur : Alain Legault
Éditeur : Pierre Ledoux
Correcteur : Pierre Daveluy
Infographistes : Pascal Biet, Annie Gilbert, Judy Tan, Philippe Thomas
Adjointe à l'édition : Julie Brodeur
Photographies : Page couverture, *Cable car* : © Dreamstime.com/Hasan Can Balcioglu; Page 2, Coit Tower au sommet de Telegraph Hill : © Dreamstime.com/AdrienBisson; Page de titre, *Painted Ladies* : © iStockphoto.com/Paul Morton; Lanternes chinoises dans Chinatown : © iStockphoto.com/Joe Potato Photo

Cet ouvrage a été réalisé sous la direction de Claude Morneau.

Remerciements

L'auteur et Guides de voyage Ulysse tiennent à remercier particulièrement les personnes suivantes pour leur aide : Chimmy Lee et Deanna Desedas, de la San Francisco Municipal Transportation Agency; Gina M. DeLorenzo, de Bay Area Rapid Transit; Alexandra Cave et Laurie Armstrong, de San Francisco Travel; Pierre Chaurette et Annick St-Laurent.

Guides de voyage Ulysse reconnaît l'aide financière du gouvernement du Canada par l'entremise du Fonds du livre du Canada (FLC) pour ses activités d'édition.

Guides de voyage Ulysse tient également à remercier le gouvernement du Québec – Programme de crédit d'impôt pour l'édition de livres – Gestion SODEC.

Guides de voyage Ulysse est membre de l'Association nationale des éditeurs de livres.

Note aux lecteurs

Tous les moyens possibles ont été pris pour que les renseignements contenus dans ce guide soient exacts au moment de mettre sous presse. Toutefois, des erreurs peuvent toujours se glisser, des omissions sont toujours possibles, des adresses peuvent disparaître, etc.; la responsabilité de l'éditeur ou des auteurs ne pourrait s'engager en cas de perte ou de dommage qui serait causé par une erreur ou une omission.

Écrivez-nous

Nous apprécions au plus haut point vos commentaires, précisions et suggestions, qui permettent l'amélioration constante de nos publications. Il nous fera plaisir d'offrir un de nos guides aux auteurs des meilleures contributions. Écrivez-nous à l'une des adresses suivantes, et indiquez le titre qu'il vous plairait de recevoir.

Guides de voyage Ulysse
4176, rue Saint-Denis, Montréal (Québec), Canada H2W 2M5, www.guidesulysse.com, texte@ulysse.ca

Les Guides de voyage Ulysse, sarl, 127, rue Amelot, 75011 Paris, France, voyage@ulysse.ca

Catalogage avant publication de Bibliothèque et Archives nationales du Québec et Bibliothèque et Archives Canada
Vedette principale au titre :
San Francisco
(Guide de voyage Ulysse)
Comprend un index.
ISBN 978-2-89464-942-8
1. San Francisco (Calif.) - Guides.
F869.S33S26 917.94'610454 C99-302923-X

Bibliothèque et Archives nationales du Québec
Dépôt légal – Quatrième trimestre 2012
ISBN 978-2-89464-942-8 (version imprimée)
ISBN 978-2-89665-303-4 (version numérique PDF)
Imprimé au Canada

À moi...
San Francisco!

Nous vous proposons ici une sélection d'attraits incontournables qui vous permettra d'explorer San Francisco en vrai connaisseur.

Découvrez d'abord les coups de cœur de l'auteur dans la section «Le meilleur de San Francisco». Puis, inspirez-vous des itinéraires de la section «En temps et lieux» pour profiter au maximum de votre séjour, peu importe que vous projetiez une visite éclair de quelques heures ou un voyage de plusieurs jours.

Le meilleur de San Francisco

Pour vivre des expériences typiquement san-franciscaines

- Traverser le Golden Gate Bridge p. 81
- Visiter Alcatraz p. 76
- Faire une balade sur Columbus Avenue dans North Beach p. 70
- Se promener sur Grant Avenue dans le Chinatown p. 63
- Se remémorer le *Summer of Love* dans le quartier de Haight-Ashbury p. 86
- Se rendre dans les musées et restos branchés de SoMa p. 93
- Sauter dans un *cable car* p. 51, 73
- Faire ses emplettes au Ferry Building Marketplace p. 69
- Assister au spectacle *Beach Blanket Babylon* p. 172
- S'offrir une soirée mémorable au cabaret-resto AsiaSF p. 162
- Sillonner les rues de la ville avec des hordes de cyclistes pendant le Critical Mass p. 111

Pour découvrir des trésors architecturaux

- La Transamerica Pyramid p. 68
- La Haas-Lilienthal House p. 82
- Le City Hall p. 83
- Le St. Francis Hotel p. 60, 119
- La Coit Tower p. 72

Pour visiter des musées fascinants

- La California Academy of Sciences p. 89
- La California Palace Legion of Honor p. 92
- Le M.H. de Young Museum p. 90
- L'Asian Art Museum p. 86
- Le San Francisco Museum of Modern Art p. 94

Pour s'amuser à petit prix

- Une balade en *cable car* p. 51, 73
- Les visites guidées proposées par les City Guides p. 58
- Le Ferry Plaza Farmers Market p. 69
- Le Musée Mécanique p. 75

Pour faire plaisir aux enfants

- La colonie d'otaries de Fisherman's Wharf p. 74
- Le Cartoon Art Museum p. 94
- Le Walt Disney Family Museum p. 80
- L'Aquarium of the Bay p. 74
- L'Exploratorium p. 78
- Le Zeum p. 94
- La California Academy of Sciences p. 89
- Le San Francisco Zoo p. 104
- Le Bay Area Discovery Museum p. 98

Pour s'échapper de la frénésie urbaine

- Le Golden Gate Park p. 87
- Le Presidio p. 79
- Le Sutro Heights Park p. 92
- Le Mission Dolores Park p. 98
- Le Tilden Park à Berkeley p. 102
- Les charmantes rues de Sausalito p. 98
- Une croisière sur la baie de San Francisco p. 109

Pour s'offrir un bon repas

Les meilleurs restaurants gastronomiques

- Benu p. 163
- Coi p. 155
- Gary Danko p. 156
- The Slanted Door p. 152

Les restaurants offrant le meilleur rapport qualité/prix

- Cha cha cha p. 159
- Daily Grill p. 147
- Mr. Pollo p. 164
- Papalote Mexican Grill p. 164
- Taqueria Cancun p. 146
- Urban Picnic p. 146

Les meilleurs restaurants américains

- Chez Panisse p. 166
- Trace p. 162
- Twenty Five Lusk p. 163

Les meilleurs *dim sum*

- Yank Sing p. 152

Les meilleurs sushis

- Ozumo p. 152
- Sushi on North Beach p. 154
- Yoshi's Jazz Club and Japanese Restaurant p. 157

Les meilleurs restaurants français

- Chapeau p. 160
- Chez Papa p. 152
- Fleur de Lys p. 149
- Gary Danko p. 156
- La Folie p. 155

Pour séjourner dans des lieux d'hébergement qui se démarquent

Les hôtels les plus luxueux

- Four Seasons San Francisco p. 125
- Hotel Nikko p. 119
- Mandarin Oriental p. 122
- Palace Hotel p. 120
- The St. Regis San Francisco p. 126
- W San Francisco p. 126
- Westin St. Francis p. 119

L'hôtel le plus écologique

- Orchard Garden Hotel p. 119

Les hôtels offrant le meilleur rapport qualité/prix

- Handlery Union Square Hotel p. 118
- The San Remo Hotel p. 123

Pour les personnes qui voyagent sac au dos

- San Francisco Backpacker Hostel Pacific Tradewinds p. 121
- Globetrotter's Inn p. 117
- Green Tortoise Hostel p. 122

Pour prendre un café préparé selon les règles de l'art

- Blue Bottle Coffee Co. p. 150, 158, 161
- Caffe Trieste p. 154
- Mario's Bohemian Cigar Store p. 154

Pour prendre l'apéro

- Absinthe Brasserie & Bar p. 177
- Cellar 360 p. 177
- First Crush Restaurant & Bar p. 173
- Hôtel Biron p. 178
- Nectar Wine Lounge p. 177
- Press Club p. 173
- Uva Enoteca p. 178

Pour s'offrir une séance de lèche-vitrine

- Union Square abrite sans doute la plus grande concentration de boutiques et de grands magasins en ville, entre autres Macy's (p. 189), Westfield San Francisco Center (p. 187), Neiman-Marcus (p. 189), Saks Fifth Avenue (p. 189), Betsey Johnson (p. 193), Margaret O'Leary (p. 194), Paul Smith (p. 194) et Napa Valley Winery Exchange (p. 195)
- Haight-Ashbury est le quartier idéal pour dénicher des vêtements et des fringues aux allures délicieusement rétro p. 195
- North Beach, Mission et Castro sont les quartiers qui abritent de petites boutiques de mode originales p. 193

San Francisco en temps et lieux

Une journée

Pour bien commencer la journée, rendez-vous au bout de Market Street au **Ferry Building Marketplace**, qui abrite entre autres la **Blue Bottle Coffee Co.**, où des *baristas* dignes de ce nom concoctent des espressos ou des cafés au lait onctueux avec dessins impeccables sur la mousse de lait. Saisissez l'occasion pour vous offrir une gaufre savoureuse pour votre petit déjeuner. Le Ferry Building compte suffisamment de restaurants et de boutiques spécialisées en alimentation (macarons, chocolats, confiseries, vins...) pour y flâner pendant quelques heures. Qui plus est, tous les mardis, jeudis et samedis matins, les alentours du Ferry Building s'animent grâce à la présence des nombreux producteurs agricoles qui viennent présenter leurs produits biologiques du terroir californien. Profitez-en pour vous balader au hasard de la découverte.

C'est déjà l'heure du midi ? Selon vos préférences culinaires, vous pourrez réserver une table pour le déjeuner dans le secteur au **Slanted Door** ou à **La Mar Cebicheria**. Pour une promenade digestive, marchez jusqu'au Pier 33 et participez à une visite guidée d'**Alcatraz**. Au retour, cédez au ludique du **Musée Mécanique** et retrouvez vos souvenirs d'enfance. L'heure de l'apéro a sonné ? Pointez-vous au **Buena Vista Café** dans le secteur de **Fisherman's Wharf** pour siroter un Irish Coffee, ou encore au **Cellar 360** dans le même quartier pour déguster un vin californien. Sautez ensuite dans un ***cable car*** de la ligne Powell-Mason pour vous diriger vers Union Square et dîner au **John's Grill**. Pour finir la soirée en beauté, allez prendre un verre au **Top of the Mark** en admirant des panoramas de la ville à couper le souffle.

Un week-end

Commencez votre deuxième journée par une visite du **Chinatown** au départ de la **Chinatown Gateway**, une arche ornée de dragons chinois située dans la plus vieille rue de la ville, Grant Avenue. Arrêtez-vous à la **Golden Gate Fortune Cookie Factory**, où l'on fabrique les célèbres *fortune cookies*, à l'intérieur desquels on découvre des proverbes ou des maximes. Faites une pause apaisante chez **Ten Ren Tea**, qui offre un excellent choix de thés de qualité supérieure. Si vous avez besoin de vous requinquer, pointez-vous au **Caffe Trieste** dans le secteur de **North Beach** pour siroter un café digne de ce nom. Poussez la porte de **City Lights Booksellers & Publishers** pour visiter la merveilleuse librairie de l'auteur *beatnik* Lawrence Ferlinghetti. Montez ensuite jusqu'à la terrasse d'observation de la **Coit Tower** pour bénéficier de vues spectaculaires sur la ville.

Pour le déjeuner, convergez vers **Union Square**. Les personnes à la recherche d'un excellent rapport qualité/prix pour leur repas prendront la direction de l'**Urban Tavern** ou du **Daily Grill**. En après-midi, pour vous offrir une séance de magasinage, rendez-vous chez **Macy's**, chez **Williams-Sonoma** ou au **Westfield San Francisco Center**. Pointez-vous ensuite au **San Francisco Museum of Modern Art (SFMOMA)** dans le quartier de **South of Market (SoMa)** pour une fascinante visite culturelle. Pour ensuite prendre un verre dans une des meilleures vinothèques de la ville, arrêtez-vous au **Press Club** avant d'aller vous offrir un succulent repas de cuisine française au restaurant **Chez Papa**.

Plusieurs jours

Ceux et celles qui désirent visiter plusieurs attractions dans un seul endroit seront ravis de se retrouver au **Golden Gate Park**, un merveilleux parc sillonné par une cinquantaine de kilomètres de sentiers qui défilent au milieu d'une grande variété de paysages bucoliques et nombre d'attraits touristiques dont l'un des plus importants musées d'histoire naturelle au monde, la **California Academy of Sciences**, sans oublier le **M.H. de Young Museum**, le **Japanese Tea Garden** et le **San Francisco Botanical Garden at Strybing Arboretum**. En sortant du Golden Gate Park, vous pourrez déambuler dans Haight Street jusqu'à Ashbury Street, soit l'une des intersections les plus célèbres de la planète. Vous vous trouverez alors au cœur du quartier de **Haight-Ashbury**, qui a été le pôle du mouvement hippie dans les années 1960. Profitez-en pour manger à la vinothèque **Uva Enoteca** en dégustant un verre de rouge ou de blanc. Évidemment, ne partez pas de San Francisco sans avoir traversé le **Golden Gate Bridge** sous le ciel enfiévré du soleil couchant ! Cette traversée vous permettra d'échapper à la frénésie urbaine et de vous offrir, de l'autre côté du pont, une belle balade dans les charmantes petites rues de **Sausalito**. Vous pourrez ensuite terminer votre séjour par une amusante sortie nocturne au ***Beach Blanket Babylon***, dans le quartier de North Beach.

Derrière les mots

Alain Legault

Né au pays de Mario Vargas Llosa d'une mère péruvienne et d'un père québécois, **Alain Legault** a également du sang chinois et irlandais qui coule dans ses veines. Visiblement, il était destiné à œuvrer dans le domaine des guides de voyage... ou à faciliter les communications dans notre tour de Babel qu'est la Terre, ce qu'il fait aussi à titre de traducteur dans une importante entreprise du domaine des activités de plein air. Il est l'auteur des guides Ulysse *Las Vegas*, *Miami et Fort Lauderdale*, *San Francisco*, *Pérou et Équateur – îles Galápagos*, en plus d'avoir participé à la mise à jour des guides *New York*, *Le Québec*, *Montréal* et *Cancún et la Riviera Maya*. Non seulement est-il auteur, rédacteur, traducteur, papa, conjoint et rêveur, il aime aussi le bruit des vieilles caisses enregistreuses, les enfants qui éclatent de rire et les histoires racontées par la voix éraillée de Dylan.

Sommaire

Portrait 21
Géographie 22
Géologie 22
Économie 23
Population 23
Histoire 24
Architecture 34
Cinéma 37
Littérature 40
Musique 41
Sports professionnels 43

Renseignements généraux 45
Formalités d'entrée 47
Accès et déplacements 47
Renseignements utiles, de A à Z 51

Attraits touristiques 59
Le centre-ville 60
La côte 74
Le centre 82
Golden Gate Park Area 87
Le sud 93
Les environs de San Francisco 98

Plein air 107
Parcs 108
Plages 109
Activités de plein air 109

Hébergement 113
Le centre-ville 117
La côte 123
Le centre 124
Golden Gate Park Area 125
Le sud 125
Les environs de San Francisco 127

Restaurants 143
Le centre-ville 146
La côte 155
Le centre 157
Golden Gate Park Area 160
Le sud 161
Les environs de San Francisco 165

Sorties 169
Activités culturelles 170
Bars et boîtes de nuit 173
Festivals et événements 182
Sports professionnels 184

Achats 185
Alimentation 186
Antiquités 187
Centres commerciaux 187
Cigares 188
Décoration intérieure 188
Fleuristes 188
Galeries d'art 188
Grands magasins 189
Insolite 189
Librairies 189
Lunettes 190
Matériel informatique 190
Papeterie 190
Produits de beauté 190
Musique 190
Photographie 191
Plein air 191
Salon de tatouage 191
Vêtements 192
Vêtements et accessoires de mode 193
Vêtements de maternité 194
Vêtements pour enfants 194
Vêtements rétro 195
Vie intime 195
Vins et spiritueux 195
Voyage 196

Références 197
Index 198
Lexique français-anglais 208
Légende des cartes 216
Symboles utilisés dans ce guide 216

Liste des cartes

Berkeley 101
hébergement, restaurants et sorties 140
Californie 46
Castro 95
hébergement, restaurants et sorties 139
Chinatown 64-65
hébergement, restaurants et sorties 132-133
Civic Center, Tenderloin et Hayes Valley 84-85
hébergement, restaurants et sorties 136-137
Environs de San Francisco 99
Financial District et Embarcadero 64-65
hébergement, restaurants et sorties 132-133
Fisherman's Wharf et Alcatraz 80-81
hébergement, restaurants et sorties 134-135
Golden Gate Park 91
hébergement, restaurants et sorties 138
Haight-Ashbury 84-85
hébergement, restaurants et sorties 136-137
Japantown 84-85
hébergement et restaurants 136-137
Marina 80-81
hébergement, restaurants et sorties 134-135
Mission 95
hébergement, restaurants et sorties 139
Nob Hill 64-65
hébergement, restaurants et sorties 132-133
Noe Valley
restaurants 139
North Beach 64-65
hébergement, restaurants et sorties 132-133
Oakland 103
hébergement, restaurants et sorties 141
Pacific Heights 84-85
hébergement 136-137
Presidio 80-81
Richmond 91
hébergement, restaurants et sorties 138
South of Market (SoMa) 95
hébergement, restaurants et sorties 139
Union Square 64-65
hébergement, restaurants et sorties 132-133

Liste des encadrés

49 Mile Scenic Drive 62
Avez-vous 21 ans? 173
Barbary Coast 29
Beat 70
Beatnik 31
Black Bart 67
Black Panthers 104
Cable cars 73
California Midwinter International Exposition 89
City Pass 61
Conciergerie 114
Critical Mass 111
Dîner-croisière sur la baie de San Francisco 151
Domingo Ghirardelli 76
Foodies 149
Go West young man! 22
Ken Kesey 32
L'Art déco 37
L'empereur Joshua Abraham Norton 27
Les drapeaux 109
Les favoris des enfants 105
Les fresques de San Francisco 69
Levi Strauss 28
Lillie Hitchcock Coit 72
Lotta's Fountain 66
LSD 31
Montgomery Block 68
Only in San Francisco 161
Principaux événements historiques 25
Restaurants végétariens 157
SFpark 49
Stationnement dans les côtes 48
Tête de Turc 171
The Birdman 77
Une ville connectée 56
Valet parking 119

Situation géographique dans le monde

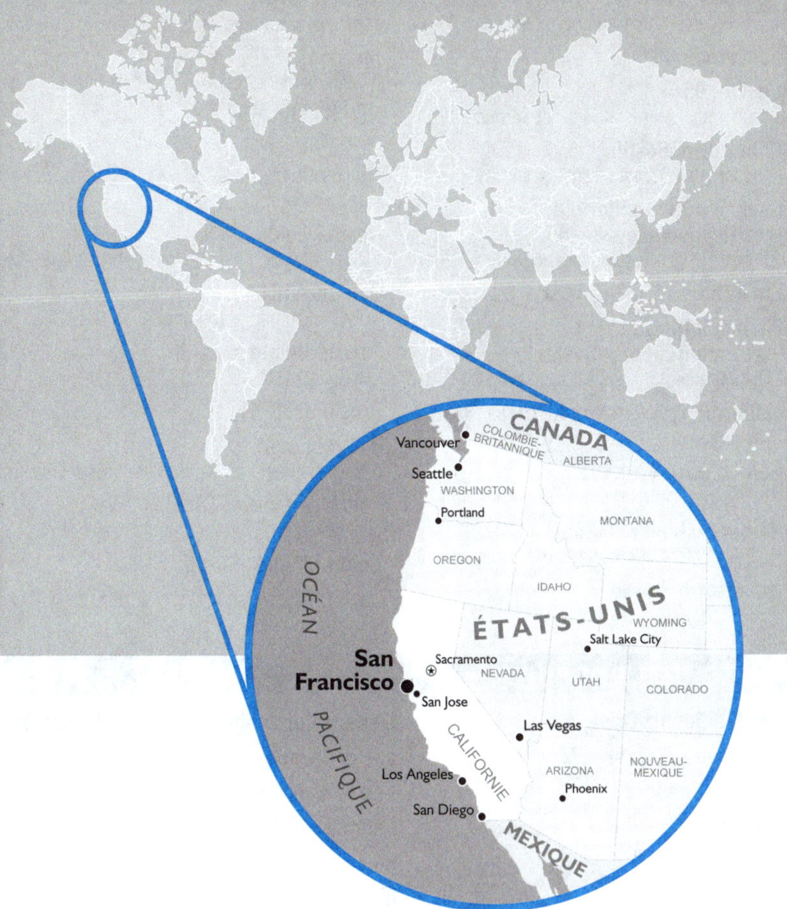

San Francisco

Superficie (terrestre): 120 km²
Population (ville):
environ 750 000 habitants
Densité: 6 250 hab./km²
Climat: méditerranéen
Moyenne des températures:
été entre 18°C et 24°C
hiver entre 10°C et 15°C
Moyenne des précipitations:
507,2 mm dont 85% de novembre à mars
Point le plus haut:
Naturel: le mont Davidson avec 282 m
Artificiel: la Transamerica Pyramid avec 260 m

Fuseau horaire: Pacifique (UTC –8)
Langue: anglais
Diversité culturelle: les plus importantes communautés ethniques demeurent les Asiatiques (principalement les Chinois et les Japonais), les Italiens, les Latino-Américains, les Afro-Américains, les Irlandais et les Russes.

La communauté gay occupe une place de tout premier ordre à San Francisco. La ville accueille notamment le plus important groupe de parents homosexuels des États-Unis.

Portrait

Géographie 22
Géologie 22
Économie 23
Population 23
Histoire 24
Architecture 34
Cinéma 37
Littérature 40
Musique 41
Sports professionnels 43

San Francisco a toujours exercé une fascination presque mythique dans l'imaginaire débridé des pionniers, des artistes, des écrivains, des curieux, des touristes et de tous ceux qui furent un beau jour séduits par l'expression bien connue «*Go West young man!*».

Les corsaires et les conquistadors l'imaginaient comme un fantôme émergeant à peine du brouillard crépusculaire où il s'est noyé; les artistes et les poètes, comme une métropole élégante gorgée de soleil; les peintres et les photographes, comme une toile de fond au centre de laquelle la ville s'estompe derrière un voile de grisaille et de mélancolie; les rêveurs et les écrivains, comme une contrée lointaine nimbée d'une aura de mystère.

Géographie

Délimitée à l'ouest par l'océan Pacifique et au nord par le détroit du Golden Gate, San Francisco s'étend sur le bout d'une péninsule bordée par la baie de San Francisco, qui couvre 1 280 km^2. Le Golden Gate Bridge mène au Marin County, tandis que le Bay Bridge relie San Francisco aux villes d'Oakland et de Berkeley, dans la région d'East Bay. La ville de San Francisco est parsemée d'une quarantaine de collines qui culminent à 282 m d'altitude au mont Davidson. D'allure très européenne grâce à ses nombreuses maisons victoriennes, la trame urbaine de San Francisco ne correspond pas à celle d'autres villes typiques des États-Unis. Finalement, la rencontre entre l'air froid de l'océan et l'air chaud de la côte forme un brouillard épais qui caractérise également la ville de San Francisco.

Géologie

Lieu du globe à haute sismicité, San Francisco est située dans l'État de la Californie, parcouru par de nombreuses failles sur une ceinture sismique. La ville est localisée sur la faille de San Andreas (qui coupe la péninsule en deux et passe au large du Golden Gate Bridge pour se diriger au nord jusqu'au cap Mendocino) et à l'ouest de la faille de Hayward (qui longe Berkeley et Oakland). Avec le temps, par un mouvement continu mais d'une extrême lenteur, la faille de Hayward se déplace par rapport à l'autre vers le nord-ouest sur une distance moyenne d'environ 3 cm par année. Le frottement de ces deux plaques provoque les séismes qui secouent la Californie. Si l'on retrace l'histoire des grands tremblements de terre survenus en Californie au cours du XXe siècle, on constate qu'ils ont frappé surtout la partie nord de la faille, dans la région de San Francisco. À titre d'exemple, mentionnons le fort séisme très dévastateur de 1906, lequel a déclenché l'incendie qui rasa une bonne partie de la ville, ou celui de 1989, le *Loma Prieta*, qui secoua la région durant le troisième match de la Série mondiale de baseball entre les Giants de San Francisco et les A's d'Oakland.

Tous les sismologues annoncent d'ores et déjà qu'un séisme dévastateur, surnommé *The Big One*, va un jour frapper la Californie. On ignore le lieu et même l'heure, mais tout le monde s'entend pour dire que les dommages seront catastrophiques.

Go West young man!

Horace Greeley, sans doute le plus célèbre journaliste américain du XIXe siècle, avait donné cette réponse éloquente à un jeune homme qui lui demandait en 1851 ce qu'il devait faire pour réussir et s'enrichir. Il n'en fallut pas plus pour que la campagne publicitaire de la conquête de l'Ouest fût axée sur l'expression «*Go West*», synonyme de prospérité pour tous.

Économie

Grâce à son puissant secteur financier, le Financial District (surnommée le Wall Street de l'Ouest), qui regroupe presque toutes les grandes banques, compagnies d'assurances, de fiducies et de courtage, San Francisco compte parmi les métropoles les plus prospères des États-Unis.

San Francisco bénéficie également d'une place de choix dans le secteur de la biotechnologie. L'économie de la ville s'est aussi spécialisée dans le secteur de l'informatique et de la haute technologie qui a connu son apogée durant les années 1990, à l'époque de la bulle Internet.

Par ailleurs, la métropole est aussi favorisée par son accès à la voie maritime. Le port de San Francisco et celui d'Oakland sont des plaques tournantes importantes pour le transport des marchandises.

Finalement, le secteur touristique et des congrès ratisse leur large part de bénéfices grâce aux nombreux visiteurs et aux emplois tributaires des services publics.

Population

San Francisco a longtemps été la plus populeuse des villes de la Californie, mais, vers le milieu du XXe siècle, elle a glissé au quatrième rang, cédant le pas à Los Angeles, San Diego et San Jose. De nos jours, la ville de San Francisco compte environ 750 000 habitants et a une superficie de 120 km^2. San Francisco baignant dans un véritable bouillon de culture, on estime que plus du tiers des habitants de la ville sont nés à l'extérieur des États-Unis.

› Les Chinois

Les Chinois furent un des premiers groupes ethniques à peupler San Francisco. En effet, les premiers Chinois à s'y installer suivirent la vague de peuplement qui déferla sur la ville à la suite de la découverte des premières traces de métal scintillant qui provoqua la Ruée vers l'or. Puis, au cours des années 1860, plusieurs autres communautés asiatiques y vinrent afin de travailler à la construction du chemin de fer transcontinental. Toutefois les Chinois ont subi depuis lors plusieurs flambées de racisme, mais ont su surmonter ces épreuves collectives avec patience et sans révolte, pour former peu à peu l'un des quartiers chinois les plus peuplés situés hors de la Chine.

À une certaine époque, on alla jusqu'à modifier la loi pour tâcher de les exclure de la ville. En 1850 notamment, pour tenter de produire un effet dissuasif sur l'immigration grandissante qui s'y développait, on vota une loi qui stipulait que chaque mineur étranger devait débourser une taxe de 20$ par mois (somme faramineuse pour l'époque).

C'est que l'arrivée massive de Chinois à une époque incertaine du développement de la ville ne pouvait que provoquer des tensions raciales élevées qu'on essaya de contenir mais qui ne tardèrent pas néanmoins à exploser. Les Asiatiques furent alors victimes de discriminations diverses, d'actes de violence gratuits et de mesures d'intimidation. En 1880, le *Chinese Exclusion Act* fut passé. Cette loi interdisait toute forme d'immigration chinoise pour une période de 10 ans, mais elle ne sera finalement abrogée que durant la Seconde Guerre mondiale. Aujourd'hui, la communauté chinoise est le plus important groupe ethnique de San Francisco, avec son fort contingent qui atteint près de 20% de la population totale. La grande majorité de la population chinoise de la ville habite le Chinatown ainsi qu'une partie du quartier de Richmond, en voie de devenir un second Chinatown (mais en plus petit).

› Les Italiens

Les Italiens forment environ 5% de la population. Ils sont arrivés vers la fin du XIXe siècle, alors qu'ils étaient majoritairement pêcheurs, et se sont installés dans le quartier de North Beach. D'ailleurs, la population était tellement importante qu'on surnommait jadis le quartier «Little Italy». Les nombreux restaurants, trattorias et cafés italiens témoignent encore de la présence de ce peuple et confèrent au quartier une aura quelque peu méditerranéenne.

› Les Japonais

Les Japonais sont arrivés à San Francisco au début du XXe siècle et se sont établis dans le Chinatown. Puis, lorsque le Chinatown brûla, ils déménagèrent dans le quartier de Japantown. Durant la Seconde Guerre mondiale, toute la population japonaise fut internée.

› Les Afro-Américains

Après la Première Guerre mondiale, on note les premières migrations d'Afro-Américains des États du Sud, séduits par le développement des villes industrielles du Nord. Puis d'autres Afro-Américains arrivent massivement à San Francisco lors de la Seconde Guerre mondiale, afin de fournir la main-d'œuvre dont les nombreuses usines d'armement de la région avaient grand besoin à l'époque. Ils sont toutefois peu nombreux à San Francisco et davantage présents à Oakland.

› Les Hispano-Américains

Il suffit de jeter un coup d'œil sur les noms des villes californiennes pour comprendre que les Espagnols se sont implantés ici il y a fort longtemps: Sacramento, San Francisco, San Jose, Los Angeles, San Diego. Ces expatriés habitent toujours différentes régions de la Californie. À San Francisco, les hispanophones se sont surtout implantés dans le quartier appelé Mission.

› Les Irlandais

Lorsque la maladie de la pomme de terre a provoqué la grande famine en Irlande au milieu du XIXe siècle, plus de 50 000 Irlandais ont convergé vers l'Amérique. À l'instar des hispanophones, les Irlandais ont également peuplé une partie de la Californie. Ceux qui ont abouti à San Francisco se sont dispersés un peu partout dans la ville, mais on retrouve une grande concentration d'Irlandais dans le quartier de Richmond.

› Les Russes

Les premiers Russes qui ont foulé le sol de San Francisco étaient des trappeurs qui venaient d'Alaska. Leurs descendants occupent une partie du quartier de Richmond et possèdent également leur propre journal.

Histoire

Des recherches archéologiques démontrent qu'il y a environ 15 000 ans des tribus nomades en provenance d'Asie franchirent le détroit de Bering et commencèrent à peupler les Amériques par vagues migratoires successives. L'histoire de ces mouvements de peuplement relate encore que, bien des siècles plus tard et avant l'arrivée des Européens en terre américaine, les Ohlones peuplaient la région de la baie de San Francisco et vivaient de chasse et de pêche. Malheureusement pour les peuples autochtones qui vivaient alors en Amérique, l'arrivée de Christophe Colomb sur leur continent en 1492 pava la voie à la venue de hordes de conquistadors téméraires, ivres de richesses et de sang, ainsi qu'à des prêtres plus ou moins assoiffés d'expansion territoriale et quelque peu illuminés par rapport aux motivations religieuses de leur mission. Le même Colomb «découvre» l'Amérique centrale en 1502. L'océan Pacifique est «découvert» en 1513 par Vasco Núñez de Balboa, puis Hernán

Cortés parvient à conquérir le Mexique en 1519. Une poignée d'Espagnols s'installent sur des terres octroyées par la Couronne. Au tournant de l'année 1530, moins de 40 ans après l'arrivée des Européens dans le Nouveau Monde, la puissante Espagne avait fait mainmise sur pratiquement toute l'Amérique centrale et le Mexique, mais lorgnait avidement les territoires situés plus au nord.

Cette étonnante conquête n'échappa évidemment pas à la vigilance des agents qui œuvraient pour les autres grandes puissances de l'époque : les Français et les Anglais. Les hardis navigateurs à la solde de ces deux pays décidèrent donc d'explorer davantage ce Nouveau Monde potentiellement riche, en écartant radicalement les Autochtones qu'ils rencontraient sur leur route. Évidemment, les premières explorations s'organisèrent sur la côte est des États-Unis, pour ensuite se déplacer peu à peu vers l'ouest. L'explorateur portugais Juan Rodríguez, à la solde de l'Espagne, «découvre» la Californie en 1542, mais la colonisation tarde à se mettre en branle. Le désormais célèbre corsaire à la solde de la Couronne britannique, Sir Francis Drake, vient à jeter l'ancre, au hasard de la navigation, au nord de la baie de San Francisco, près de l'actuelle Punta Reyes, et s'approprie ce territoire au nom de la reine Elizabeth I. Mais les Anglais étaient alors plus enclins à guerroyer contre la France et à lutter contre les hérétiques infidèles (Ottomans et protestants allemands) plutôt qu'à coloniser une petite parcelle de terre isolée le long de la côte ouest américaine.

L'Espagne attend jusqu'au XVIIIe siècle avant d'envoyer 21 missions d'évangélisation le long de la côte californienne. La première mission fut donc fondée le 16 juillet 1769 par le père Junípero Serra dans la région actuelle de San Diego. Par la suite, 20 autres missions se sont installées entre San Diego et Sonoma, pour former un chemin appelé El Camino Real (le chemin du roi). Durant cette période d'évangélisation intensive, non seulement la population autochtone est-elle décimée par les maladies transmises par les Européens, mais elle constitue également une main-d'œuvre prolifique utilisée abusi-

Principaux événements historiques

1492 : découverte du Nouveau Monde par Christophe Colomb.

1579 : le corsaire Sir Francis Drake jette l'ancre au nord de la baie de San Francisco et fait flotter l'étendard britannique.

1779 : le navire de l'Espagnol Juan Manuel de Ayala mouille dans la baie de San Francisco.

1821 : le Mexique, auquel appartient la Californie, s'affranchit du joug espagnol.

1822 : l'Anglais William Richardson s'installe dans une anse surnommée Yerba Buena, premier nom de San Francisco.

1847 : Yerba Buena est renommée San Francisco.

1849 : début de la Ruée vers l'or.

1869 : le premier train transcontinental arrive à San Francisco.

1906 : un violent séisme provoque un terrible incendie qui dévaste la ville.

1915 : la Panama Pacific Exhibition a lieu à San Francisco.

1929 : le krach boursier et la crise économique ébranlent la nation.

1937 : la construction du Golden Gate Bridge est achevée.

1945 : signature de la Charte des Nations Unies.

1955 : Allen Ginsberg récite son célèbre poème *Howl (Hurlement)*.

1967 : San Francisco connaît son *Summer of Love* et devient l'épicentre du mouvement hippie.

1978 : Harvey Milk et le maire George Moscone sont assassinés, ce qui entraîne de violentes émeutes.

1989 : le séisme *Loma Prieta* secoue la ville.

1990 : Willie Brown devient le premier maire d'origine afro-américaine.

1999 : l'économie de San Francisco a le vent en poupe.

2000 : la bulle technologique éclate et le Nasdaq s'écroule, ce qui entraîne la fermeture d'un bon nombre de *dot-coms*.

2006 : le réseau social Internet Twitter est créé à San Francisco.

2008 : la Californie devient le deuxième État américain, après le Massachusetts, à légaliser le mariage homosexuel.

2009 : la Proposition 8 est déposée et vise à renverser la décision de la Cour suprême de Californie autorisant le mariage homosexuel.

2010 : la Cour fédérale de San Francisco déclare la Proposition 8 non-conforme à la Constitution des États-Unis.

2012 : un tribunal d'appel fédéral a jugé que l'amendement interdisant le mariage entre couples de même sexe en Californie était inconstitutionnel.

2012 : le Golden Gate Bridge célèbre ses 75 ans.

vement par les Espagnols dans différents secteurs d'activité.

En dépit de la colonisation qui se développait lentement en Californie, San Francisco resta donc inhabitée et refusa longtemps de se dévoiler, préférant se dissimuler dans l'épais brouillard qui enveloppe sa baie presque en permanence. En 1769, don Gaspar Portolá longe la côte californienne et aboutit au détroit (futur Golden Gate) menant à la baie de San Francisco. Faute de vivres et minés par la fatigue, Portolá et son équipage doivent hélas rebrousser chemin. Une expédition terrestre est mise sur pied depuis la mission située dans l'actuelle région de San Diego, dans le but de pousser plus loin la nouvelle découverte. Les Espagnols et les missionnaires atteignent finalement l'actuelle ville de Berkeley et reviennent à leur mission pour annoncer la bonne nouvelle. Près de deux siècles après la découverte de la Californie, le navire de l'Espagnol Juan Manuel de Ayala finit par franchir le détroit de San Francisco le 5 août 1775. Ayala surnomme alors une île fortement peuplée de pélicans *Isla de los Alcatraces* (île des pélicans, maintenant connue sous le nom d'Alcatraz). C'est à ce moment là seulement que commença l'histoire de la colonisation de San Francisco et que les Espagnols accompagnés de prêtres franciscains s'implantèrent dans la baie en y érigeant une garnison militaire (le Presidio) puis une mission dédiée à saint François d'Assise, Nuestra Señora de Dolores.

› Yerba Buena devient San Francisco

En 1821, le Mexique s'affranchit du joug de l'Espagne. Résultat, les Espagnols sécularisent toutes les missions établies en Californie. L'année suivante, en 1822, un Anglais, William Richardson, abandonne son navire et vient déposer ses pénates dans une anse surnommée Yerba Buena «bonne herbe» en raison de la fraîcheur d'une plante, en plein cœur de l'actuel Chinatown. Yerba Buena fut donc le premier nom donné à San Francisco, et Richardson est considéré en quelque sorte comme le père fondateur de la ville. Richardson se convertit au catholicisme, car seuls les catholiques peuvent devenir propriétaires terriens. Il épousera la fille du commandant du Presidio et exploitera une compagnie de transport maritime entre San Francisco et le Marin County (situé de l'autre côté de la baie au nord).

En 1835, flairant la bonne affaire, les États-Unis tentent d'acheter la Californie au Mexique, mais sans succès, et la transaction avorta. Le 13 mai 1846, une guerre territoriale éclate entre les États-Unis et le Mexique. L'acheteur éconduit décide tout simplement d'annexer par la force la Californie ainsi que les vastes territoires désertiques et inhabités qui l'entouraient. Durant la même année, un bateau américain, le USS *Portsmouth* jette l'ancre dans

L'empereur Joshua Abraham Norton

Joshua Abraham Norton est un autre de ces personnages bizarres qui incarnent bien l'époque riche de la Ruée vers l'or, mais ombragée par le spectre des incertitudes suspendues comme un épée de Damoclès au-dessus des têtes des pionniers. Norton devint riche et célèbre rapidement, mais il perdit hélas toute sa fortune du jour au lendemain. Ne pouvant supporter un tel affront, il perdit également son jugement et s'autoproclama « le premier empereur des États-Unis ».

Personnage coloré s'il en fut, Norton émettait sa propre monnaie et passait son temps à rédiger des lettres de recommandation aux hauts dignitaires des contrées éloignées. Drapé de façon exubérante avec ses épaulettes, il était coiffé d'un chapeau emplumé et portait un sabre à la ceinture. Norton se promenait avec ses chiens et alla jusqu'à proscrire l'usage du nom Frisco (diminutif de « San Francisco », mais considéré comme péjoratif par les habitants de la ville). À sa mort, en 1880, près de 30 000 personnes assistèrent à ses obsèques. Il paraît que le personnage dans le roman de Mark Twain, *The King*, est directement inspiré de l'empereur Norton.

la baie du Presidio, s'empare de la ville sans coup férir et hisse l'étendard américain. Dès 1847, la Californie appartient dorénavant aux États-Unis, et l'on renomme la ville du nom de San Francisco.

› *The Gold Rush* (la Ruée vers l'or)

À la suite du traité de Guadalupe Hidalgo (qui met fin à la guerre opposant les États-Unis au Mexique), ratifié au début de 1848, tous les territoires mexicains situés au nord du Rio Grande (le Texas et le Nouveau-Mexique, mais aussi l'Arizona, le Colorado et, bien sûr, la Californie) sont annexés par les États-Unis. En fait, la Californie fut scindée en deux, sa partie sud, la Basse-Californie, demeurant au Mexique. À l'époque, San Francisco compte à peine 800 habitants.

Pour les États-Unis, le traité de Guadalupe Hidalgo devient soit un événement fortuit ou un heureux concours de circonstances. De toute évidence, la découverte de pépites d'or scintillantes dans une rivière à l'est de Sacramento a indubitablement influencé l'avenir de la ville en lui offrant un formidable défi à relever pouvant la conduire sur la route de la prospérité, au grand désarroi du Mexique. En effet, dès 1849, cette découverte allait déclencher une épopée assez glorieuse, quoique violente, de l'histoire du peuplement de l'ouest des États-Unis, désignée comme le *Gold Rush* (la Ruée vers l'or). Ces pionniers de l'or, surnommés *Forty Niners* (les vétérans de quarante-neuf, à la mémoire de l'année 1849), voyageaient entassés dans des chariots bâchés à la rencontre du fabuleux métal jaune, objet de toutes les convoitises. D'autres larguaient fébrilement les amarres d'aussi loin que du cap Horn, ou de l'isthme de Panamá, ou encore de l'Europe; entassés comme des sardines à l'intérieur de navires difficilement maniables, ils bravaient les affres de la mer et cinglaient toutes voiles déployées vers l'Ouest américain, la tête emplie de rêves de bonheur et de prospérité.

Toutefois, l'engouement provoqué par la fièvre de l'or ne suscita pas que l'intérêt de colons téméraires. Plusieurs écrivains, dont Mark Twain et Bret Harte, laissèrent leur imagination s'enflammer en prenant part, de près ou de loin, à cet événement historique, souvent associé au mythe du rêve américain, et décidèrent de coucher sur papier leurs idées et impressions. Mais pour beaucoup, il s'agissait avant tout d'un nouveau départ, d'une seconde chance de recommencer à neuf ailleurs, pour peut-être s'enrichir et connaître une vie meilleure. Beaucoup de ces aventuriers s'enrichirent certes, mais, à côté d'eux, d'innombrables malheureux échouèrent lamentablement dans une vaine tentative de tout gagner. Du point de

Levi Strauss

Immigrant juif de Bavière, Levi Strauss débarque en 1847 à San Francisco avec dans ses bagages un lot de serge nîmoise, tissu fort résistant et imperméabilisé qui sert à recouvrir les marchandises. S'exportant depuis le port de Gênes, ce tissu de Nîmes aurait servi à la fabrication des voiles des caravelles de Christophe Colomb parties à la conquête des Amériques. Ne trouvant pas d'acheteurs pour son tissu, Levi Strauss décide de le tailler pour en faire des pantalons. Il n'y va pas dans la dentelle et les confectionne très solidement, avec des coutures renforcées par des rivets. Comme pour tout entrepreneur qui connaît le succès, la chance est au rendez-vous. En 1849, la ruée vers l'or éclate, et les mineurs ont besoin de vêtements d'une solidité extrême. Les pantalons du fortuné tailleur arrivent fort à propos et obtiennent un succès immédiat parmi les prospecteurs. C'est le début de la grande aventure du «bleu de Gênes» qui, prononcé à l'américaine, est devenu *blue jeans*, maintenant l'un des symboles de l'Amérique. La marque Denim perpétue l'apport du textile nîmois. En 1850, Levi Strauss fonde sa première usine de fabrication. Le succès est phénoménal. De vêtement utilitaire à ses débuts, le *jean* se révèle peu à peu très populaire auprès de tout le monde, au point d'être aujourd'hui un vêtement universel. Strauss était sans doute loin de se douter que ses pantalons gagneraient la faveur de l'industrie du prêt-à-porter.

vue démographique, un an seulement après la découverte du métal scintillant, la population se chiffrait à près de 20 000 habitants!

Dès 1850, la ville devient un véritable bouillon de culture, majoritairement européen, mais teinté de couleurs asiatiques, mexicaines et latino-américaines. Son port devient une importante plaque tournante du trafic maritime de marchandises légales et illégales. Ces lieux étaient fréquentés par des hommes de mer ou de négoce au regard torve, aux activités douteuses, portant avec ostentation le pistolet à la ceinture et libérant leurs frustrations en passant un adversaire à tabac ou en s'envoyant en l'air avec les filles de joie qui s'entassaient dans les nombreux bordels du coin. L'alcool coulait à flots, le commerce de l'opium florissait, et l'anarchie s'installait. Bref, la ville était résolument imbibée d'une ambiance aussi dépravée que celle que connurent jadis Sodome et Gomorrhe.

En avril 1850, la Californie est annexée à l'Union et devient le 31e État des États-Unis d'Amérique. La même année, San Francisco se voit dotée du premier quartier chinois en Amérique. Toutefois, dès 1854, les richesses s'épuisent, et la vague d'immigration s'essouffle peu à peu.

› L'or de Comstock

En 1859, Henry Comstock découvre l'un des plus riches gisements aurifères de la planète dans le Nevada, ce qui déclenche immédiatement une autre ruée frénétique de colons en quête de futures richesses. C'est ainsi que Virginia City et de nombreuses villes champignons émergent soudainement dans le désert du Nevada. Pour extraire le minerai de ce filon, on se tourne vers l'expertise de San Francisco, et pratiquement toutes les compagnies minières y établissent leur siège social. Toutefois, lorsque les richesses minières furent épuisées, la plupart des villes champignons disparaissent aussi rapidement qu'elles étaient apparues. Cependant, les habitants de plusieurs de ces villes, auréolées du faste d'une époque révolue, aidèrent à construire San Francisco et à financer une partie de la guerre de Sécession, qui éclatera le 12 avril 1861. L'année précédente (1860) marque l'avènement du Pony Express, service de courrier hippomobile à relais par diligence ou par cavalier solitaire.

En dépit de ce nouveau boom économique, San Francisco se trouvait toujours dans une zone éloignée et difficilement accessible. En effet, mis à part son port de mer, le Pony

Express et le télégraphe, quelques routes cahoteuses, voire dangereuses, étaient les seuls moyens de communication existant entre la ville et le monde extérieur.

› Le «cheval de fer» (le train)

En 1862, le *Pacific Railroad Act* est signé. Deux compagnies de chemin de fer privées, l'Union Pacific et la Central Pacific, vont unir leurs efforts pour relier la côte est des États-Unis jusqu'à San Francisco. À la tête de la Central Pacific se trouvaient quatre rupins malhonnêtes qui allaient devenir quatre des plus riches personnages de la Californie et que l'on désignait du surnom de *The Big Four* «les quatre grands»: Charles Crocker, Mark Hopkins, Collis Huntington et Leland Stanford. Pour rentabiliser leur projet en important du *cheap labor*, ils se tournent vers la Chine.

En 1869, un train bringuebalant, pétaradant et crachant des nuages de fumée noire et opaque, véritable héros de la conquête de l'Ouest, arrive à Oakland. C'est le premier train à avoir relié officiellement l'Est et l'Ouest. Une semaine suffit désormais à faire le voyage. Quatre années s'écoulent lorsqu'en 1873 le premier *cable car* dévale les collines de la ville.

Une fois la construction du chemin fer achevée, plusieurs vagues d'immigrants chinois vont déferler sur San Francisco jusqu'en 1880. Le nombre de nouveaux arrivants est si grand que les Américains prennent peur et vont chercher à contrer le «péril jaune» par des moyens de répression violents, gratuits et scabreux.

› La terre tremble, la ville brûle

Dame Nature se fait parfois aussi belle que cruelle. Sa mauvaise humeur peut se traduire en effet par de violents cataclysmes qui rappellent aux humains que, malgré la beauté grandiose des paysages au sein desquels ces phénomènes se manifestent, ceux-ci peuvent se révéler tout à coup aussi destructeurs qu'imprévisibles et imposent le plus grand des respects. À ce chapitre, il faut rappeler la date du 18 avril 1906, qui s'inscrit à l'encre indélébile dans la mémoire collective des Californiens. Ce jour-là, à 5h12 du matin, les fenêtres et les objets déposés çà et là se mirent soudainement à bouger, prélude à un malheur mille fois plus dévastateur: un violent séisme d'une magnitude de 8,3 sur l'échelle de Richter déclencha une succession d'incendies sur une période de quatre jours et fit périr près de 3 000 personnes. Comme pour se faire pardonner cet accès de colère, c'est la pluie qui, le 21 avril, éteindra finalement les dernières flammes qui léchaient encore les bâtiments effondrés. À perte de vue, les ruines sont fumantes, près de la moitié de la population est sinistrée, l'électricité est coupée, les conduites d'eau sont lacérées, des pilleurs sont fusillés sur place, bref, la ville est presque rayée de la carte par ce qui fut sans doute l'une des plus grosses catastrophes naturelles de l'histoire du pays. La nouvelle s'ébruite rapidement à travers le monde et provoque des gestes de solidarité surprenants.

Barbary Coast

À l'époque tumultueuse de la Ruée vers l'or, les bateaux en route pour Shanghai qui faisaient escale à San Francisco étaient à la recherche de marins pour compléter leur équipage. Des marins peu scrupuleux et à la mine patibulaire issus de l'équipage de ces bateaux se rendaient alors fréquemment par petits groupes dans les bars de la ville afin d'y recruter d'autres marins contre leur gré. Après avoir identifié un candidat potentiel, ils lui offraient à boire jusqu'à le soûler sournoisement (ou au besoin l'assommaient carrément), pour le reléguer ensuite dans une cale de leur bateau qui avait déjà subitement levé l'ancre vers l'Asie avant même que le malheureux n'ait pu reprendre conscience. San Francisco était alors surnommée la Barbary Coast (côte barbare).

En dépit de ce terrible coup du sort et grâce à un plan de redressement bien tracé, soutenu par une aide extérieure généreuse et efficace, la ville renaît étonnamment vite de ses cendres. Six années après le tremblement de terre, San Francisco est pratiquement reconstruite, redéployée et résolument améliorée. En 1915, la ville reçoit la Panama Pacific Exhibition pour célébrer sa résurrection et l'ouverture du canal de Panamá.

› Prohibition et Grande Dépression

La Prohibition rime avec les rythmes de charleston qui résonnent dans les bars clandestins où se mêlent à la fois les gangsters à l'âme teigneuse, les prostituées au regard concupiscent, les clients déglingués et l'alcool frelaté. C'est l'époque des Années folles, synonymes de l'évolution des mœurs. Les femmes se révèlent plus vivantes que jamais: elles abandonnent leurs jupes longues pour des tenues plus légères et se mettent à fumer et à boire. Dès 1920, le droit de vote est accordé aux femmes. Cette ère d'optimisme et de fête prend toutefois fin de façon très abrupte le jeudi 24 octobre 1929, lorsque la Bourse s'effondre.

En effet, à peine remise des ravages causés par le séisme de 1906, le krach boursier de 1929 et la grande dépression économique qui s'ensuit secouent la nation tout entière et n'épargnent pas la Californie. Plusieurs riches personnages voient soudain leur fortune s'écrouler devant eux et se retrouvent ruinés du jour au lendemain. Évidemment, si les riches sont ruinés, imaginez un peu la situation que doivent endurer les prolétaires et les plus démunis. La situation est désastreuse: des millions de travailleurs se retrouvent sur le pavé. À la même époque, nombre de familles de fermiers de l'Arkansas, de l'Oklahoma et du Texas sont chassées de leurs terres à cause de la grande sécheresse et de la dépression.

En conséquence, beaucoup de ces fermiers soudainement démunis se tournent vers les nombreuses plantations fruitières de la Californie, où ils deviennent des travailleurs sous-payés, péjorativement appelés *Okies*, dans les vergers des propriétaires terriens. Ce sombre épisode social inspirera l'écrivain John Steinbeck, qui rédigera sur ce thème son célèbre roman intitulé *The Grapes of Wrath* (*Les Raisins de la colère*). C'est également durant cette période de troubles sociaux que le père de la musique folk, Woody Guthrie, commencera à écrire des chansons qui inspireront plusieurs adeptes de la *beat generation* dans les années 1950.

En 1930, le président Roosevelt met en œuvre une série de travaux publics visant à relever le pays de ses ruines. Le redressement de San Francisco passe en seconde vitesse en 1936 avec la construction du Bay Bridge, qui fournit du travail à bien des gens en cette période tumultueuse. L'année suivante, en 1937, la construction du Golden Gate Bridge est achevée à son tour. Les efforts de Roosevelt ne suffiront pas à résoudre la crise, mais ils insuffleront un vent d'optimisme et de confiance aux citoyens qui voient ainsi la lumière au bout du tunnel.

› La Seconde Guerre mondiale

En décembre 1941, l'attaque de Pearl Harbor déclenche officiellement l'entrée en guerre des États-Unis contre le Japon. Grâce à sa situation géographique stratégique, San Francisco joue le rôle de principal port militaire du Pacifique. Des usines d'armement poussent comme des champignons, et pratiquement tout le matériel militaire produit passe alors par son détroit. Les nombreux postes proposés dans les usines d'armement provoquent un exode d'une forte quantité de Noirs provenant des États du Sud qui débarquent à San Francisco. À la même époque, la communauté japonaise est internée. Ironie du sort, lorsqu'on manque d'effectifs sur le front, beaucoup de Japonais internés se portent volontaires pour combattre leurs anciens compatriotes.

Par ailleurs, après le conflit mondial, en 1945, la ville devient le théâtre de la signature de la Charte des Nations Unies.

Beatnik

Le mot «beatnik» fut inventé par le chroniqueur Herb Caen. La particule «nik» fait allusion au premier satellite lancé en orbite par les Soviétiques en 1957: Spoutnik. À cette époque d'incertitude, on soupçonnait les beatniks de prêter allégeance au communisme. *Beat* signifie grosso modo «fatigué» ou «vanné» et possède aussi une triple connotation: résignation (*I'm beat*), rythme et béatitude.

› Les années 1950: l'arrivée des beatniks

Après la guerre, plusieurs militaires s'installeront définitivement à San Francisco. Bon nombre d'habitants abandonnent les quartiers dotés de maisons victoriennes pour s'installer en banlieue. À cette époque, le poète Lawrence Ferlinghetti débarque à North Beach et ouvre le City Lights Bookstore, qui deviendra la première librairie à garnir ses tablettes uniquement de livres de poche. Lorsque William S. Burroughs, Jack Kerouac et Allen Ginsberg quittent le Lower East Side de New York, ils s'installent à North Beach, dans les maisons victoriennes économiques. Ils font du City Lights Bookstore le point de chute de la *beat generation*.

La *beat generation* prend naissance sur le campus de l'université Columbia à New York à la suite de la rencontre de Jack Kerouac, d'Allen Ginsberg et de William S. Burroughs. De 10 ans leur aîné, Burroughs deviendra le mentor des deux plus jeunes. Les textes des beatniks influenceront ceux de plusieurs écrivains et musiciens. Refusant les idéaux de grandeur de la société américaine, Burroughs et ses acolytes décident de se vautrer dans ce mouvement nihiliste qui se manifesta tranquillement vers le milieu des années 1940, pour prendre définitivement son essor à San Francisco une dizaine d'années plus tard. Ces brillants écrivains passèrent leur temps dans les cafés enfumés de San Francisco à écouter du jazz, à citer Verlaine ou Rimbaud et à s'affranchir des interdits de l'Amérique puritaine en se réfugiant dans l'alcool, la drogue et le sexe.

Au début des années 1950, Jack Kerouac erre sur les routes des États-Unis, de New York à San Francisco, en passant par La Nouvelle-Orléans et le Nouveau-Mexique. Durant ses périples aventureux, il s'inspirera de faits divers pour rédiger son roman-culte intitulé *On the Road* (*Sur la route*), où les personnages refusent ce qu'offre la société d'abondance. Écrit en 1951, mais publié seulement en 1957 (faute de maison d'édition), *On the Road* sert d'exutoire à toute une génération à la recherche d'une identité.

En 1955, Ginsberg récite à la Sixth Gallery son désormais célèbre poème *Howl* (*Hurlement*), qui lui vaut notoriété et éloges, mais également de nombreuses critiques virulentes. Retentissante dénonciation d'un monde dominé par les militaires, la bigoterie et le chauvinisme, *Howl* s'inscrit comme un classique de la littérature *beat*. Le poème est toutefois jugé tellement obscène par l'Amérique puritaine qu'un procès doit finalement déterminer si l'on doit retirer la publication des rayons. Le jugement définitif penche en faveur de Ginsberg et tranche le débat sur la liberté d'expression.

LSD

Découvert par un chimiste suisse en 1943, le LSD était une drogue utilisée à profusion jusqu'au début des années 1960 pour traiter différentes maladies, comme l'alcoolisme ou la dépression. Qui plus est, le gouvernement américain autorisa l'usage de cette drogue sur les militaires à leur insu afin d'évaluer ses effets. Le LSD fut proscrit au début des années 1960, mais continua tout de même d'être consommé de façon illicite.

› Les années 1960: l'ère du psychédélisme et de la contestation

Si les années 1950 furent marquées par les beatniks, les années 1960 appartiennent aux hippies qui s'étaient installés dans le quartier de Haight-Ashbury. Contrairement aux beatniks intellos et ténébreux qui écoutaient du jazz et du folk tout en fumant de la marijuana, les hippies, plus jeunes et plus gais, dégageaient une aura d'optimiste désinvolte en se dandinant aux rythmes psychédéliques de la musique rock sous l'effet du LSD.

Toujours dans les années 1960, de l'autre côté de la baie, le campus de la Berkeley University devient le porte-étendard des manifestations iconoclastes et virulentes contre la guerre du Vietnam. En 1963, Joan Baez, la reine du folk, y prononce un discours enflammé lors du *Free Speech Movement* (manifestation contre la censure et la liberté d'expression). Ce sera le début d'une vague de mouvements contestataires qui se propagera à travers les universités d'Amérique et même d'Europe, et qui, selon certains, culminera dans un ras-le-bol généralisé à Nanterre et à Paris durant les désormais célèbres événements de mai 1968. Toujours en 1963, le vendredi 22 novembre, l'assassinat de John F. Kennedy jette un voile de consternation sur la nation et coïncide avec l'apogée des *protest songs* (chansons protestataires).

En 1967, avec le *Summer of Love*, une nouvelle vague musicale aux airs psychédéliques déferle sur San Francisco. Plusieurs groupes, dont les Grateful Dead, Jefferson Airplane ainsi que Janis Joplin à la tête du Big Brother and the Holding Company, vont donner des spectacles où l'alcool, la marijuana et le LSD fusionnent en une ambiance *peace and love* hallucinante, avec une musique incisive ponctuée de textes poétiques étranges. Pour

Ken Kesey

Ken Kesey (1935-2001) est sans ambages l'un des précurseurs du mouvement psychédélique. Né au Colorado en 1935, il faisait des études en création littéraire à la Stanford University lorsqu'il se porta volontaire pour participer à des études sur les effets de drogues diverses, financées par le gouvernement, au Menlo Park Veterans Hospital. À la suite de ces expériences, il rédigea son célèbre livre *One Flew Over The Cuckoo's Nest* (*Vol au-dessus d'un nid de coucou*). De plus, de son propre gré, il alla jusqu'à subir des séances d'électrochocs pour mieux coucher ses idées sur papier. Au début des années 1960, Kesey forma un groupe nommé les *Merry Pranksters* (Joyeux Farceurs) qui vivaient en communauté. Cette bande de joyeux lurons acheta un autobus scolaire pour le transformer en un engin bariolé doté d'un système de son qu'on baptisa *Further* (*Plus Loin*). En juin 1964, avec son copain Neal Cassady, il s'aventura dans une délirante épopée à travers les États-Unis en fumant de la marijuana et en prenant du LSD, tous deux munis de caméras sur l'épaule. Ainsi équipés, Ken et Neal organisaient là où ils passaient des bringues tout à fait surréalistes nommées *Acid Test* au cours desquelles la musique, l'humour et les drogues avaient tous un rôle. D'ailleurs, «*Turn on, tune in and drop out*» était le leitmotiv claironnant de Kesey. Ce voyage a manifestement établi les bases de l'ère psychédélique et réussit à influencer plusieurs musiciens, dont les Grateful Dead et Jefferson Airplane.

Lorsque, quelques années plus tard, le gouvernement décida de proscrire le LSD, bon nombre de musiciens continuèrent à y faire subtilement allusion dans leurs textes. La chanson de Bob Dylan intitulée *Mr. Tambourine Man* est d'ailleurs considérée aujourd'hui comme une référence culturelle dans les annales de la musique des années 1960. Même les célèbres Beatles embarquèrent dans la vague avec *Lucy in the Sky with Diamonds*. Pour en savoir davantage sur le voyage fascinant de Kesey, lisez le livre de Tom Wolfe intitulé *Electric Kool-Aid Acid Test*.

répondre à une demande de plus en plus pressante, le magazine *Rolling Stone* est créé la même année à San Francisco. Fait qui mérite amplement d'être souligné, car le magazine traite de la musique rock comme un événement culturel et non comme une simple anomalie marginale. Par la suite, d'autres magazines comme *Spin* et *Alternative Press* suivent la même piste. Le quartier de Haight-Ashbury était devenu l'épicentre de la contre-culture des années 1960 où les résidents incarnaient des valeurs nouvelles et changeantes. Hélas, Haight-Ashbury se transforma peu à peu en lieu hanté de personnages bizarres et dérangés. La criminalité, les meurtres et les viols étaient à la hausse. D'ailleurs, le tueur Charles Manson fut l'un de ces personnages notoires et tristement célèbres du quartier.

› Les années 1970: l'émancipation des gays et l'assassinat de Harvey Milk

Les années 1970 riment en effet avec l'émancipation des droits des gays. En 1977, Harvey Milk devient le premier politicien homosexuel affichant ouvertement son orientation sexuelle à occuper un poste électoral important. Avec le maire George Moscone, il milite activement pour soutenir les droits des homosexuels et n'a pas peur d'exposer ses idées. Hélas, après avoir opposé son veto pour le retour au travail du fonctionnaire Dan White (un ancien policier), ce dernier décida de se venger en assassinant froidement Milk et le maire George Moscone à l'hôtel de ville. Contre toute attente, lors du procès, White fut acquitté par le jury pour cause d'aliénation mentale. En effet, la défense soutena que White avait agi de la sorte parce qu'il avait mangé un *twinkie* (gâteau sucré) et que le taux élevé de sucre perturba son comportement. S'ensuivit une nuit de manifestations intempestives et d'émeutes virulentes. White fut éventuellement envoyé en prison. Il se suicida peu de temps après avoir retrouvé la liberté. Entre-temps, le sida s'insinue dans la ville.

Les célèbres événements de Stonewall (1969) à New York eurent un véritable effet de déflagration à travers plusieurs villes d'Amérique du Nord. Cette année-là marque en effet un tournant dans l'histoire sociale de l'homosexualité. Stonewall, c'est cette émeute qui porte le nom d'un bar gay où les policiers voulaient, en cette nuit de juin 1969, une fois de plus effectuer une descente abusive comme ils en avaient l'habitude. Cette nuit-là, plutôt que de procéder à leur arrestation arbitraire sans réaction, les policiers sont accueillis par une clientèle déterminée à résister qui réussit à enfermer les policiers dans le bar. L'affirmation du droit à la différence se mobilise et crée une situation jamais vue auparavant. Le bras répressif du pouvoir se heurte à l'exception qui crie son existence et réclame le droit de cité. Trois soirées d'émeutes auront lieu et donneront le signal de départ d'un mouvement pour la défense des libertés civiles des gays partout dans le monde. Rappelons toutefois que des organisations militantes pour les droits des gays existaient en Californie déjà depuis quelque temps. La Mattachines Society fut fondée au début des années 1950 à Los Angeles, et une organisation lesbienne, les Daughters of Bilitis, fut créée à San Francisco en 1955.

Petite digression: vers la fin des années 1970, un autre épisode noir s'inscrit dans l'histoire de la ville lorsque le déluré gourou de la secte People's Temple of San Francisco ordonne un suicide collectif en Guyana. Environ 1 000 personnes s'enlevèrent la vie en buvant du cyanure mélangé à du jus de fruits.

› La fin du XXe siècle et le début du XXIe

Au début des années 1980, le sida s'insinua dans la ville et eut un effet dévastateur sur la population gay. Loin de se décourager et de baisser les bras, la population se regroupa et créa des centres d'information et d'écoute pour contrer le fléau.

En octobre 1989, au cours du troisième match de la Série mondiale opposant les Giants de San Francisco aux A's d'Oakland et se tenant au Candlestick Park, la nation tout entière portait un vif intérêt au petit écran lorsque, soudainement, la terre se mit à trembler. Le séisme *Loma Prieta*, d'une magnitude de 7,1 sur l'échelle de Richter, ébranla tout le nord de la Californie. Quoique moins dévastateur que le séisme de 1906, il causa tout de même d'importants dommages matériels et fit périr une soixantaine de personnes.

L'année suivante, en 1990, Willie Brown devient le premier maire d'origine afro-américaine de la ville. Par ailleurs, au cours des années 1990, le sida continua à s'infiltrer et ira jusqu'à devenir l'une des premières causes de décès chez les hommes à San Francisco.

San Francisco commence le nouveau millénaire sous de meilleurs auspices. La ville entre en effet dans le XXIe siècle en surfant sur la vague causée par le boom des nouvelles technologies. Les *start-ups* (entreprises en démarrage d'informatique) et *dot-coms* (point-com) y sont tellement nombreuses qu'on a surnommé une partie du quartier de South of Market *Multimedia Gulch*. Cet engouement face aux innombrables possibilités du monde virtuel se répercute sur les autres secteurs d'activité et transforme le visage de la ville : les quartiers sont gentrifiés, le prix des loyers grimpe en flèche, et le tourisme est florissant.

Malgré tout, la bulle éclate et entraîne avec elle une série de faillites et d'innombrables licenciements. Après une certaine période de marasme économique, la ville se remet tranquillement sur pied. D'ailleurs, le prix des chambres d'hôtel et des repas au restaurant a beaucoup baissé, ce qui permet aux touristes de visiter la ville sans se ruiner. Toutefois, le vent de folie qui a soufflé sur la Net-économie a malheureusement chassé bon nombre d'artistes, de musiciens et de troupes de théâtre.

Élu comme maire de San Francisco en novembre 2003, Gavin Newsom instaure un programme de lutte contre la pauvreté. Toutefois, Newsom s'est attiré le feu des projecteurs médiatiques lorsqu'il délivre les premiers certificats de mariage homosexuel le 12 février 2004. En l'espace d'un mois, plus de 4 000 couples de même sexe se sont mariés à San Francisco, affluant des quatre coins des États-Unis et même de l'étranger, entre autres du Canada, de la France et de la Suisse. Mais un jugement de la Cour suprême de la Californie a annulé ces unions, stipulant que le maire de San Francisco avait outrepassé ses compétences.

Quatre ans plus tard, le 15 mai 2008, la Cour suprême de la Californie ouvre la voie au mariage gay dans l'État, en rendant une décision historique qui affirme que la définition du mariage par le Code civil comme une union entre un homme et une femme est discriminatoire. Toutefois, moins d'un an après, sous l'initiative d'un groupe de conservateurs, la Proposition 8 est déposée et vise à renverser la décision de la Cour suprême en proposant un amendement à la Constitution de l'État de Californie qui affirme que seul un mariage entre un homme et une femme est valide et reconnu en Californie. Puis, en 2010, la Cour fédérale de San Francisco déclare la proposition non-conforme à la constitution des États-Unis. En 2012, un tribunal d'appel fédéral a jugé que l'amendement interdisant le mariage entre couples de même sexe en Californie était inconstitutionnel.

Architecture

La superposition d'innombrables bâtiments de bois et de stuc grimpant à l'assaut des collines de San Francisco donne parfois l'impression d'un bric-à-brac bon enfant qui pourrait dégringoler au moindre coup de vent. Cependant, ces groupements de petits immeubles très colorés encadrant les perspectives sur la baie ou la mer, auxquels il faut ajouter les luxuriants jardins de fleurs des propriétés des beaux quartiers et les devantures de boutiques et de cafés rappelant l'époque psychédélique, constituent la principale originalité architecturale et urbaine de San Francisco.

Il subsiste dans cette ville au nom bien hispanique très peu de vestiges des époques espagnoles et mexicaines, mis à part l'église de la mission Dolores, érigée à partir de 1782. Ce bâtiment est recouvert d'adobe, communément utilisé en Californie jusqu'au milieu du XIXe siècle pour tous les types de constructions. D'abord réservé à une brique de terre crue, le terme en est venu à désigner une technique particulière de construction. Cette technique s'inspire largement de l'architecture traditionnelle de la culture amérindienne Pueblo et de celle de leurs héritiers navajos du Nouveau-Mexique.

Mais la Ruée vers l'or de 1849 allait balayer tout cela en quelques mois. Ignorants des techniques de construction locales, les nouveaux venus érigent leurs campements de fortune à l'aide de tentes faites des voiles des navires qui les ont amenés jusqu'ici. D'autres fabriquent des maisons avec les coques renversées de ces mêmes navires. Rapidement, des fournisseurs de bois de l'est du continent découvrent à San Francisco un débouché providentiel pour leurs produits. Bientôt, des centaines de maisons préfabriquées arrivent par bateau et sont érigées en quelques semaines.

Au cours des années 1850, San Francisco se développe avec frénésie et dans l'anarchie la plus totale. Grâce aux richesses immenses accumulées en quelques années par les industriels, les commerçants et les prospecteurs, on voit s'élever de nombreux «palais» bourgeois, des hôtels de tourisme qui rivalisent de luxe et d'ostentation, et même quelques opéras dignes de ceux de New York ou de Baltimore, car les San-Franciscains sont, dès l'origine, friands d'opéra. La ville victorienne se passionne pour l'éclectisme extravagant et les excentricités de toute sorte.

De 1850 à 1890, le style italianisant est à l'honneur. Il se veut un rappel des richesses de la Renaissance italienne et se caractérise par des corniches débordantes, des bossages et de petits frontons au-dessus des ouvertures. Mais l'ensemble des styles de la période victorienne se retrouve également à San Francisco, qui ne ménage alors aucun effort pour faire étalage de sa prospérité et prouver au reste du monde qu'elle est sophistiquée et qu'elle n'a pris aucun retard sur les villes de la côte est des États-Unis.

Certains bâtiments de cette époque sont revêtus de briques ou de pierres de grès extraites des carrières de la côte californienne, mais la plupart des maisons sont recouvertes d'un déclin de bois sur lequel est apposée une décoration très élaborée dans le même matériau. La grande disponibilité du bois de séquoia dans les forêts au nord du Golden Gate et les qualités mêmes du matériau, résistant mais facile à scier, à tourner et à assembler, permettent de réaliser une ornementation complexe à peu de frais. Ces maisons, surnommées *Painted Ladies* («les dames peintes»), ont donné à la ville son caractère architectural propre. Elles se plieront avec brio à toutes les modes de la Belle Époque, du style Second Empire au style Queen Anne en passant par le néoroman de Richardson.

Les San-Franciscains commencent enfin à se rendre compte de la beauté des paysages qui les entourent à partir de 1870. Ils adoptent alors en grand nombre les *bay windows* et autres types d'oriels, qui surplombent encore les rues des vieux quartiers, afin de profiter au maximum des panoramas. Cet élément est devenu un trait typique de l'architecture de San Francisco. Les célèbres tramways ou *cable cars*, installés en 1873, font eux aussi partie du patrimoine architectural de cette époque. Il ne subsiste toutefois que trois des multiples lignes mises en service au XIXe siècle.

Le tremblement de terre de 1906 et la conflagration majeure qu'il a provoquée ont détruit une grande partie de San Francisco. En général, les maisons de bois épargnées par l'incendie résistèrent mieux au séisme que les bâtiments de pierres ou de briques, qu'il fallut reconstruire. Étonnamment, la ville conserve un nombre appréciable de maisons datant d'avant le séisme, et ce, dans presque tous les quartiers du centre. Avant la catastrophe de 1906, on avait fait peu de cas de la possibilité d'une secousse tellurique d'envergure. Seul le vaste Palace Hotel avait été renforcé par une structure de béton armé. Il a d'ailleurs pu être conservé et fut par la suite entièrement restauré.

Plusieurs architectes locaux vont participer à la reconstruction de San Francisco. Parmi ceux-ci figurent Willis Polk, Bernard Maybeck et, surtout, Julia Morgan, première femme acceptée à l'École des beaux-arts de Paris. La nouvelle San Francisco donne lieu à quelques expérimentations (Hallidie Building, 1917), mais, dans l'ensemble, la ville tient à ses petits immeubles blancs à oriels. La tenue de la Panama Pacific Exhibition en 1915, aménagée sur le site de l'actuel quartier de la Marina, célèbre la reconstruction de la ville et marque l'apothéose de l'architecture Beaux-Arts sur la Côte Ouest, également représentée à San Francisco par le colossal hôtel de ville, par le musée d'art, réplique du palais de la Légion d'honneur à Paris, et par quelques demeures élégantes d'inspiration Louis XVI.

L'héritage espagnol de la Californie a également servi d'inspiration aux architectes du XXe siècle lors de la construction de bâtiments de style Mission, caractérisés par des surfaces lisses percées d'arcades surmontées de toitures de tuiles rouges. L'architecture coloniale mexicaine ainsi que l'architecture espagnole du XVIe siècle ont également influencé les artistes des années 1920, qui ont créé des églises, des cinémas et des bâtiments publics aux façades richement sculptées ou moulées.

L'Art déco n'est pas en reste puisque, à partir de 1930, il devient la marque de commerce de nombreux chantiers mis sur pied pour contrer le chômage engendré par la crise. Ce style français aux formes géométriques et aux multiples décrochés est celui du Golden Gate Bridge, le fameux pont suspendu franchissant le détroit du même nom, rapidement devenu le symbole par excellence de San Francisco. Il fut conçu par l'architecte Irving Morrow et par l'ingénieur Joseph Strauss. Ce dernier est aussi le concepteur du pont Jacques-Cartier, sur le fleuve Saint-Laurent, à Montréal.

La contrainte des séismes engendre dès 1906 le développement d'une série d'audacieux moyens techniques plus ou moins efficaces pour permettre aux bâtiments de résister aux secousses telluriques. Cependant, l'enveloppe architecturale des édifices demeure plutôt conservatrice. Il faut attendre l'après-guerre pour que l'architecture moderne s'épanouisse vraiment à San Francisco. Depuis 1970, le centre de la ville se pare de nombreux gratte-ciel, comme la Transamerica Pyramid (1972), de forme pyramidale. Mais cette densification du centre-ville est loin de plaire à tous. Certains craignent que les édifices en hauteur ne s'écroulent lors d'un tremblement de terre important, d'autres y voient plutôt une attaque à leur qualité de vie.

Conscients de la valeur des paysages, de la faune et de la flore exceptionnelles qui les entourent, de plus en plus de San-Franciscains rejettent au cours des années 1960 les formules venues de l'est du continent et se tournent vers une architecture dite «écologique». Déjà au début du XXe siècle, on voit s'élever sur le pourtour de la baie de San Francisco quelques maisons faisant appel à d'énormes charpentes de séquoia équarri, à des parements de bardeaux de cèdre ou de bois teint et à des plans aérés qui s'inspirent des habitations de Frank Lloyd Wright. On parle alors de la «First Bay Tradition». La «Second Bay Tradition» des années 1930 se caractérise, quant à elle, par une relation étroite entre les pièces de la maison et le jardin extérieur qui l'avoisine.

La «Third Bay Tradition» des années 1960, en plus de cumuler les deux traditions précédentes, développe des formes inspirées de la grange typiquement nord-américaine et se préoccupe de l'aménagement de communes pour hippies et autres amants de la nature. L'architecte Charles Moore en est l'un des plus importants représentants (*The Sea Ranch*). On trouve également au sein de cette architecture, que l'on pourrait qualifier de vernaculaire, des influences asiatiques, notamment dans la relation entre l'habitat et le jardin extérieur.

Les San-Franciscains sont aussi des pionniers de la préservation du patrimoine dans son sens le plus large, incluant même les bâtiments industriels, ce qu'illustre la reconversion d'une ancienne chocolaterie en centre commercial dès 1962 (Ghirardelli Square). En outre, ils adorent les murales réalisées par des collectifs, souvent influencés par les artistes mexicains, ainsi que les nombreuses sculptures disséminées dans la ville, parmi lesquelles figure une œuvre colossale en béton du sculpteur québécois Armand Vaillancourt, située devant le Hyatt de l'Embarcadero.

L'Art déco

L'Art déco éclate sur la scène internationale au cours des années 1920. Il tire son nom et ses origines de l'Exposition internationale des arts décoratifs industriels et modernes qui eut lieu à Paris en 1925. Cette nouvelle forme d'art combine brillamment les arts décoratifs – soit l'art appliqué aux objets utilitaires comme l'ameublement et le design intérieur – et les progrès technologiques et industriels du temps. Fruit mûr de cette fusion d'idéologies, l'Art déco vient marquer le tempo d'une époque de progrès. Ainsi cet art symbolise-t-il non seulement une conception nouvelle des arts appliqués, mais aussi une nouvelle façon de vivre.

À la suite des conséquences désastreuses de la Première Guerre mondiale, tout un chacun cherchait à remiser tristement le passé en se tournant vers un avenir que l'on souhaitait meilleur par la reprise économique et l'avènement plein de promesses de la technologie. Cette forme d'art devient vite synonyme pour une certaine élite européenne et américaine de la condition humaine d'entre les deux guerres. Produit de réflexion des années 1920, l'Art déco talonne les Années folles et brave la dépression des années 1930 et la Prohibition (1919-1933). Par l'entremise de cet art, on cherche à redéfinir le passé afin de créer et valoriser un point de vue totalement nouveau et strictement moderne.

S'inspirant des courants artistiques du temps nés en Europe avant même la Première Guerre mondiale, tels l'Art nouveau, le réalisme, le cubisme et le design industriel, l'Art déco puise aussi dans les richesses de la Grèce classique, de la Rome antique et du Moyen-Orient, et s'inspire volontiers de la nature sauvage. De plus, on préfère les formes économiques aux fioritures du passé. La symétrie, l'aérodynamisme et la simplicité des formes expriment la montée de la technologie et du commerce au sein de la société. Usant d'une palette vibrante de couleurs, l'Art déco fait éclater toute tradition archaïque et superflue au profit d'un modernisme pur et géométrique, et rend hommage au siècle de la machine.

Comme son nom l'indique, l'Art déco englobe les arts dits décoratifs, entre autres la peinture, la sculpture, l'orfèvrerie, l'ébénisterie, la céramique, la verrerie et le vitrail (en plus des appareils électriques). Or, sa portée s'étend pour inclure l'architecture, laquelle en sera considérablement nourrie et enrichie au fil des ans. À titre d'exemple universel, citons l'Empire State Building. Érigé au cœur de la ville de New York dans les années 1920 et 1930, cet édifice figure parmi les représentations de design architectural Art déco les plus proéminentes du XXe siècle. Son sommet à trois paliers évoque les pyramides égyptiennes et aztèques, tandis que son mât – point d'amarre destiné aux dirigeables – symbolise l'ère des transports et l'avènement du siècle de la machine.

À la pureté des lignes droites, l'Art déco incorpore des motifs géométriques, des symboles industriels modernes, des formes naturelles abstraites, ainsi que des vestiges d'un passé lointain empruntés aux civilisations maya ou égyptienne. Les couleurs vives rappellent celles des pierres précieuses.

Cinéma

Pour les artistes qui carburent à la passion, aux stimulants psychiques et aux rêves, San Francisco s'est souvent offerte à l'objectif des cameramen et photographes et à la plume des écrivains.

› Quelques films tournés à San Francisco

The Maltese Falcon : réalisé en 1941 par John Huston, ce drame policier est l'adaptation du roman de Dashiell Hammett. Humphrey Bogart joue le rôle du détective privé Sam Spade, chargé de retrouver une statuette de valeur. Tourné en noir et blanc, c'est un classique du genre dans la catégorie des films policiers.

Vertigo : merveilleusement bien tourné en 1958 par Alfred Hitchcock, ce thriller de haute voltige tient le spectateur en haleine grâce à un scénario bien ficelé et à l'excellente prestation cinématographique de James Stewart.

The Graduate : filmée en partie sur le campus de l'Université de Berkeley, cette excellente comédie de mœurs fut réalisée en 1967 par Mike Nichols. Dans ce film, Dustin Hoffman joue le rôle d'un universitaire qui est séduit par l'épouse (Anne Bancroft) de l'associé de son père. Tous les comédiens y donnent une solide prestation.

Bullitt : réalisé en 1968 par Peter Yates, ce drame policier est resté un classique du genre dans les annales cinématographiques de San Francisco grâce aux scènes de poursuites sur les flancs pentus de la ville qui y sont montrées. On retient aussi de ce film la solide prestation de Steve McQueen dans le rôle du lieutenant de police.

Dirty Harry : filmé en 1971 par Don Siegel, ce drame policier, avec Clint Eastwood campant le rôle de l'inspecteur de police aux méthodes expéditives, entraîne le spectateur dans une cavale rocambolesque à travers les rues de San Francisco.

Harold and Maude : comédie à l'humour noir réalisée en 1971 par Hal Ashby, ce film met en vedette Ruth Gordon, Bud Cort et Vivien Pickles. C'est l'histoire d'un jeune homme obsédé par la mort qui rencontre une vieille dame colorée et excentrique.

The Conversation : superbe drame psychologique réalisé en 1974 par Francis Ford Coppola, ce film met en vedette Gene Hackman, John Cazale et Allen Garfield. Harry Caul, interprété par Hackman, propose ses services d'écoute électronique; l'acteur fait une excellente prestation. La mise en scène est solide.

The Towering Inferno : tourné en 1974 par John Guillermin et Irwin Allen, *The Towering Inferno* est la figure de proue des films de «gratte-ciel». Le film raconte le drame de convives qui assistent à une réception et qui sont coincés au 135e étage d'un gratte-ciel alors qu'un incendie éclate au 81e étage. Ce film à suspense met en vedette Paul Newman et Steve McQueen.

Escape from Alcatraz : inspiré d'un fait réel et réalisé en 1979 par Don Siegel, ce drame met en vedette Clint Eastwood dans le rôle d'un détenu qui tente de s'évader du célèbre pénitencier à sécurité maximale construit sur l'île d'Alcatraz.

48 Hours : comédie légère réalisée par Walter Hill en 1982 avec Eddie Murphy dans le rôle d'un bagnard qui n'a que 48 heures pour aider un policier (Nick Nolte) à élucider une affaire. Ce film contient en particulier de très bonnes prises de vues de San Francisco.

Pacific Heights : drame psychologique réalisé en 1990 par John Schlesinger, ce film très moyen, dans lequel Micheal Keaton joue le rôle d'un locataire irascible, montre comment celui-ci a tenté de faire fuir ses nouveaux voisins (Melanie Griffith et Matthew Modine) récemment installés dans leur merveilleuse maison victorienne située dans le chic quartier de Pacific Heights.

Basic Instinct : dans ce drame policier réalisé par Paul Verhoeven en 1992, Michael Douglas joue le rôle d'un policier qui enquête sur un homicide et qui finit par succomber aux charmes du suspect personnifié par la sulfureuse Sharon Stone.

***The Rock*:** réalisé en 1996 par Micheal Bay, ce film d'action à large déploiement et à gros budget met en vedette Sean Connery, Nicolas Cage et Ed Harris. Des militaires s'emparent du pénitencier d'Alcatraz et menacent de lancer des bombes sur San Francisco.

***Hulk*:** datant de 2003, cette adaptation cinématographique de la bande dessinée *The Incredible Hulk* n'a certes pas donné les résultats auxquels on aurait pu s'attendre d'un réalisateur doué comme Ang Lee, mais le film demeure amusant et comprend plusieurs scènes où la colère de la célèbre créature verte ébranle les rues de San Francisco.

› Deux cinéastes importants

Francis Ford Coppola

Né le 7 avril 1939 à Detroit, Francis Ford Coppola entre au département de cinéma de l'UCLA (University of California, Los Angeles) en 1960. Le 14 novembre 1969, il crée avec l'aide de George Lucas la société de production American Zoetrope, basée à San Francisco. Il se hisse au zénith de sa profession grâce aux mégasuccès des *Godfather* (1972 et 1974) et de son autre film, *The Conversation*, qui rafle la Palme d'or au festival de Cannes en 1974.

Deux ans plus tard, il s'exile aux Philippines pour tourner le magistral *Apocalypse Now*. Coppola finance lui-même la totalité du budget de 15 millions de dollars. En raison des conditions difficiles et des impondérables, le budget initial est largement dépassé pendant les trois années de tournage. Néanmoins, le film est reçu avec un succès retentissant et remporte aussi la Palme d'or à Cannes en 1979. Entre 1980 et 1990, Coppola réalisera une série de films corrects, entres autres *The Cotton Club* en 1983, *Peggy Sue Got Married* en 1986 et *Tucker* en 1988, mais sans éclats. Il renoue avec le succès en complétant la trilogie des *Godfather*. Puis il réalise *Bram Stoker's Dracula* en 1992, *Jack* en 1996, *The Rainmaker* en 1997 et *Youth Without Youth* en 2007.

George Lucas

George Lucas est né le 14 mai 1944 à Modesto, une petite ville du nord de la Californie. Il obtient un diplôme en cinéma à l'USC (University of Southern California). Il commence toutefois sa carrière comme monteur, avant de devenir l'assistant d'un jeune réalisateur plein de talent, Francis Ford Coppola. Il se lie d'amitié avec Coppola et s'associe avec lui pour créer, à San Francisco, la société de production American Zoetrope. Lucas réalise le film de science-fiction *THX 1138* pour le compte de Warner Brothers. Même s'il ne gagne pas la faveur du public, le film s'attire des critiques élogieuses.

Malgré des débuts modestes, Lucas tape dans le mille avec *American Graffiti* (1973). Le film est sélectionné aux Oscar pour les catégories du meilleur film, meilleur scénario, meilleure réalisation, meilleur montage et meilleure actrice de second rôle. Ce succès spectaculaire lui permet de réaliser le film qui le propulsera en 1977 dans les orbites du showbiz, *Star Wars*. Avec son comparse Steven Spielberg, il produit *Raiders of the Lost Ark* en 1981. Lucas crée ensuite l'une des plus grandes sociétés de production d'effets spéciaux de la planète: Industrial Light & Magic (ILM). Après avoir assuré son avenir financier, Lucas investit ses bénéfices pour produire de façon indépendante la suite de *Star Wars*: *The Empire Strikes Back*, puis *The Return of The Jedi*, qui remporte un succès foudroyant. En 1999, 2002 et 2005, Lucas fit de nouveau sensation en réalisant et produisant les épisodes I, II et III de *Star Wars*. En 2008, il collaborait à nouveau avec Steven Spielberg pour la réalisation du très attendu quatrième épisode des aventures d'Indiana Jones, *Indiana Jones and the Kingdom of the Crystal Skull*.

Littérature

Ils sont assez nombreux pour qu'on ait pu parler d'une renaissance littéraire à San Francisco, et c'est au jazz qu'ils ont pris le mot choisi pour nommer leur génération, le mot "beat". Michel Mohrt, dans la préface de l'édition française de *On the Road* (*Sur la route*).

La *beat generation* a marqué durablement le paysage de San Francisco. Les lieux qui virent naître les rêves de liberté des Kerouac, Ginsberg, Burroughs, Ferlinghetti, Corso, Snyder, etc., gardent à jamais le souvenir de ces auteurs. Comme si ces célèbres poètes allaient y surgir le temps d'un soupir pour déclamer certaines de leurs plus belles pages, au rythme langoureux ou saccadé d'un air de saxophone joué depuis l'un des nombreux troquets jadis enfumés de North Beach.

Le livre-culte de la *beat generation*, *On the Road* (*Sur la route*), fut écrit en trois mois dans une chambre d'hôtel de New York par Jack Kerouac (1922-1969) et reflète bien l'idéologie bohème et libertaire de ce groupe d'écrivains qui chercha, à travers l'écriture, une nouvelle façon de penser le monde. Les écrivains de la *beat generation* jetèrent l'anathème sur les valeurs matérialistes de l'Amérique des années 1950, et sur les conventions sociales bourgeoises constituant un code de conduite préétabli qui impose à l'individu une conformité aliénante de soumission au groupe social majoritaire. Pour les beatniks, et surtout chez Kerouac, il faut vivre à 100 milles à l'heure; dans leurs écrits qui se lisent presque comme des partitions musicales, les expériences de toute sorte et la quête existentielle sont inextricablement liées.

Pour les écrivains et intellectuels de ce mouvement, l'individu doit d'abord se libérer de ses entraves et jouir de la vie. Ensuite il faut repenser le monde et s'efforcer, par une écriture purifiée des normes sociales mais enrichie de l'expérience de la vie, d'atteindre le visage de Dieu, la poésie à l'état brut. Ce désir constant de briser les conventions, cette quête d'une existence au-delà des contingences habituelles de la vie humaine, ce dégoût envers une société américaine puritaine, et surtout l'immense influence sur bon nombre d'artistes et d'intellectuels qu'eut *Sur la route*, allaient donner le ton aux mouvements de révolte et d'insoumission des années 1960.

› Les écrivains *beat* importants

Allen Ginsberg

Figure dominante de la *beat generation*, Allen Ginsberg est né à Newark, au New Jersey, en 1926. Après avoir fréquenté l'Université de Columbia, Ginsberg et ses comparses quittent le Lower East Side de New York pour le North Beach de San Francisco. Plus jeune des beatniks, Ginsberg restera néanmoins une icône de la *beat generation* surtout grâce à son poème *Howl* (*Hurlement*), qu'il écrivit et récita à San Francisco. Il meurt en 1997 dans East Village à New York.

Jack Kerouac

Né à Lowell au Massachusetts en 1922, de parents d'origine québécoise, Jack Kerouac est également une figure littéraire *beat* dominante. Il ne commença à apprendre l'anglais qu'à l'âge de six ans. Il fut rapidement porté aux nues grâce à son roman-culte *On the Road* (*Sur la route*). Au début des années 1950, après avoir brièvement fréquenté l'Université de Columbia, il suit Ginsberg et quelques comparses jusqu'à San Francisco. Élevé malgré lui au titre d'icône de la contre-culture américaine, il fut miné par l'alcool et expira en 1969, au jeune âge de 47 ans.

William S. Burroughs

Né à Saint Louis, au Missouri, en 1914, Burroughs fait la connaissance de Ginsberg et de Kerouac à l'Université de Columbia. Il devient intentionnellement héroïnomane et ne se met à écrire qu'autour de 1950. En voulant impressionner des amis, il tue sa femme accidentellement en se prenant pour Guillaume Tell. Burroughs installa un verre sur la tête de son épouse et la tua d'un coup de pistolet... À la suite de cet «accident», il part en cavale jusqu'en Amérique du Sud, pour éventuellement s'installer à Tanger en 1954. Parmi ses grandes réussites, mentionnons *The Naked Lunch* (*Le Festin nu*), ouvrage transposé au cinéma par David Cronenberg. Burroughs meurt en 1997 à l'âge de 83 ans.

Lawrence Ferlinghetti

Beatnik né à New York en 1919, Lawrence Ferlinghetti étudie la poésie à la Sorbonne à Paris. Il déménage ensuite à San Francisco, où il ouvre la première librairie qui vend des livres de poche en Amérique, le City Lights Bookstore. Ferlinghetti publie aussi le poème de Ginsberg, *Howl*.

Autres écrivains importants

Bret Harte : né à Albany dans l'État de New York, le 25 août 1839, il s'installa avec sa mère en Californie en 1854. Une fois sur place, Harte est tour à tour mineur, professeur et journaliste. Il travaille au journal *The Californian* avec Mark Twain. Considéré comme le père de la littérature western, il rédige plusieurs livres durant les années 1860 sur l'époque de la Ruée vers l'or. Parmi ses faits d'armes, mentionnons *The Luck of Roaring Camp* et *The Outcasts of Poker Flat*.

Tom Wolfe : écrivain né à Richmond, en Virginie. Après avoir côtoyé Ken Kesey et les Merry Pranksters au début des années 1960, il publia en 1968 le déluré roman intitulé *The Electric Kool-Aid Acid Test*, qui relate leur délirante odyssée commune dans un autobus scolaire, dans une ambiance psychédélique.

Dashiell Hammett : surtout connu pour avoir écrit le roman noir intitulé *The Maltese Falcon* (*Le Faucon maltais*), qui fut d'ailleurs porté à l'écran avec Humphrey Bogart dans le rôle du détective Sam Spade, Hammett avait lui-même travaillé comme détective privé pour la Pinkerton Agency avant d'écrire son roman. On y voit entre autres des prises de vues sur le Golden Gate Bridge, le Ferry Building et le Bay Bridge.

Herb Caen : journaliste au *San Francisco Chronicle* pendant près de 60 ans, Herb Caen fut l'un des chroniqueurs les plus respectés de la Californie. Durant son illustre carrière, il se signala par son style imagé et direct qui allait souvent à l'encontre de la rectitude politique. Caen est également reconnu pour avoir donné à Ginsberg, Kerouac et compagnie le surnom de «beatniks». Il rendit l'âme le 1er février 1997.

Jack London : conçu à la suite d'une rencontre fortuite lors d'une aventure frivole et éphémère entre un astrologue errant et une médium délurée, Jack London, devenu adulte, occupe des emplois de toutes sortes avant de devenir l'un des plus célèbres écrivains de San Francisco. Auteur prolifique, ses œuvres, notamment *The Call of the Wild* (*L'Appel de la forêt*) et *White Fang* (*Croc-Blanc*) s'inspirent de thèmes sociaux et du Grand Nord.

John Steinbeck : cet écrivain célèbre habita San Francisco dans les années 1920. Il est surtout reconnu pour son roman intitulé *The Grapes of Wrath* (*Les Raisins de la colère*), qui fut même banni pendant un certain temps de certaines bibliothèques de la Californie.

Musique

Difficile de parler de la scène musicale de la ville sans évoquer le *San Francisco Sound*, qui a littéralement pris le monde de la musique par surprise dans les années 1960. Inspiré par le LSD, le folk, le blues, le rock et des consonances qui transgressaient les frontières, le *San Francisco Sound* a produit des groupes phares comme The Grateful Dead et Jefferson Airplane, qui gravitaient autour du quartier de Haight-Ashbury. La musique d'aujourd'hui a certes évolué, mais les souvenirs de passé lointain surgissent parfois dans les bars de quartier ou dans les salles de spectacle de la ville.

› Quelques artistes et formations musicales associés de près ou de loin à San Francisco

Santana : guitariste talentueux, Carlos Santana est une figure de proue de la musique «afro-rock-latine-psychédélique». Formé en 1966, son groupe éponyme a toujours su s'adapter aux nouvelles tendances musicales. Après s'être signalé au désormais célèbre *Woodstock* en 1969, il poursuivit une carrière de soliste en collaborant avec de nombreux autres musiciens dont Herbie Hancock, tout en restant fidèle à son groupe. En 1994, Santana se produisit en spectacle au festival *Woodstock II*. Après plus de 30 ans de métier, il est unanimement porté aux nues grâce à son album *Supernatural*, qui a raflé rien de moins que neuf trophées *Grammy* au printemps de l'an 2000.

Steve Miller : né le 5 octobre 1943 à Milwaukee (Wisconsin), Steve Miller déménage à San Francisco en 1966 pour former le Miller Blues Band, qui devient l'année suivante le Steve Miller Band. Le groupe s'est réellement fait connaître après une prestation en 1967 au Monterey Pop Festival. Steve Miller est surtout connu grâce à une sonorité singulière et au mégasuccès de son album *Fly Like An Eagle*.

Janis Joplin : née le 19 janvier 1943 à Port Arthur, au Texas, Janis Joplin débarque à San Francisco (North Beach) en 1963, où elle sombre dans l'alcool et les amphétamines. Elle retourne au Texas l'année suivante, pour revenir à San Francisco à la tête du groupe Big Brother and the Holding Company. Surnommée *Pearl* en raison des colliers qu'elle aimait porter, Joplin se fait connaître par sa voix puissante, rauque et émotive, ainsi que par ses problèmes de drogue. Parmi les classiques qui lui valurent sa notoriété, mentionnons *Piece of my Heart* et *Ball and Chain*. Elle est morte le 4 octobre 1970, à Hollywood, d'une overdose d'héroïne.

Grateful Dead : groupe musical au nom qui cadre parfaitement avec l'ère psychédélique des années 1960, les Grateful Dead, menés par Jerry Garcia (alias *Captain Trip*), commencent leur carrière en jouant dans les *Acid Tests* de Ken Kesey. Depuis 1965, cette bande de joyeux chevelus est indissociable du *San Francisco Sound*. Au cours de leur longue carrière, les Grateful Dead ont sorti une ribambelle d'albums où les consonances rock et blues se sont fusionnées à plusieurs autres styles variés. Jerry Garcia meurt en 1995 à la suite d'une crise cardiaque.

Jefferson Airplane : formé en 1965, Jefferson Airplane s'est rapidement hissé au zénith des vedettes musicales grâce à leur album *Surrealistic Pillow*, où figuraient trois chansons devenues des classiques : *My Best Friend*, *Somebody to Love* et *White Rabbit*. La musique psychédélique de Jefferson Airplane résonnait régulièrement dans les salles de spectacle du Fillmore Auditorium ou du Carousel Ballroom, situées toutes deux dans le quartier de Haight-Ashbury à San Francisco. Le groupe changea de nom dans les années 1970 et sombra dans l'anonymat.

Dead Kennedys : groupe phare du mouvement punk américain des années 1980, les Dead Kennedys ont marqué la scène musicale de San Francisco avec leur rock musclé à saveur *surf*, leur étiquette de disques Alternative Tentacles et leurs textes politisés. Leur coloré chanteur, Jello Biafra, s'est d'ailleurs présenté comme candidat aux élections municipales de San Francisco en 1979 (il a terminé quatrième). Il attire toujours les foules aujourd'hui avec ses spectacles de *spoken word* qui abordent différents thèmes politiques.

Chris Isaak : né le 26 juin 1956 à Stockton, en Californie, Isaak ressemble à un crooner au charme caustique et possède une résidence dans la Bay Area. Il s'est fait connaître grâce à sa collaboration avec le cinéaste David Lynch dans son film intitulé *Wild At Heart*. Lorsque

Lynch utilisa un extrait la chanson d'Isaak *Wicked Game*, sa carrière fut lancée. Isaak a de nouveau défrayé les manchettes de l'actualité musicale en 1999 avec sa chanson *Baby Did A Bad Bad Thing*, qui joua dans le désormais célèbre film de Kubrick *Eyes Wide Shut*.

Counting Crows : groupe musical issu de la vieille garde du rock'n'roll qui refuse d'entrer dans le courant de la musique électronique, les Counting Crows se contentent de jouer de la guitare, de la basse électrique, des claviers ou du piano et de la batterie. Les amateurs de musique acoustique devront se procurer l'album double intitulé *Across A Wire, Live in New York* (le premier est pratiquement enregistré avec des instruments acoustiques).

Green Day : ce trio pop-punk tire ses origines de la scène *underground* qui gravitait autour du bar coopératif 924 Gilman Street à Berkeley, au début des années 1990. Plutôt marginal à ses débuts, il est devenu l'un des plus importants groupes américains de la dernière décennie grâce à ses albums *Dookie* et *American Idiot*.

Sports professionnels

Les sports professionnels occupent une place importante dans la vie quotidienne des Américains, et les San-Franciscains n'y font pas exception. Depuis longtemps, les vedettes sportives professionnelles sont portés au pinacle pour leurs exploits et conspués lorsqu'ils ne vivent pas à la hauteur de leur talent. Certains d'entre eux sont issus de milieux défavorisés et ont dû passer à travers de nombreuses épreuves difficiles avant d'atteindre le statut de vedette. Hélas, beaucoup réagissent en enfants gâtés, car ils ne savent pas comment composer avec la pression de la gloire et de l'argent. Par conséquent, il n'est pas rare que ces dieux du stade défraient la manchette en étant impliqués dans des scandales de sexe, de drogue ou, comme c'est le cas pour le baseballeur Barry Bonds des Giants de San Francisco, de stéroïdes anabolisants. De nos jours, les partisans sont beaucoup moins patients et tolérants envers ces athlètes à cause des contrats démesurés qu'ils signent. En effet, les journalistes et les amateurs ont le propos virulent et ne se gênent pas pour condamner à cor et à cri les moindres défaillances de ces vedettes.

Évidemment, le droit d'entrée demandé pour aller voir ces athlètes est assez élevé. Malgré tout, cela ne semble pas dissuader les partisans qui continuent à débourser la somme exigée pour applaudir ces sportifs en action.

› Baseball

Contrairement à ce qu'on pourrait croire, l'avènement du baseball sur la Côte Ouest s'est fait tardivement. En fait, depuis la Seconde Guerre mondiale, les choses changent rapidement sur le losange sacré américain : des ligues de femmes se sont organisées pour pallier le départ des joueurs-vedettes pour le front; puis, après un demi-siècle de racisme éhonté, les Noirs sont finalement admis dans l'antre du sport national.

C'est en 1947 que Jackie Robinson brise le schème des Blancs, car il est nommé au poste de joueur de deuxième but pour les Dodgers de Brooklyn : voilà le premier pas vers le changement de cap. Dans les années 1950, le commissaire Ford Frick, en raison de la grande demande des partisans de baseball de la Côte Ouest, décide d'apporter des changements radicaux : la grande région de la ville de New York étant dotée de trois équipes de baseball, il décide de déménager certaines d'entre elles. Les Giants de New York iront à San Francisco, tandis que les Dodgers de Brooklyn mettront le cap sur Los Angeles. Pour leur part, les A's d'Oakland ont déménagé leurs pénates deux fois avant d'aboutir sur la Côte Ouest; de 1901 à 1954, ils portent la bannière des Athletics de Philadelphie; ils se retrouvent à Kansas City jusqu'en 1967, avant qu'Oakland ne les accueille en 1968.

› Football américain

La Ligue nationale de football (NFL) est aujourd'hui une ligue composée de deux conférences: la nationale et l'américaine. Cette situation résulte en fait de la fusion de deux ligues de football indépendantes, la NFL et la AFL (American Football League), à la fin des années 1960. Le premier Super Bowl marquait l'affrontement entre les deux conférences la première année de la fusion.

49ers de San Francisco

Les 49ers tirent leur nom de l'année 1849, à partir de laquelle les prospecteurs d'or se mirent à la recherche d'une fortune rapide, l'heure du *Gold Rush* ayant sonné. Introduits dans la Ligue nationale de football (NFL) en 1950, les 49ers constituaient la première équipe de sport professionnel de la Côte Ouest au moment de leur création, en 1946. À cette époque, le propriétaire Tony Morabino avait été l'un des visionnaires à entrevoir la possibilité d'une rivalité entre des équipes de la Côte Est et de la Côte Ouest, rendue désormais possible grâce au développement du transport aérien. L'organisation contemporaine que nous connaissons aujourd'hui voit sa naissance avec l'achat de l'équipe par Eddie Dibartelo en 1977. Dibartelo travaille immédiatement à la refonte de l'équipe dans le but de créer une organisation gagnante faisant preuve de classe et de dignité, créant ainsi un fort sentiment d'appartenance envers l'organisation. C'est sous sa gouverne que Bill Walsh est engagé à titre de chef-entraîneur à la fin de 1977. Walsh et Dibartelo se révèleront être les architectes de la franchise de sport professionnel à obtenir le plus de succès pour les 15 prochaines années. En l'espace de trois ans, l'équipe passe de la pire fiche (2-14) à la meilleure fiche de la ligue (13-3). Truffée de joueurs de talent comme Joe Montana, Dwight Clark, Ronnie Lott, John Taylor, Jerry Rice et Steve Young, l'équipe établit plusieurs records dans les années 1980 et 1990: meilleure saison de l'histoire de la NFL en 84 (15 victoires sans défaites), 13 titres de division, cinq championnats de division et cinq Super Bowls (1981, 1984, 1988, 1989 et 1994).

L'annonce du retrait du jeu de Steve Young en 1999, à la suite d'une commotion cérébrale, devait marquer la fin d'une époque. Le marché d'agents libres et les restrictions économiques actuelles font d'une équipe comme les 49ers une réalité prisonnière du passé. Mais, pour de nombreux amateurs gagnés au football par la beauté du synergisme entre la finesse tactique et la perfection d'exécution atteinte par la 49ers d'antan, les souvenirs ravivés par le rouge, l'or et l'ambiance du Candlestick Park vaudront à eux seuls le prix d'admission. Des travaux de construction d'un nouveau stade situé à Santa Clara doivent commencer en 2012 et devraient être terminés pour août 2014.

Raiders d'Oakland

L'existence des Raiders semble trouver sa raison dans l'antithèse de celle des 49ers: celle de deux mondes séparés par une baie. Leurs uniformes rouge et or pour San Francisco, noir et gris pour Oakland, semblent marquer cette opposition. Fondée en 1960, l'équipe connaît des débuts difficiles. Membre de l'AFL (American Football League), les Raiders évoluent au O.co Coliseum.

› Hockey sur glace

Contrairement au football et au baseball, le hockey sur glace a du mal à s'implanter aux États-Unis. San Francisco ne possède pas d'équipe de hockey, mais les visiteurs qui désirent assister à un match peuvent se rendre à San Jose, où jouent les Sharks de la Ligue nationale de hockey (LNH).

Renseignements généraux

Formalités d'entrée 47
Accès et déplacements 47
Renseignements utiles, de A à Z 51

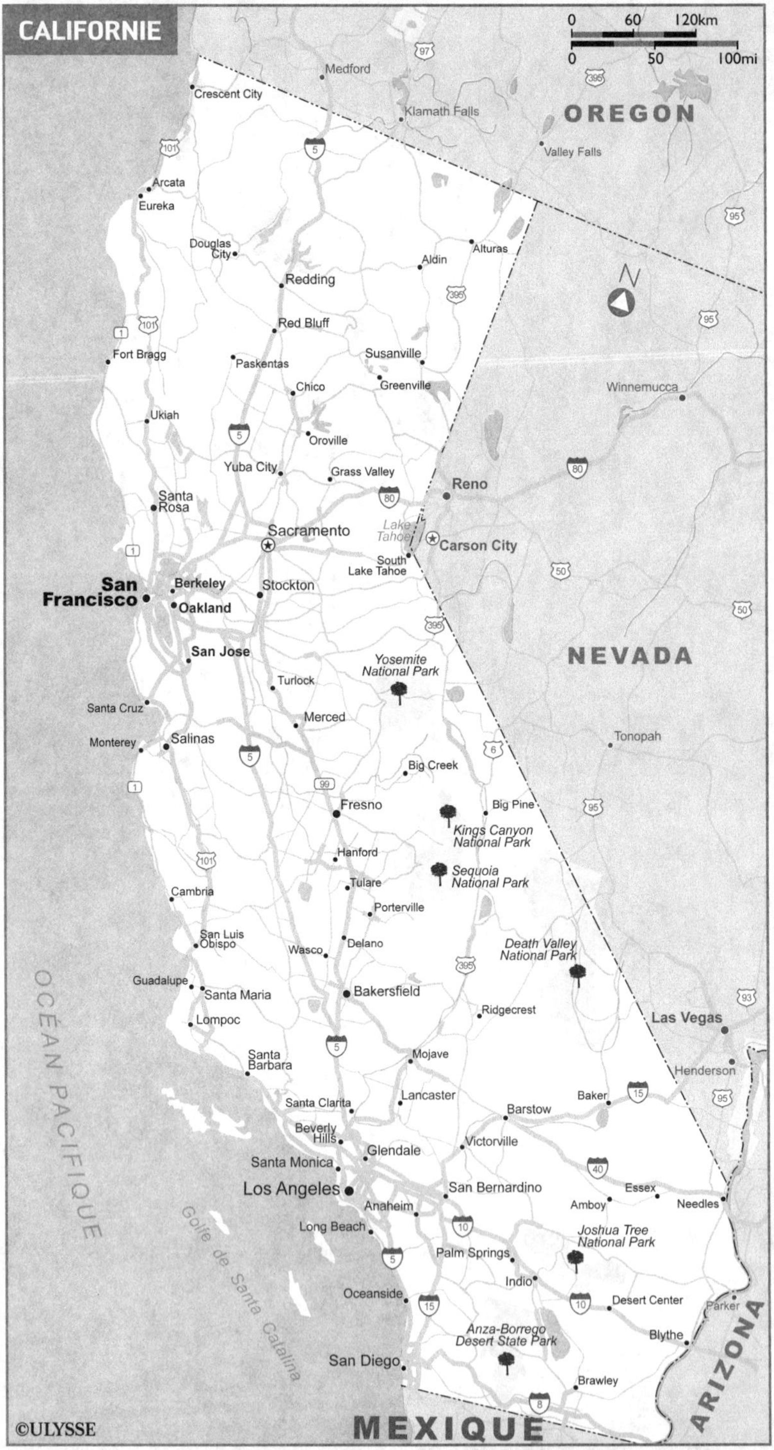
CALIFORNIE
0 60 120km
0 50 100mi
OREGON
NEVADA
ARIZONA
MEXIQUE
OCÉAN PACIFIQUE
Golfe de Santa Catalina
Medford
Crescent City
Klamath Falls
Valley Falls
Arcata
Eureka
Douglas City
Alturas
Aldin
Redding
Red Bluff
Fort Bragg
Paskentas
Susanville
Chico
Greenville
Winnemucca
Ukiah
Oroville
Yuba City
Grass Valley
Reno
Santa Rosa
Sacramento
Lake Tahoe
Carson City
South Lake Tahoe
San Francisco
Berkeley
Stockton
Oakland
San Jose
Yosemite National Park
Turlock
Santa Cruz
Merced
Monterey
Salinas
Tonopah
Big Creek
Fresno
Big Pine
Kings Canyon National Park
Hanford
Sequoia National Park
Tulare
Cambria
Porterville
San Luis Obispo
Wasco
Delano
Death Valley National Park
Guadalupe
Santa Maria
Bakersfield
Ridgecrest
Lompoc
Las Vegas
Santa Barbara
Mojave
Henderson
Lancaster
Baker
Santa Clarita
Barstow
Beverly Hills
Glendale
Victorville
Santa Monica
Los Angeles
San Bernardino
Essex
Anaheim
Amboy
Needles
Long Beach
Joshua Tree National Park
Palm Springs
Indio
Oceanside
Desert Center
Parker
Anza-Borrego Desert State Park
Blythe
San Diego
Brawley
©ULYSSE

Le présent chapitre a pour objectif d'aider les voyageurs à mieux planifier leur séjour à San Francisco et dans les environs. Il renferme plusieurs indications générales qui pourront vous être utiles lors de vos déplacements. Nous vous souhaitons un excellent voyage à San Francisco.

Formalités d'entrée

› Passeports et visas

Pour entrer aux États-Unis par voie aérienne, les citoyens canadiens ont besoin d'un passeport. S'ils entrent par voie terrestre ou maritime, ils pourront présenter soit leur passeport ou leur «permis de conduire Plus», qui sert à la fois de permis de conduire et de document de voyage.

Les résidents d'une trentaine de pays dont la France, la Belgique et la Suisse, en voyage d'agrément ou d'affaires, n'ont plus besoin d'être en possession d'un visa pour entrer aux États-Unis à condition de:

- avoir un billet d'avion aller-retour;
- présenter un passeport électronique sauf s'ils possèdent un passeport individuel à lecture optique en cours de validité et émis au plus tard le 25 octobre 2005; à défaut, l'obtention d'un visa sera obligatoire;
- projeter un séjour d'au plus 90 jours (le séjour ne peut être prolongé sur place: le visiteur ne peut changer de statut, accepter un emploi ou étudier);
- présenter des preuves de solvabilité (carte de crédit, chèques de voyage);
- remplir le formulaire de demande d'exemption de visa (formulaire I-94W) remis par la compagnie de transport pendant le vol;
- le visa est toujours nécessaire pour certaines catégories de voyageurs (étudiants ou visa précédemment refusé).

Depuis janvier 2009, les ressortissants des pays bénéficiaires du Programme d'exemption de visa doivent obtenir une autorisation de séjour avant d'entamer leur voyage aux États-Unis. Afin d'obtenir cette autorisation, les voyageurs éligibles doivent remplir le questionnaire du Système électronique d'autorisation de voyage (ESTA) au moins 72h avant leur déplacement aux États-Unis. Ce formulaire est disponible gratuitement sur le site Internet administré par le U.S. Department of Homeland Security *(https://esta.cbp.dhs.gov/esta/esta.html)*.

Précaution: les soins hospitaliers étant extrêmement coûteux aux États-Unis, il est conseillé de se munir d'une bonne assurance maladie.

Accès et déplacements

› En avion

Toutes les compagnies aériennes majeures volent à destination de San Francisco à partir des grandes métropoles canadiennes et européennes.

San Francisco International Airport

Situé à 25 km du centre-ville, le **San Francisco International Airport** *(650-821-8211 ou 800-435-9736, www.flysfo.com)* est l'un des aéroports les plus achalandés du pays avec une moyenne de près de 40 millions de passagers qui y transitent chaque année. Il s'agit d'un aéroport moderne qui est desservi par une très grande quantité de compagnies aériennes et qui abrite des bureaux de change ainsi que plusieurs petits restaurants sans prétention. Pour vous rendre en ville, vous avez le choix: limousines, taxis et autobus vous y emmèneront.

L'aéroport possède trois terminaux (1, 2 et 3) pour les vols intérieurs et ceux en provenance du Canada, ainsi que deux terminaux (A et G) pour les vols internationaux. La liaison entre les terminaux, la gare du BART, les parcs des agences de location de voitures et les stationnements est assurée par l'AirTrain.

Accès au centre-ville

Il peut être plus abordable de partager un **taxi** à plusieurs que d'acheter un billet d'autocar pour se rendre à l'hôtel. Les taxis quittant l'aéroport de San Francisco utilisent leur odomètre. Le prix de la course ne peut être déterminé avant le départ et demeure non négociable. Un taxi entre l'aéroport et le centre-ville vous coûtera de 45$ à 60$ selon le trafic (pourboire de 15% non compris).

Le **BART** (voir p. 51) assure une liaison entre l'aéroport et le centre-ville de San Francisco *(8,10$)*.

L'**American Airporter Shuttle** *(415-202-0733, www.americanairporter.com)* relie l'aéroport et les principaux grands hôtels du centre-ville. Comptez 17$ pour l'aller simple. Sachez toutefois que, si vous avez recours aux services d'une navette, vous devrez demander le parcours.

Vous pouvez également communiquer avec l'une des deux entreprises suivantes qui louent des limousines avec chauffeur:

All City Limousine & Transportation
415-939-0780, www.allcitylimosf.com

ABC Chauffeured Limousines
888-401-6200, www.abctrans.com

Oakland International Airport

Situé à environ 12 km d'Oakland et à seulement 26 km de San Francisco, l'**Oakland International Airport** *(510-563-3300, www.oaklandairport.com)* est plus petit que celui de San Francisco. Il accueille surtout des vols intérieurs et demeure un point d'entrée très fréquenté par les voyageurs. Si l'hôtel où vous logez est situé à San Francisco, la distance à franchir entre l'aéroport et ce dernier peut toutefois demander entre 15 min et 30 min de plus qu'au départ de l'aéroport de San Francisco.

Accès au centre-ville

Une course en taxi de l'aéroport d'Oakland jusqu'à San Francisco vous coûtera de 55$ à 65$.

Vous pouvez également prendre le **BART** (voir p. 51), qui vous mènera de l'aéroport d'Oakland jusqu'à San Francisco. De la station la plus près, vous devrez peut-être prendre un taxi pour vous rendre à l'hôtel où vous logez.

Stationnement dans les côtes

Lorsque vous stationnez votre voiture dans une pente, assurez-vous toujours de bloquer les roues de façon à éviter que la voiture ne dégringole soudainement si jamais le frein à main cède. C'est un conseil pratique, mais c'est également la loi: vous risquez de payer une amende plutôt salée si jamais vous oubliez de braquer vos roues.

› En voiture

Voies d'accès

Si vous arrivez de l'est, prenez l'autoroute 80 et empruntez le Bay Bridge pour vous rendre à San Francisco. Attendez-vous à débourser entre 4$ et 6$ selon l'heure pour traverser ce pont.

Du nord, l'autoroute 101 traverse le Marin County et mène au Golden Gate Bridge. Comptez 6$ pour traverser ce pont.

Si vous arrivez du sud, le trajet le plus simple consiste à suivre la route 1 ou la US 1. Ces deux voies aboutissent à San Francisco. La route 1 est moins achalandée et moins stressante que la US 1.

Veuillez noter que l'auto-stop n'est pas conseillé.

En ville

L'automobile ne constitue pas un moyen efficace et agréable pour visiter San Francisco. À moins que vous ayez à vous déplacer à l'extérieur de la ville, on ne vous conseille pas de louer un véhicule. Sans compter les difficultés d'orientation que comporte le plan urbain peu commun de la ville, sachez que les stationnements publics sont pratiquement inexistants, que les parcomètres sont rares, que les embouteillages sont fréquents et que les *valet parkings* coûtent cher (comptez au moins 40$ par jour).

Par contre, vous n'aurez aucun problème à vous déplacer à pied, en transport en commun ou en taxi. Si, malgré tout, vous souhaitez conduire, prenez note que les voitures se louent à compter de 50$ ou 60$ par jour. À moins d'être un adepte de la commande manuelle, optez pour une voiture à transmission automatique. La plupart des grandes agences de location ont un comptoir dans les deux aéroports de la région de San Francisco.

Le bon état général des routes fait de la voiture un moyen de transport idéal pour visiter les environs de San Francisco en toute liberté. Vous trouverez facilement de très bonnes cartes routières dans les librairies de voyage ou, une fois rendu sur place, dans les stations-service. En ce qui concerne la location de voitures, plusieurs agences exigent que leurs clients soient âgés d'au moins 25 ans et qu'ils soient en possession d'une carte de crédit reconnue.

Quelques conseils

Permis de conduire: en règle générale, les permis de conduire européens sont valides. Les visiteurs canadiens n'ont pas besoin de permis international, et leur permis de conduire est tout à fait valable aux États-Unis. Soyez averti que plusieurs États sont reliés par système informatique avec les services de police du Québec pour le contrôle des infractions routières. Aussi une contravention émise aux États-Unis est-elle automatiquement reportée au dossier au Québec.

Code de la route: attention, il n'y a pas de priorité à droite. Ce sont les panneaux de signalisation qui indiquent la priorité à chaque intersection. Ces panneaux marqués *Stop* sur fond rouge sont à respecter scrupuleusement! Vous verrez fréquemment un genre de stop, au bas duquel figure un petit rectangle rouge dans lequel il est inscrit *4-Way*. Cela signifie, bien entendu, que tout le monde doit marquer l'arrêt et qu'aucune voie n'est prioritaire. Il faut que vous marquiez l'arrêt complet, même s'il vous semble n'y avoir aucun danger apparent. Si deux voitures arrivent en même temps à l'un de ces arrêts, la règle de la priorité à droite prédomine. Dans les autres cas, la voiture arrivée la première passe.

Vitesse maximale: la limite de vitesse est affichée sur des panneaux routiers de forme carrée et de couleurs blanche et noire sur lesquels est inscrit *Speed Limit*, suivi de la limite de vitesse autorisée. La vitesse est limitée à 55 mph (88 km/h) sur la plupart des grandes routes. Sur les Interstates, la limite de vitesse grimpe à 65 mph (104 km/h).

Postes d'essence: l'essence est nettement moins chère aux États-Unis qu'en Europe au Québec et au Canada, en raison des taxes moins élevées.

SFpark

En 2011, San Francisco a lancé un projet dénommé **SFpark** *(http://sfpark.org)*, qui gère le prix d'une place de stationnement dans la ville en fonction de l'offre et de la demande. Grosso modo, cela signifie qu'en dehors des heures de pointe, une place de stationnement est bon marché. Toutefois, pendant les heures de pointe, les prix grimpent en flèche. L'objectif est de transformer 6 000 des 24 000 espaces de stationnement payants en emplacements «intelligents». Grâce au réseau Wi-Fi de la ville, les conducteurs peuvent s'informer en temps réel des places disponibles au moyen de leur téléphone cellulaire ou autre appareil mobile, ou encore de leur ordinateur avant leur départ de la maison.

À San Francisco, les automobilistes qui tournent en rond pour trouver une place de stationnement constituent environ 30% du trafic de la ville. Aider les automobilistes à trouver une place de stationnement permet non seulement de désengorger les artères urbaines, mais donne l'occasion aux résidents et aux touristes de décider eux-mêmes avant leur déplacement s'il est préférable de prendre leur véhicule, leur vélo ou le transport en commun. Le leitmotiv du projet SFpark? *Circle Less, Live More*, ou «Tournez moins en rond, vivez plus».

› En autocar

Pour obtenir les horaires et les destinations desservies, appelez la succursale locale de la société Greyhound au 800-231-2222 ou visitez le site Internet *www.greyhound.com.*

Les Québécois peuvent faire leur réservation directement à Montréal auprès de la société Greyhound, à la **Station centrale** *(1717 rue Berri, Montréal, 514-842-2281, www.greyhound.ca).*

Il est interdit de fumer sur toutes les lignes. En général, les enfants de cinq ans et moins sont transportés gratuitement. Les personnes de 60 ans et plus ont droit à d'importantes réductions. Les animaux ne sont pas admis.

› En train

Aux États-Unis, le train ne constitue pas toujours le moyen de transport le moins cher, et il n'est sûrement pas le plus rapide. Cependant, il peut être intéressant pour les grandes distances, car il procure un bon confort (essayez d'obtenir une place dans les voitures panoramiques pour profiter au maximum du paysage). Pour obtenir les horaires et les destinations desservies, communiquez avec la société Amtrak, la propriétaire du réseau ferroviaire américain *(800-872-7245, www.amtrak.com).*

Depuis la France, on peut réserver des billets de train pour les États-Unis :

Amtrak
01.53.25.03.56, amtrak@interfacetourism.com

Amtrak n'a pas de gare à San Francisco. Vous devez vous arrêter à Oakland ou à Emeryville, d'où une navette (gratuite) vous conduira au Ferry Building, près de Market Street.

Berkeley
Third St., angle University Ave.

Oakland
Jack London Square, 245 Second St.

Emeryville
5885 Horton St.

San Jose
65 Cahill St.

Caltrain
Fourth St., angle King St., San Francisco, 800-660-4287, www.caltrain.com
Caltrain assure des liaisons ferroviaires avec des villes de la péninsule comme Palo Alto et des villes de la Bay Area comme San Jose.

› En traversier

Le port de San Francisco compte plusieurs services de traversiers qui font la navette entre la ville et différents points d'intérêt ou villes voisines. Quelques-unes de ces compagnies de navigation offrent également aux vacanciers la possibilité de monter à bord de leurs bateaux pour une petite balade dans la baie de San Francisco. Quoi qu'il en soit, embarquer sur un navire vous donnera toujours l'occasion de contempler de beaux panoramas, qu'il s'agisse d'une croisière touristique ou d'une simple traversée de la baie.

Alameda/Oakland Ferry
510-522-3300 (horaire des traversées)
www.eastbayferry.com
Service de traversier quotidien entre Oakland (Jack London Square et Alameda's Main Street Terminal) et San Francisco (Ferry Building et Fisherman's Wharf). De plus, les fins de semaine en haute saison (mai à octobre), un service de navette touristique mène les visiteurs à Angel Island (un parc d'État qui fait partie du Marin County).

Blue & Gold Fleet
415-705-8200, www.blueandgoldfleet.com
Service de traversier quotidien entre San Francisco (Ferry Building et Pier 39), Oakland (Jack London Square et Alameda's Main Street Terminal), Vallejo, Sausalito (Marin County), Tiburon (Marin County) et Angel Island.

Golden Gate Ferries
415-455-2000, www.goldengateferry.org
Ces traversiers partent du San Francisco Ferry Building pour se rendre au Marin County, plus précisément à Sausalito et à Larkspur.

Harbor Bay Maritime
www.alamedaharborbayferry.com
Service de traversier quotidien entre San Francisco (Ferry Building) et Harbor Bay Island, à Alameda, ville voisine d'Oakland.

Vallejo Baylink
707-643-3779, www.baylinkferry.com
Service de traversier quotidien entre Vallejo, sur la San Pablo Bay, et San Francisco (Ferry Building et Fisherman's Wharf).

› En transport en commun

Contrairement à d'autres villes américaines où le besoin de se déplacer va de pair avec l'utilisation quotidienne d'une voiture, sachez qu'il n'est pas nécessaire de louer un véhicule pour visiter San Francisco. Le transport en commun y est relativement bien développé, fonctionne fort bien et demeure plutôt économique. Toutefois, si vous comptez sortir de San Francisco (pour visiter, par exemple, la Napa Valley ou le village de Half Moon Bay), vous devrez louer un véhicule.

Pour obtenir de l'information actualisée quotidiennement sur les conditions routières, les parcours de bus, le réseau des pistes cyclables ou pour toute autre question que vous pourriez vous poser sur le transport dans la région de San Francisco, visitez le *www.511.org* ou composez le 511 de San Francisco.

Le **San Francisco Municipal Railway (Muni)** *(415-701-2323 ou 311 de San Francisco, www.sfmuni.com)* est un système public de transport en commun dans la ville de San Francisco et ses banlieues, qui regroupe environ 100 lignes d'autobus et inclut le métro, les autobus et les *cable cars*.

Le prix du ticket par personne se chiffre à 2$ pour les autobus et à 6$ pour les *cable cars*. Lorsqu'on s'acquitte du prix des tickets, la monnaie exacte est requise chaque fois.

Si vous comptez utiliser les autobus à plusieurs reprises, il vous est possible d'acheter un Muni Passport pour un *(14$)*, trois *(21$)* ou sept jours *(27$)*.

Le **BART** *(San Francisco **Bay Area Rapid Transit**, 415-989-2278 ou 311 de San Francisco, www.bart.gov)* ressemble grosso modo au système de RER de Paris. C'est un système de transport en commun moderne et sécuritaire qui dessert le centre-ville et le Mission District, et qui relie également San Francisco aux villes de l'East Bay comme Berkeley et Oakland. Les prix sont fixés en fonction de la distance parcourue.

Cable cars

Inventés par l'ingénieur anglais Andrew Smith Hallidie, les *cable cars*, emblèmes indissociables de la ville, caracolent sur les collines de San Francisco depuis 1873. Il n'y a pas de moteur à l'intérieur des *cable cars*. Les *cars* sont reliés, par un câble d'acier (d'où le nom de *cable car*) glissant entre les rails, à un système de moteur central. Patrimoine historique depuis 1964, les *cable cars* ont une vitesse de pointe qui ne dépasse guère les 15 km/h.

Il n'y a plus que trois lignes de *cable cars* en service aujourd'hui sur les 12 lignes du réseau original: Powell-Mason, Powell-Hyde et California. Pour plus de détails, visitez le site Internet *www.sfcablecar.com*.

› En taxi

Pour une raison étrange, il est souvent difficile de héler un taxi dans les rues de San Francisco. Les taxis sont facilement identifiables et peuvent être un moyen de transport économique en groupe, car ils peuvent accueillir jusqu'à quatre personnes. Finalement, les chauffeurs de taxi s'attendent à recevoir au moins 15% de pourboire sur la somme affichée à l'odomètre. Voici les coordonnées de quelques compagnies de taxis:

Green Cab
415-626-4733, www.626green.com
C'est la seule compagnie de taxis de San Francisco dont la flotte est composée de véhicules hybrides.

City Wide Cab
415-920-0700

Veteran's Taxi Cab
510-848-5555, www.veteranstaxicab.com

Yellow Cab Cooperative
415-333-3333, www.yellowcabsf.com

Renseignements utiles, de A à Z

› Aînés

À San Francisco, les gens âgés de 65 ans et plus peuvent profiter de toutes sortes d'avantages tels que des réductions importantes sur les droits d'accès aux musées et à diverses attractions, et des rabais dans les hôtels et les restaurants. Bien souvent, les tarifs réduits ne sont guère publicisés. Il ne faut donc pas se gêner pour s'en informer.

Par ailleurs, soyez particulièrement avisé en ce qui a trait aux questions de santé. En plus des médicaments que vous prenez normalement, glissez votre ordonnance dans vos bagages pour le cas où vous auriez besoin de la renouveler. Songez aussi à transporter votre dossier médical avec vous, de même que le nom, l'adresse et le numéro de téléphone de votre médecin. Assurez-vous enfin que vos assurances vous protègent à l'étranger.

Pour les voyages à taux préférentiels et autres renseignements pertinents, contactez l'**American Association of Retired Persons (AARP)** *(601 E Street NW, Washington, DC 20049, 888-687-2277, www.aarp.org)*.

› Ambassades et consulats étrangers aux États-Unis

Belgique

Ambassade
3330 Garfield Street NW, Washington, DC 20008, 202-333-6900, www.diplobel.us

Consulat
1663 Mission Street, bureau 400, San Francisco, 415-861-9910

Canada

Ambassade
501 Pennsylvania Avenue NW, Washington, DC 20001, 202-682-1740, www.canadianembassy.org

Consulat
580 California Street, 14e étage, San Francisco, 415-834-3180

France

Ambassade
4101 Reservoir Road NW, Washington, DC 20007, 202-944-6000, www.info-france-usa.org

Consulat
88 Kearny St., local 600, San Francisco, 415-397-4330, www.consulfrance-sanfrancisco.org

Suisse

Ambassade
2900 Cathedral Avenue NW, Washington, DC 20008, 202-745-7900, www.swissemb.org

Consulat
456 Montgomery Street, bureau 1500, San Francisco, 415-788-2272

› Argent et services financiers

Monnaie

L'unité monétaire des États-Unis est le dollar américain ($US), divisé en 100 cents. Il existe des billets de banque de 1, 5, 10, 20, 50 et 100 dollars, de même que des pièces de 1 (*penny*), 5 (*nickel*), 10 (*dime*) et 25 (*quarter*) cents.

Il est à noter que tous les prix mentionnés dans le présent ouvrage sont en dollars américains.

Sachez qu'aucun achat ou service ne peut être payé en devises étrangères aux États-Unis.

Banques et change

Les banques sont généralement ouvertes du lundi au vendredi, de 9h à 16h. Le meilleur moyen pour retirer de l'argent à San Francisco consiste à utiliser sa carte bancaire (carte de guichet automatique). Attention, votre banque vous facturera des frais fixes (par exemple 5$CA), et il vaut mieux éviter de retirer de petites sommes.

Les normes qui régissent les numéros d'identification personnels (NIP) varient d'un pays à l'autre et même d'une banque à l'autre (certains numéros comportent quatre chiffres alors que d'autres en ont cinq), et il peut arriver que votre transaction soit refusée dans certains distributeurs automatiques. En cas de refus, vous pourrez tout simplement essayer un autre distributeur ou une autre institution financière, en vous assurant qu'elle adhère au même réseau bancaire international que votre banque (par exemple, les réseaux «Plus» ou «Cirrus»). Nous vous suggérons aussi, autant que possible, de voyager avec au moins deux cartes d'institutions bancaires différentes pour augmenter vos chances d'effectuer des transactions.

La plupart des banques changent facilement les devises européennes et canadiennes, mais presque toutes demandent des frais de change. En outre, vous pouvez vous adresser à des bureaux ou comptoirs de

Taux de change

1$US	=	1,03$CA
1$US	=	0,79€
1$US	=	0,95FS
1$CA	=	0,97$US
1€	=	1,26$US
1FS	=	1,05$US

N.B. Les taux de change peuvent fluctuer en tout temps.

change qui, en général, n'exigent aucune commission. Ces bureaux ont souvent des heures d'ouverture plus longues. La règle à retenir: se renseigner et comparer.

Quelques banques à San Francisco:

Wells Fargo
1 Montgomery St., 415-396-7152

Bank of America
1 Powell St., 415-837-1394, San Francisco International Airport, 800-622-8731

Cartes de crédit

Les cartes de crédit, outre leur utilité pour retirer de l'argent, sont acceptées à peu près partout aux États-Unis. Il est primordial de disposer d'une carte de crédit (au nom du conducteur) pour effectuer une location de voiture. Les cartes les plus facilement acceptées sont, par ordre décroissant, Visa, MasterCard et American Express.

Chèques de voyage

Les chèques de voyage peuvent être encaissés dans les banques sur simple présentation d'une pièce d'identité (avec frais) et sont acceptés par la plupart des commerçants du milieu touristique comme du papier-monnaie.

› Boissons alcoolisées

Il est permis d'acheter de l'alcool entre 6h et 2h. Les *liquor stores* sont les meilleurs endroits où trouver de la variété, mais vous aurez un bon choix de vins et de bières dans les épiceries. L'âge légal pour acheter et consommer de l'alcool en Californie est de 21 ans.

› Climat

Quand visiter San Francisco?

Même si San Francisco fait partie de la Californie, son climat est loin de ressembler à celui de San Diego ou de Los Angeles. L'écrivain Mark Twain a déjà écrit que l'hiver le plus froid qu'il a vécu s'est déroulé pendant un été à San Francisco...

En règle générale, il pleut beaucoup en janvier, février et mars. Du mois d'avril au mois de septembre, la moyenne des températures est de 19°C, mais, dans l'ensemble, les nuits sont assez fraîches.

Préparation des valises

Pour la plupart des types de séjour, vous n'aurez en effet besoin que de bermudas, de chemises légères ou de t-shirts, de pantalons de sport, de un ou deux maillots de bain, d'un gilet ou d'une petite veste, et d'une tenue décontractée ou habillée en prévision d'une éventuelle sortie.

Il ne vous reste plus qu'à vous munir d'un livre ou de certains articles essentiels que vous ne voudriez pas oublier.

Pensez également à apporter un parapluie ou un imperméable à capuchon pour parer à toute averse soudaine. Si vous visitez San Francisco en hiver, un tricot sera bienvenu.

Pour vos visites, des chaussures flexibles, confortables et légères s'imposent. Si vous prévoyez faire de la randonnée en région, apportez également des souliers de toile que vous n'aurez pas peur de mouiller (le sol est souvent humide aux endroits où l'on s'y attend le moins).

N'oubliez pas votre appareil photo (les couchers de soleil sur le Pacifique sont formidables) et un nombre suffisant de cartes mémoire pour immortaliser vos souvenirs.

› Décalage horaire

Lorsqu'il est midi à Montréal, il est 9h à San Francisco. Le décalage horaire pour la France, la Belgique ou la Suisse est de neuf heures. N'oubliez pas qu'il existe plusieurs fuseaux horaires aux États-Unis: San Francisco a ainsi trois heures de retard sur New York et Hawaii en a cinq. Attention cependant aux changements d'heure, qui ne se font pas aux mêmes dates qu'en Europe: aux États-Unis et au Canada, l'heure d'hiver entre en vigueur le premier dimanche de novembre (on recule d'une heure) et prend fin le deuxième dimanche de mars (on avance d'une heure).

› Drogues

Les drogues sont absolument interdites (même les drogues dites «douces»). Aussi bien les consommateurs que les distributeurs risquent de très gros ennuis s'ils sont trouvés en possession de drogues.

› Électricité

Partout aux États-Unis et en Amérique du Nord, la tension électrique est de 110 volts et de 60 cycles (Europe: 220 volts et 50 cycles); aussi, pour utiliser des appareils électriques européens, devrez-vous vous munir d'un convertisseur de courant adéquat.

Les fiches d'électricité sont plates, et vous pourrez trouver des adaptateurs sur place ou, avant de partir, vous en procurer dans une boutique d'articles de voyage ou dans une librairie de voyage.

› Fumeurs

Tous les lieux publics de la Californie, y compris les bars et les restaurants, sont non-fumeurs.

› Horaires

Les commerces sont généralement ouverts du lundi au mercredi de 9h30 à 17h30 (parfois jusqu'à 18h), le jeudi et le vendredi de 10h à 21h, et le dimanche de midi à 17h. Les supermarchés ferment en revanche plus tard ou restent même, dans certains cas, ouverts 24 heures sur 24, sept jours par semaine.

› Jours fériés

Voici la liste des jours fériés aux États-Unis. Notez que la plupart des magasins, services administratifs et banques sont fermés pendant ces jours.

New Year's Day (jour de l'An)
1er janvier

Martin Luther King Day
troisième lundi de janvier

President's Day (anniversaire de George Washington)
troisième lundi de février

Memorial Day (jour du Souvenir)
dernier lundi de mai

Independence Day (fête nationale)
4 juillet

Labor Day (fête du Travail)
premier lundi de septembre

Columbus Day (jour de Christophe Colomb)
deuxième lundi d'octobre

Veterans Day (jour des Vétérans et de l'Armistice)
11 novembre

Thanksgiving Day (action de Grâce)
quatrième jeudi de novembre

Christmas Day (Noël)
25 décembre

› Médias

Presse écrite

Le grand quotidien de San Francisco est le ***San Francisco Chronicle*** *(www.sfgate.com)*. Le journal a certes perdu de son lustre depuis la mort en 1997 de son célèbre chroniqueur Herb Caen, mais il revendique toujours le titre de celui qui a le plus grand tirage parmi les journaux de la région.

Le ***SF Weekly*** *(www.sfweekly.com)* et le ***San Francisco Bay Guardian*** *(www.sfbg.com)* sont deux hebdomadaires gratuits, publiés le mercredi, qui proposent un bon aperçu de la vie culturelle de San Francisco. De plus, vous y trouverez de bonnes adresses où sortir et manger, ainsi que des critiques de spectacles et des chroniques sur l'actualité.

Pour en savoir davantage sur la vie gay culturelle à San Francisco, procurez-vous les hebdomadaires ***Bay Times*** *(www.sfbaytimes.com)* ou ***Bay Area Reporter*** *(www.ebar.com)*.

Vous trouverez des magazines et des journaux français au **Café de la Presse** *(352 Grant Ave.)*, juste à côté de la porte du Chinatown.

L'***Oakland Tribune*** *(www.insidebayarea.com)* est le grand journal d'Oakland.

Radio

102,1 KDFC : musique classique

91,1 KCSM : jazz

90,3 KUSF : radio de l'University of San Francisco (rock, alternatif et *world beat*)

90,7 KALX : radio de Berkeley (musique alternative aux consonances nouvelles)

› Poste

Les bureaux de poste sont ouverts du lundi au vendredi de 8h à 17h30 (parfois jusqu'à 18h) et le samedi de 8h à midi.

› Pourboire

En général, le pourboire s'applique à tous les services rendus à table, c'est-à-dire dans les restaurants ou autres endroits où l'on vous sert à table (la restauration rapide n'entre donc pas dans cette catégorie). Il est aussi de rigueur dans les bars et les boîtes de nuit; les chasseurs d'hôtel, les femmes de chambre et les chauffeurs de taxi s'attendent aussi à recevoir un pourboire.

Dans les restaurants, selon la qualité du service rendu, il faut compter environ 15% de pourboire sur le montant avant les taxes. Il n'est pas, comme en Europe, inclus dans l'addition, et le client doit le calculer lui-même et le remettre à la serveuse ou au serveur; service et pourboire sont une même et seule chose en Amérique du Nord. Les porteurs dans les aéroports reçoivent généralement un dollar.

› Renseignements touristiques

San Francisco Travel
201 Third St., Suite 900, San Francisco, CA 94103, 415-974-6900, www.sanfrancisco.travel

Pour les Français :

Visit USA Committee
08 99 70 24 70 (frais d'appel)
www.office-tourisme-usa.com

Voici d'autres endroits où se procurer des brochures ou des plans de ville :

San Francisco

Visitor Information Center
900 Market St., angle Powell St., au sous-sol de Haillidie Plaza, 415-391-2000
Le personnel polyglotte peut vous aider dans vos démarches.

Berkeley

Berkeley Visitor Information Center
2030 Addison St., 510-549-7040 ou 800-847-4823, www.berkeleycvb.com

Oakland

Oakland Convention & Visitors Bureau
463 11th St., 510-839-9000, www.oaklandcvb.com

Marin County

Marin County Convention & Visitors Bureau
1 Mitchell Blvd., Suite B, San Rafael, 415-925-2060 ou 866-925-2060, www.visitmarin.org

Au sud de San Francisco

Half Moon Bay Chamber of Commerce & Visitor's Bureau
235 Main St., 650-726-8380, www.halfmoonbaychamber.org

› Santé

Pour les personnes en provenance d'Europe, du Québec et du Canada, aucun vaccin n'est nécessaire pour entrer aux États-Unis. D'autre part, il est vivement recommandé, en raison du prix élevé des soins, de souscrire une bonne assurance maladie-accident. Il existe différents types d'assurances, et nous vous conseillons de les comparer. Emportez vos médicaments, surtout ceux qui exigent une ordonnance. Sauf indication contraire, l'eau est potable partout à San Francisco et dans ses environs.

› Sécurité

San Francisco n'est pas une ville dangereuse, mais il est toutefois préférable de s'enquérir, dès son arrivée, des quartiers qu'il vaut mieux s'abstenir de visiter à n'importe quelle heure du jour et de la nuit. En prenant les précautions courantes, il n'y a pas lieu d'être inquiet outre mesure pour sa sécurité. Si toutefois la malchance était avec vous, n'oubliez pas que le numéro de secours est le 911, ou le 0 en passant par le téléphoniste.

Il demeure toujours prudent d'éviter de vous balader le soir dans les parcs ou les rues mal éclairées. Le soir venu, on vous suggère d'éviter le quartier du Tenderloin.

Sachez que les pickpockets agissent parfois en groupe. Ainsi, pendant que certains se chargent de vous distraire pendant un moment, d'autres en profitent pour fuir en catimini avec vos biens personnels.

La plupart des bons hôtels sont équipés de coffrets de sûreté dans lesquels vous pouvez placer vos objets de valeur, ce qui vous procurera une certaine tranquillité d'esprit. Soyez discret en public lorsque vous faites des affaires. En effet, n'exposez pas à la vue d'autrui une liasse de billets de banque pour payer un objet ou un service.

Et enfin, sachez que, dans le monde, la plus grande cause d'accidents impliquant des touristes demeure la route... Dans le merveilleux monde de la Californie, où les voitures règnent en maître, il est particulièrement important d'être prudent sur les routes.

› Taxes

Une taxe totale (celle de la ville et celle de l'État) de 14% est en vigueur sur le prix de l'hébergement, alors que celle s'appliquant aux produits et services est de 8,5%.

› Télécommunications

Malgré la prédominance des téléphones cellulaires, on trouve encore aisément des cabines téléphoniques fonctionnant à l'aide de pièces de monnaie (0,50$) ou de cartes d'appel.

L'indicatif régional de San Francisco est le 415.

Pour Berkeley et Oakland, de l'autre côté de la baie, vous devez composer le 510.

Pour la région de Half Moon Bay, plus au sud, vous devez composer le 650.

Sachez que le numéro complet de 10 chiffres doit être composé dans tous les cas, même pour les appels locaux à l'intérieur de la grande région de San Francisco.

Tout au long du présent ouvrage, vous apercevrez des numéros de téléphone dont le préfixe est ***800***, ***866***, ***877*** ou ***888***, entre autres. Il s'agit alors de numéros sans frais, en général accessibles depuis tous les coins de l'Amérique du Nord.

Une ville connectée

Twitter a été lancé en juillet 2006 à San Francisco. Ville novatrice toujours tournée vers le futur, San Francisco se targue d'être la première ville qui permet à ses citoyens de faire une plainte par l'entremise de ce réseau social. Les utilisateurs de Twitter peuvent en effet envoyer leurs gazouillis à la ville à *@SF311* afin de donner leur avis sur la propreté de la ville, le bruit, etc.

Pour téléphoner à San Francisco depuis le Québec, vous devez composer le 1-415 puis le numéro de votre correspondant.

Depuis la France, la Belgique ou la Suisse, vous devez composer le 00-1-415 puis le numéro de votre correspondant.

Pour téléphoner au Québec depuis San Francisco, il faut composer le 1, suivi de l'indicatif régional et du numéro de sept chiffres. Pour atteindre la France, faites le 011-33 puis le numéro complet en omettant le premier chiffre. Pour téléphoner en Belgique, composez le 011-32, l'indicatif régional puis le numéro de votre correspondant en omettant le premier zéro. Pour appeler en Suisse, faites le 011-41, l'indicatif régional puis le numéro de votre correspondant.

› Urgences

Urgence
911

California Pacific Medical Center
415-600-6000

› Vie gay

La vie gay se porte merveilleusement bien à San Francisco, la convivialité étant plus qu'évidente dans le quartier de Castro. Même si certaines lesbiennes habitent le quartier de Castro, la population lesbienne s'est pour sa part installée dans le Mission District, près de 16th Street et de Valencia Street. Environ 15% de la population de San Francisco est gay.

San Francisco Lesbian Gay Bisexual Transgender Community Center
1800 Market St., 415-865-5555, www.sfcenter.org

Le ***Bay Area Reporter*** *(www.ebar.com)* est un hebdomadaire qui sert la communauté gay de la Bay Area.

Voici deux sites Internet où l'on trouve de l'information exhaustive sur la vie gay à San Francisco:

www.castroonline.com
www.castrosf.org

› Visites guidées

Bien qu'il soit intéressant de voyager sans aucune structure préétablie ou contrainte de temps, vous pouvez aussi envisager de recourir à une agence de voyages pour visiter certains points d'intérêt. Il est inutile de dénombrer toutes les agences œuvrant à San Francisco, car il y en a beaucoup trop et la qualité des services est inégale. De nombreuses activités sont proposées aux visiteurs désireux d'entreprendre la découverte de la ville au moyen d'un circuit guidé. Nous mentionnons ci-dessous quelques-unes de ces agences en vous invitant, compte tenu des changements fréquents, à communiquer directement avec elles pour connaître leurs programmes, leurs horaires et leurs tarifs.

Extranomical Tours
501 Bay St., 415-357-0700 ou 866-231-3752, www.extranomical.com
Cette agence propose des excursions en tout genre comprenant entre autres des tours de ville, des visites de vignobles, des excursions aux Muir Woods et à Yosemite, ainsi que des descentes de rivière en eau vive. Les guides assurent un service d'excellente qualité.

GoCar Rentals
2715 Hyde St., 415-441-5695, www.gocartours.com
Les visiteurs peuvent louer ici un kart interactif. Doté d'un GPS, le kart débite de passionnantes anecdotes au micro en informant les touristes sur les points d'intérêt de la ville. Les visites sont offertes en français, en anglais, en espagnol, en italien et en allemand.

Electric Tour Company

757 Beach St., 415-474-3130, www.electrictourcompany.com
Pourquoi ne pas explorer le Fisherman's Wharf sur un gyropode écologique? Vous devrez d'abord suivre une formation d'une trentaine de minutes afin de vous familiariser avec cette machine avant de débuter la visite.

HOBNOB Tours
650-814-6303, www.hobnobtours.com
Excellente occasion de sortir des sentiers battus et d'en connaître davantage sur les somptueuses maisons victoriennes de Nob Hill.

Barbary Coast Trail
415-454-2355, www.barbarycoasttrail.org
Barbary Coast Trail organise de nombreuses excursions à travers les artères de la ville pour permettre aux voyageurs de découvrir l'histoire de San Francisco, son développement, son architecture et sa vie culturelle.

Three Babes and a Bus
800-414-0158, www.threebabes.com
Cette agence possède un autobus de luxe qui vous emmène dans trois ou quatre boîtes de nuit de la ville, en s'attardant 45 min dans chaque établissement. Le prix du forfait vous donne le privilège d'accéder directement aux établissements choisis sans avoir à attendre dans la file d'attente et comprend le droit d'entrée pour chacune.

Haight-Ashbury Flower Power Walking Tour
415-863-1621, www.hippygourmet.com
Pour en connaître davantage sur le festival *Summer of Love*, le mouvement hippie et les anecdotes qui entourent les années 1960, participez au Flower Power Tour.

Cruisin' the Castro
415-255-1821, www.cruisinthecastro.com
Vivement recommandée pour ses visites instructives et intéressantes, Cruisin' the Castro retrace l'historique de la vie gay à San Francisco depuis la Ruée vers l'or jusqu'aux bars gays des années 1940, en passant par l'émancipation des années 1970 jusqu'à nos jours.

Chinatown Heritage Walk
750 Kearny St., Third Floor, 415-986-1822, www.c-c-c.org
Pour partir à la découverte du patrimoine culturel ou culinaire du Chinatown, joignez-vous aux tours guidés à pied organisés par le Chinese Culture Center.

I Can't Believe I Ate My Way Through Chinatown! Tour
650-355-9657, www.wokwiz.com
Pourquoi ne pas combiner une visite guidée historique du Chinatown avec une halte gastronomique pour goûter aux traditions culinaires de la Chine, notamment les fameux *dim sum*?

Dashiell Hammet Tours
www.donherron.com
Les visites débutent au 100 Larkin Street, au coin nord-ouest de la San Francisco Public Library *(10$; pas de réservation, il faut se présenter au rendez-vous à temps pour le départ)*. Dashiell Hammet Tours saura satisfaire les aficionados de polars noirs qui désirent retracer les lieux de la ville ayant inspiré Dashiell Hammett à rédiger *Le Faucon maltais*.

San Francisco Seaplane Tours
415-332-4843, www.seaplane.com
Si votre budget le permet, pourquoi ne pas survoler la ville en avion? Les avions de San Francisco Seaplane Tours partent du Pier 39 et du Sausalito Marin County pour un survol de la baie de San Francisco et de ses attraits : Alcatraz, le Golden Gate Bridge, Angel Island, etc.

San Francisco Helicopter Tours
650-635-4500, www.sfhelicoptertours.com
Cette entreprise organise des survols de la ville et de ses environs en hélicoptère.

San Francisco City Guides
415-557-4266, www.sfcityguides.org
City Guides regroupe des bénévoles qui veulent faire partager leur amour pour San Francisco. Vous trouverez sur leur site Internet de très nombreuses possibilités de tours guidés portant aussi bien sur l'histoire que l'architecture, la culture ou les différents quartiers de la ville. Les tours sont gratuits, mais on recommande toutefois de laisser un pourboire d'environ 5$.

› Voyageurs à mobilité réduite

San Francisco s'efforce de rendre de plus en plus accessibles la plupart de ses attraits touristiques aux personnes à mobilité réduite.

L'organisme suivant est aussi en mesure de fournir des renseignements utiles aux personnes handicapées qui veulent voyager.

Center for Independent Living
3075 Adeline St., Suite 100, Berkeley, CA 94703, 510-841-4776, www.cilberkeley.org

Attraits touristiques

Le centre-ville 60

La côte 74

Le centre 82

Golden Gate Park Area 87

Le sud 93

Les environs de San Francisco 98

Ville ravissante à la topographie tourmentée, San Francisco s'étend entre mer et montagnes sur un site fabuleux où se mêlent à la fois tradition, modernité et classicisme. Ainsi ancrée dans ce cadre des plus contrastés, cette métropole de l'Ouest américain est sans contredit l'une des plus belles villes des États-Unis! Tonique, cosmopolite, tolérante, écologique, exubérante et avant-gardiste, San Francisco exsude un certain charme européen et déploie un large éventail de curiosités toutes plus fascinantes les unes que les autres pour séduire les visiteurs en tout genre.

La personnalité de la ville telle qu'on la découvre aujourd'hui s'est construite à travers une série d'événements singuliers qui ont peu à peu façonné chaque quartier et ont tissé la trame de son histoire. Baladez-vous sur le pont suspendu le plus photographié de la planète, arpentez les rues flanquées de splendides demeures victoriennes, prenez un bol d'air en explorant les merveilles du Golden Gate Park, voguez jusqu'à l'ancien pénitencier le plus célèbre des États-Unis, gravissez en *cable car* bringuebalant les collines étonnamment pentues entre lesquelles s'est développée la ville, ou encore attablez-vous sur une terrasse pour siroter un café tonifiant tout en regardant le ballet des adeptes de tai-chi qui s'exercent dans les nombreux parcs urbains. Voilà seulement quelques-unes des attractions offertes par cette ville exceptionnelle qui compte en outre un passé artistique et littéraire foisonnant qu'il est passionnant de découvrir à chaque coin de rue. Qui plus est, il s'agit de la ville ayant la plus forte concentration de restaurants par habitant aux États-Unis et d'une des villes où l'on mange le mieux en Amérique. *Enjoy!*

Le centre-ville

Union Square ★

▲ *p. 117* ● *p. 146* ♪ *p. 169* ▣ *p. 185*

À ne pas manquer

› *St. Francis Hotel p. 60*

Les bonnes adresses

Restaurants
› *Urban Tavern p. 147*
› *Gitane p. 148*
› *John's Grill p. 148*
Sorties
› *Café Claude p. 173*
› *First Crush Restaurant & Bar p. 173*
› *Press Club p. 173*
Achats
› *Westfield San Francisco Center p. 187*
› *Williams-Sonoma p. 188*
› *Macy's in Union Square p. 189*
› *Apple Store p. 190*
› *Icebreaker p. 191*
› *Aricie Lingerie p. 192*
› *Betsey Johnson p. 193*
› *Margaret O'Leary p. 194*
› *Napa Valley Winery Exchange p. 195*

Théâtre d'événements historiques, Union Square doit son nom aux manifestations populaires qui se tinrent sur cette grande place lors de la guerre de Sécession en faveur de l'Union. De nos jours, les touristes, les itinérants et les habitants de la ville fourmillent dans le quartier, l'un des plus achalandés et l'un des plus chers de San Francisco. Un vaste éventail de boutiques chics, d'hôtels de luxe et de magasins à la mode flanquent le square. L'endroit en question n'est pas vraiment spectaculaire, mais les environs d'Union Square sont ce qu'on appelle communément le «centre-ville» de San Francisco.

*** ***Le quartier est délimité par Bush Street au nord, Jones Street à l'ouest, Eddy Street et Market Street au sud et Grant Avenue à l'est. Les attraits du quartier gravitent tous autour d'Union Square.***

Le **Dewey Monument**, une tour d'inspiration corinthienne, s'élève sur 30 m en plein centre d'Union Square pour commémorer la victoire de l'amiral George Dewey contre les Espagnols à Manille en 1898.

Inauguré en grande pompe par le millionnaire Charles T. Crocker pour qu'y séjournent les riches de la société nord-américaine, le **St. Francis Hotel** ★★ *(355 Powell St., 415-397-7000; Westin St. Francis, voir p. 119)* occupe tout le côté ouest d'Union Square. L'établissement fut hélas gravement endommagé par l'incendie provoqué par le séisme

City Pass

Valide pour une durée de neuf jours consécutifs et spécialement conçu pour les visiteurs, le **City Pass** *(adultes 69$, enfants et adolescents âgés de 5 à 12 ans 39$; www.citypass.com)* constitue une sorte de forfait qui leur permet d'épargner jusqu'à 50% sur les droits d'accès de certains des attraits touristiques les plus courus en ville. Ce laissez-passer vous ouvre les portes des attraits suivants: le San Francisco Museum of Modern Art, la California Academy of Sciences, le Blue and Gold Fleet Bay Cruise Adventure (croisière commentée d'une heure qui passe sous le Golden Gate Bridge) et l'Aquarium of the Bay; de plus, un Option Ticket vous offre le choix de visiter soit l'Exploratorium ou le M.H. de Young Museum et le California Palace Legion of Honor (si visités le même jour). Vous profiterez aussi de sept jours consécutifs de transport gratuit et illimité en *cable car*, en autobus ou en tramway. D'autre part, le City Pass vous permet d'éviter les fastidieuses files d'attente pour l'achat des billets. Vous pouvez vous procurer le City Pass à n'importe quel guichet des points d'intérêt précités.

de 1906, mais fut rapidement reconstruit quelques années plus tard. Durant les 50 années qui suivirent, rupins et stars du showbiz continuèrent à fréquenter cet établissement de catégorie résolument supérieure. Pour s'ajuster aux contraintes et aux changements de la fin de siècle, des ascenseurs panoramiques qui offrent des vues splendides sur la ville furent ajoutés aux infrastructures restaurées de l'hôtel en 1972. Une poignée de têtes couronnées et de stars de passage ne manquent jamais d'y faire halte. Les cinéphiles ont peut-être déjà vu la scène du film de Francis Ford Coppola, *The Conversation*, lorsque Harry Caul (interprété par Gene Hackman) observe depuis une chambre de cet hôtel des couples se balader dans Union Square.

Au sud-est d'Union Square, le magasin **Neiman-Marcus** *(150 Stockton St., angle Geary St., 415-362-3900)* se dresse sur l'emplacement du défunt magasin City of Paris. Au début du XXe siècle, ce dernier était considéré comme le plus chic magasin de la ville. Au grand dam de bien des habitants, il fut rasé en 1989, mais les efforts soutenus des citoyens san-franciscains militant pour préserver certains vestiges du passé permirent de conserver sa belle **rotonde** ★ et sa verrière afin de l'intégrer au magasin actuel.

Envie...

... de vous requinquer avant de poursuivre votre route? Arrêtez-vous chez Mocca (voir p. 146) pour siroter un café tonifiant.

À quelques encablures au nord de Neiman-Marcus se trouve une petite allée dénommée **Maiden Lane**. Jadis, Maiden Lane était une rue flanquée de bordels et de bars malfamés où les prostituées racolaient, depuis leur fenêtre ouverte, des clients potentiels qui y déambulaient. Les rixes y étaient fréquentes, et l'on raconte qu'il s'y commettait en moyenne deux meurtres par semaine. La rue fut assainie par l'incendie de 1906, et l'on s'empressa de lui insuffler un air de renouveau. Aujourd'hui, des boutiques, des cafés-terrasses et des restaurants jalonnent les deux côtés de la rue. Les férus d'architecture moderne seront heureux d'apprendre que la **Xanadu Gallery** ★ *(140 Maiden Lane, 415-392-9999)* est l'unique bâtiment de la ville construit d'après les plans de l'architecte de renom Frank Lloyd Wright.

Chinatown ★★

p. 121 *p. 150* *p. 169* *p. 185*

À ne pas manquer

- *Golden Gate Fortune Cookie Factory p. 63*
- *Grant Avenue p. 63*

Les bonnes adresses

Restaurants
- *Lucky Creation p. 150*
- *Penang Garden p. 150*

Sorties
- *Li Po Cocktail Lounge p. 174*

Achats
- *Ten Ren Tea p. 186*
- *Wok Shop p. 188*

La plupart des Chinois venus tenter leur chance à l'époque de la Ruée vers l'or ne prévoyaient pas s'enraciner en sol américain une fois qu'ils auraient ramassé assez

49 Mile Scenic Drive

Si vous circulez en voiture ou à vélo, une façon originale et relativement rapide de goûter aux principaux attraits de San Francisco est de suivre les indications de la 49 Mile Scenic Drive. Cette route touristique de 79 km sillonne les quartiers les plus pittoresques et les plus attrayants de San Francisco. Elle est identifiée au moyen de panneaux facilement reconnaissables sur lesquels figure une mouette blanche. Procurez-vous le plan au Visitor Center.

d'argent, mais pensaient plutôt retourner d'où ils étaient venus. Toutefois, à la même époque, l'effritement de la dynastie mandchoue engendra bon nombre de problèmes sociaux et incita d'autres Chinois à quitter définitivement leur terre natale pour trouver fortune ailleurs. Beaucoup d'entre eux participèrent aux vagues d'immigration venues peupler la région de San Francisco. Face au besoin normal de se regrouper en terre étrangère, ils formèrent le Chinatown.

Plus de 95% des Chinois qui émigrèrent à cette époque étaient des hommes, car le voyage était très coûteux, et les femmes restèrent au pays plus souvent qu'à leur tour. Peu après le début de la Ruée vers l'or, des commerçants sans scrupules s'adonnèrent à la traite des «Jaunes» en achetant des Chinoises à vil prix, leur laissant croire qu'elles allaient pouvoir s'installer librement à San Francisco. Là, au contraire, on les forçait à se prostituer ou à travailler comme domestiques.

Vers 1852, le Chinatown grossissait de plus en plus et avait alors la réputation d'être mal famé. Plus le nombre d'Asiatiques augmentait, plus les Occidentaux se sentaient menacés par cette présence étrangère envahissante. Les tensions raciales franchirent un point de non-retour lorsque le gouverneur de l'État servit à la population blanche un discours enflammé, intempestif et vitriolé dirigé contre les Asiatiques. Plusieurs actes de violence gratuite envers les Chinois s'ensuivirent.

En 1882, le *Chinese Exclusion Act* vint confirmer ce que tout le monde savait déjà officieusement: en d'autres mots, on claironnait ouvertement «*Dehors les Chinois*». Peu avant la levée du rideau sur le XXe siècle, le Chinatown occupait déjà six pâtés de maisons et était délimité par les rues Broadway, California, Kearny et Stockton. Seuls les Asiatiques qui travaillaient comme domestiques à la solde des familles nanties de San Francisco osaient s'aventurer hors du périmètre du Chinatown. À l'inverse, les Blancs en quête de plaisirs, de stupre et de libertinage n'hésitaient pas à pénétrer dans le Chinatown afin de se faire racoler par les prostituées, de s'enivrer dans les bars et de fumer de l'opium importé clandestinement de Chine.

Après le séisme de 1906 et l'incendie qui s'ensuivit, qui entraîna la perte d'un grand nombre de dossiers entreposés à l'hôtel de ville, plusieurs immigrants illégaux réclamèrent la citoyenneté américaine, dont bon nombre de Chinois, afin de pouvoir s'établir légalement aux États-Unis. Comme bien des quartiers de la ville, le quartier chinois rompit avec son passé plutôt dépravé et criminel, puis fut rapidement reconstruit, remodelé et résolument réaménagé le long de Grant Avenue. Il faut toutefois attendre 1950 avant que les Chinois ne puissent légalement occuper un logement hors du périmètre du Chinatown.

En 1962, une autre vague d'immigration chinoise déferla sur San Francisco lorsque des militants chinois opposés au régime de Mao et réfugiés à Hong Kong reçurent enfin l'aval de John F. Kennedy pour venir s'établir aux États-Unis. Il fallut toutefois attendre 1964 pour que le *Chinese Exclusion Act* soit définitivement abrogé. Aujourd'hui, le quartier est en pleine expansion et déborde dans celui de North Beach. Ces dernières années, en raison de l'arrivée massive d'immigrants d'Hong Kong, beaucoup d'Asiatiques ont déménagé dans le quartier de Richmond.

S'éparpillant sur une surface délimitée grosso modo par les rues Broadway au nord, Montgomery et Columbus à l'est, California au sud et Powell à l'ouest, le Chinatown de San Francisco constitue l'un des plus grands quartiers chinois établis à l'extérieur de la Chine, à égalité avec ceux de New York et de Vancouver. Déambuler dans le Chinatown, c'est un peu comme si le temps s'était figé dans le souvenir d'une autre époque. Une multitude d'Asiatiques cohabitent dans ce quartier. De fabuleux restaurants, pour la plupart chinois, perpétuent la tradition des ripailles d'antan et se caractérisent par des carcasses d'animaux pendouillant au-dessus des étals, des effluves subtils flottant dans l'air et des dragons mythiques ornant leurs façades surplombées par des toits en pagode.

Le quartier peut être facilement parcouru à pied. Le meilleur endroit où commencer le circuit est sous le portail chinois de Grant Street, à l'angle de Bush Street. Vous pourrez vous procurer un plan du quartier au Visitor Information Center (900 Market St.).

Envie...

... de savoir ce que l'avenir vous réserve? Pointez-vous à la Golden Gate Fortune Cookie Factory (voir ci-contre).

La plupart des visiteurs pénètrent dans le quartier chinois par la **Chinatown Gateway**: une arche ornée de dragons chinois. La plus ancienne rue du Chinatown est aussi la plus ancienne rue de la ville, **Grant Avenue** ★★. Elle est l'épine dorsale et le cœur commercial du quartier chinois; des restaurants exotiques, des boutiques de souvenirs kitsch et des galeries d'art se côtoient en effet tout au long de cette artère qui de plus fourmille en tout temps de touristes et de résidents.

Remarquez sur votre droite, à l'angle de California Street, la néogothique **Old St. Mary's Cathedral** ★ *(660 California St., angle Grant Ave., 415-288-3800, www.oldsaintmarys.org)*. Elle fut construite en 1854 par des ouvriers chinois. Ce lieu de culte a réussi à survivre aux nombreux séismes qui ont secoué la région depuis plus d'un siècle.

Si vous passez par là un mardi midi, vous pourrez aussi assister aux célèbres **Noontime Concerts** *(5$; mar 12h30; 415-777-3211, www.noontimeconcerts.org)*, qui offrent un délicieux moment de musique classique dans l'enceinte de la cathédrale.

Poursuivez votre balade sur Grant Avenue et tournez à gauche dans Sacramento Street, puis à droite dans Waverly Place. Observez les jolis balcons en fer forgé de part et d'autre de la rue, puis arrêtez-vous au 125 Waverly Place. Montez l'étroit escalier jusqu'au Tien Hau Temple.

Le **Tien Hau Temple** ★ *(125 Waverly Place)* est un petit temple bouddhiste où les fidèles viennent se recueillir solennellement. Entrez respectueusement pour saluer le bouddha souriant au milieu des offrandes.

En sortant, tournez à gauche et marchez jusqu'à Washington Street. Prenez-la à gauche, puis tournez à droite dans Ross Alley.

Vous êtes tout près de la **Golden Gate Fortune Cookie Factory** ★★ *(56 Ross Alley, 415-781-3956)*. Il s'agit d'une petite entreprise où l'on fabrique les célèbres *fortune cookies*, à l'intérieur desquels on découvre des proverbes ou des maximes.

Rejoignez ensuite Stockton Street.

Pour découvrir une version moins touristique du Chinatown, baladez-vous dans **Stockton Street** entre les rues Broadway et Sacramento, où le matin, les résidents d'origine chinoise font leurs courses. Boulangeries, épiceries, poissonneries et autres échoppes pullulent ici, et vous y trouverez aussi bien des tortues que des cailles et des grenouilles vivantes, à côté des canards laqués et autres délices de la cuisine chinoise. En passant, allez jeter un coup d'œil respectueux (pas de photos) à l'intérieur du **Kong Chow Temple** *(entrée libre; lun-sam 9h à 16h; 855 Stockton St.)*, où les habitants viennent faire des offrandes pour apporter bonne fortune à leur commerce ou à leurs amours.

Rendez-vous jusqu'à Jackson Street, tournez à droite, puis tournez encore à droite dans Wentworth Place. À l'angle de Washington Street, tournez à gauche et marchez jusqu'à Portsmouth Square.

Nommé en l'honneur du navire américain qui mouilla dans la baie de San Francisco en 1846, **Portsmouth Square** est une place publique où de vieux Chinois aiment à se retrouver pour jouer aux cartes. On y trouve aussi une sculpture représentant un navire, laquelle est dédiée à la mémoire de l'écrivain Robert Stevenson, qui avait jadis l'habitude de flâner dans le square. De leur côté, les touristes curieux en profitent pour s'arrêter et souffler un peu.

★ ATTRAITS TOURISTIQUES

Union Square

1. CZ Dewey Monument
2. CZ St. Francis Hotel
3. CZ Neiman-Marcus/rotonde
4. CZ Maiden Lane
5. CZ Xanadu Gallery

Chinatown

6. CY Chinatown Gateway
7. CY Grant Avenue
8. CY Old St. Mary's Cathedral
9. CY Tien Hau Temple
10. CY Golden Gate Fortune Cookie Factory
11. CY Stockton Street
12. CY Kong Chow Temple
13. CY Portsmouth Square
14. CY Chinese Culture Center
15. CY Chinese Historical Society of America

Financial District et Embarcadero

16. DZ Palace Hotel
17. DZ Garden Court
18. CZ Crocker Galleria
19. CY Russ Building
20. DY Mills Building
21. CY Bank of America
22. DY Wells Fargo History Museum
23. DY Transamerica Pyramid
24. DY Jackson Square
25. DY Bank of California

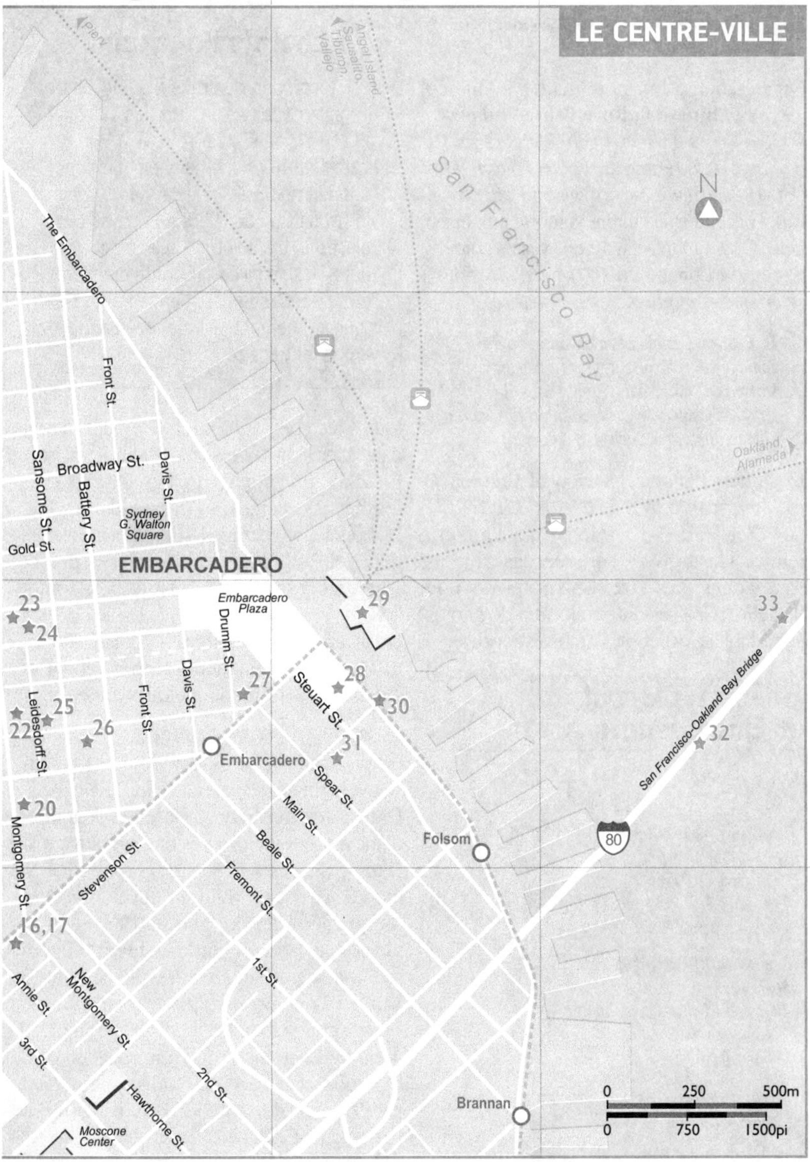

26. DY California Center/Mandarin Oriental
27. DY Hyatt Regency
28. EY Justin Herman Plaza/sculpture-fontaine d'Armand Vaillancourt
29. EY Ferry Building Marketplace/Ferry Plaza Farmers Market
30. EY Herb Caen Way...
31. EY Rincon Center
32. FY Bay Bridge
33. FY Yerba Buena Island/Treasure Island

North Beach

34. CX Columbus Tower/Cafe Zoetrope
35. CX Vesuvio Café
36. CX City Lights Booksellers & Publishers
37. CX The Beat Museum
38. CX Caffe Trieste
39. CX Washington Square
40. CX St. Peter and St. Paul Church
41. CW Telegraph Hill
42. CX Coit Tower
43. AX Russian Hill
44. AW Lombard Street

Nob Hill

45. BY Pacific Union Club
46. BY The Fairmont San Francisco
47. BY Grace Cathedral
48. BY Huntington Park
49. BY Cable Car Museum

Dirigez-vous vers l'hôtel Hilton situé juste devant Portsmouth Square.

Organisation à but non lucratif établie en 1965, le **Chinese Culture Center** *(mar-ven 9h30 à 18h, sam 10h à 16h; 750 Kearny St., 3e étage, à l'intérieur de l'hôtel Hilton, 415-986-1822, www.c-c-c.org)* vise à promouvoir l'art, l'histoire et la culture chinoise aux États-Unis. On y organise aussi des visites guidées à pied du Chinatown *(30$/pers.; mar-dim, réservations requises 24h à l'avance).*

Pour vous familiariser davantage avec la communauté chinoise, tournez à gauche en sortant de l'hôtel, puis à droite dans Clay Street. Marchez jusqu'à Joyce Street et arrêtez-vous à la Chinese Historical Society of America.

La **Chinese Historical Society of America** ★ *(5$; mar-ven 12h à 17h, sam 11h à 16h; 965 Clay St., 415-391-1188, www.chsa.org)* retrace l'histoire de l'arrivée des Chinois dans l'ouest des États-Unis à travers une petite mais intéressante collection de photos et de tableaux tirée des archives locales.

Financial District et Embarcadero ★★

p. 121 p. 150 p. 169 p. 185

À ne pas manquer

- Garden Court p. 67
- Transamerica Pyramid p. 68
- Ferry Building Marketplace p. 69
- Ferry Plaza Farmers Market p. 69

Les bonnes adresses

Restaurants

- Blue Bottle Coffee Co. p. 150
- The Slanted Door p. 152
- Yank Sing p. 152
- Chez Papa p. 152
- La Mar Cebicheria p. 152
- Palio d'Asti p. 153

Sorties

- Bix p. 174

Achats

- Miette Confiserie p. 186
- Scharffen Berger p. 186
- Crocker Galleria p. 187
- Sur La Table p. 188

Lotta's Fountain

À l'intersection des rues Market, Geary et Kearny, vous ne pourrez pas manquer la Lotta's Fountain, offerte à la Ville par Lotta Crabtree, une comédienne populaire à la fin du XIXe siècle. À la suite du violent séisme de 1906, la Lotta's Fountain était un point de ralliement pour toutes les familles qui tentaient de se retrouver. Aujourd'hui encore, le tragique événement est commémoré devant la fontaine tous les 18 avril à 5h12.

Financial District ★★

En 1859, à la suite de la découverte d'un riche filon aurifère au Nevada, pratiquement toutes les compagnies minières décidèrent d'installer leur siège social à San Francisco. En 1889, un premier gratte-ciel vint chatouiller les nuages au-dessus de la ville. Durant les 10 années suivantes, d'autres gratte-ciel jaillirent pour former l'opulent Financial District de San Francisco. Toutefois, fortement ravagé par le séisme de 1906 et l'incendie qui s'ensuivit, le Financial District fut complètement reconstruit, rénové et agrandi en seulement quelques années.

Lorsque l'Art déco éclate sur la scène internationale au cours des années 1920, les nouveaux bâtiments construits dans le Financial District s'en inspirent et marquent le tempo d'une époque de progrès tout en bravant la Grande Dépression. Puis la Seconde Guerre mondiale met un frein au développement du quartier. Dans les années 1960 et 1970, sans doute inspirés par les œuvres du père de l'architecture moderne, l'Allemand Mies Van der Rohe, les architectes rompent avec l'architecture ornementale de pierre au profit de grandes surfaces de verre réfléchissant. Quoique mal reçue à son inauguration en 1972, la Transamerica Pyramid s'inscrit parfaitement dans cette nouvelle vague de construction.

Le Financial District forme grossièrement un triangle avec les rues Market, Kearny et Jackson. Cœur palpitant par lequel l'argent circule dans les artères prospères de la ville, il est justement surnommé le « Wall Street de l'Ouest ». Le quartier regroupe des monstres de verre et d'acier qui abritent un réseau serré de banques blindées, de bureaux de compagnies d'assurances animés, d'agences de courtage opulantes et de cabinets d'avocats onéreux. Ce réseau se cache au cœur d'une impressionnante forêt de gratte-ciel qui surplombent les rues sillonnées par des voitures rutilantes. Sur le trottoir déambulent des messieurs cravatés et pressés ou des dames en tailleur chic avec un téléphone cellulaire collé entre l'épaule et l'oreille.

Le circuit débute dans Market Street, à l'angle de Kearny Street.

Situé pratiquement à la jonction de Market Street et de Kearny Street, le **Palace Hotel** ★ *(2 New Montgomery St., 415-512-1111, www.sfpalace.com)* dresse fièrement sa façade. À l'époque de son ouverture, en 1875, cet établissement était un palace étincelant. À l'instar de bien des immeubles du dernier quart du XIXe siècle, il fut rasé lors de l'incendie qui suivit le séisme de 1906, mais reconstruit quelques années plus tard. Entre 1989 et 1991, l'établissement fut l'objet d'importants travaux de rénovation afin de lui donner une nouvelle jeunesse. En effet, plus de 150 millions de dollars furent investis pour lui redonner tout son faste. Parmi les célébrités à y avoir séjourné, mentionnons l'écrivain Oscar Wilde et l'actrice Sarah Bernhardt. Ne manquez pas de jeter un coup d'œil à l'intérieur de la merveilleuse **Garden Court** ★★, avec sa coupole couverte de vitraux.

Tournez à gauche dans Market Street, puis à droite dans Post Street.

La **Crocker Galleria** *(entre Post St. et Sutter St.)* est un joli centre commercial qui abrite une panoplie de boutiques exclusives et de cafés donnant sur une terrasse centrale recouverte d'un énorme dôme vitré. Avis aux amateurs de lèche-vitrine, ces boutiques sauront sûrement satisfaire les goûts les plus divers et les plus extravagants.

En sortant par Sutter Street, tournez à droite et marchez jusqu'à Montgomery Street, que vous prendrez à gauche; arrêtez-vous entre le Russ Building et le Mills Building.

Ancienne demeure d'un bijoutier, transformée en hôtel de luxe puis ravagée par l'incendie qui suivit le séisme de 1906, le **Russ Building** ★ *(235 Montgomery St.)* s'élève depuis 1927 sur 31 étages. Il fut longtemps considéré comme le gratte-ciel le plus élevé de l'ouest des États-Unis, avant d'être détrôné par bon nombre d'édifices plus récents. Aujourd'hui, il s'imbrique parfaitement dans le décor formé par les autres gratte-ciel qui donnent au Financial District sa silhouette caractéristique.

Construit en 1891, le **Mills Building** ★ *(220 Montgomery St.)* fut partiellement endommagé par le séisme de 1906. Il demeure toutefois l'un des rares édifices à avoir survécu aux affres du terrible incendie qui s'ensuivit et n'eut par conséquent à subir que quelques réparations vers 1907. En 1931, soit 40 ans après sa construction, une tour d'une vingtaine d'étages est venue s'ajouter à ses infrastructures. Elle s'agence étonnamment bien avec le décor environnant.

Une rue plus loin, entre les rues Montgomery, Kearny, Pine et California, se trouve la Bank of America.

Haut de 238 m et comptant 52 étages, l'immeuble de bureaux où loge la **Bank of America** ★ *(555 California St.)* est le fruit de la persévérance d'Amadeo Peter Giannini. Il créa en effet en 1969 la Bank of Italy pour la clientèle des expatriés italiens qui n'avaient pas les moyens d'emprunter de l'argent aux institutions bancaires de l'époque.

Un peu plus loin, en suivant Montgomery Street, vous vous retrouverez au Wells Fargo History Museum.

Le **Wells Fargo History Museum** ★★ *(entrée libre; lun-ven 9h à 17h; 420 Montgomery St., 415-396-2619, www.wellsfargohistory.com)* expose les célèbres diligences qui jadis reliaient la Côte Est à la Côte Ouest.

Black Bart

Black Bart était l'un des nombreux voleurs qui s'attaquaient aux diligences de la Wells Fargo pour les dévaliser, mais il se démarquait de ses comparses par son habitude de laisser des poèmes sur les lieux de ses méfaits. Il fut trahi un beau jour par son propre mouchoir, oublié malencontreusement sur le théâtre de ses exploits, qui révéla qu'il s'agissait de l'ingénieur minier Charles Boles.

Le musée abrite aussi des devises factices émises par le déluré «empereur Norton», des pépites d'or ainsi que plusieurs photos d'époque. Fondée en 1852 par Henry Wells et William G. Fargo, la Wells Fargo a longtemps régné en maître sur les liaisons routières d'antan en assurant la livraison de courrier ou d'argent. À la fois compagnie de transport et institution bancaire, la Wells Fargo a joué un rôle important dans le développement de la Côte Ouest.

D'où vous êtes, il vous sera impossible de manquer la silhouette de la Transamerica Pyramid.

Probablement le bâtiment à l'architecture la plus audacieuse de San Francisco, la **Transamerica Pyramid** ★★ *(600 Montgomery St.)* se dresse sur un site historique, le Montgomery Block (voir l'encadré), et fut inaugurée en 1972. Elle fait 260 m de hauteur et surplombe tous les gratte-ciel de la ville. Dessiné par la firme William Pereira & Associates, cet édifice de forme pyramidale ne fit résolument pas l'unanimité dans les premières années de son existence, car cette firme venait de Los Angeles, l'éternelle rivale de San Francisco. Aujourd'hui, la tour fait partie des symboles de la ville au même titre que le Golden Gate Bridge.

Juste à côté de la Transamerica Pyramid se trouve Jackson Square.

Jackson Square est l'endroit où se trouvait jadis le célèbre quartier de la Barbary Coast. C'était un quartier infesté de façon notoire de marins en goguette, de prostituées aguichantes et de buveurs de tord-boyaux. Pendant l'incendie dévastateur qui suivit le séisme de 1906, le quartier a été presque entièrement rasé. L'endroit fut rénové au milieu du XXe siècle, pour faire place aujourd'hui à de chics boutiques de mode, à des galeries d'art et à des commerces d'antiquaires.

Tournez à droite dans Sansome Street et arrêtez-vous à l'angle de California Street.

Institution bancaire importante, la **Bank of California** *(400 California St.)* possède un joli hall doté de colonnes imposantes.

En sortant de la Bank of California, tournez à gauche et marchez jusqu'au California Center.

Montgomery Block

Le Montgomery Block fut construit en 1853. À l'époque, il s'agissait d'un immeuble qui abritait des cabinets d'avocats et des commerces. Il logeait également un saloon où des écrivains, des artistes et des poètes se réunissaient pour trinquer et discuter. Le Montgomery Block fut détruit en 1959 pour faire place à un parc de stationnement puis à la Transamerica Pyramid.

Le **California Center** ★★ *(345 California St.)* jaillit de façon spectaculaire au milieu d'édifices historiques tels que le Robert Dollar Building et le J. Harold Building. Il se distingue par ses deux tours d'angle reliées par une passerelle vitrée. Le très chic **Mandarin Oriental** (voir p. 122) occupe les 11 derniers étages du bâtiment.

Embarcadero ★★

En espagnol, *embarcadero* signifie «quai». Ironie du sort, l'effervescence et le développement de l'Embarcadero sont étroitement liés au séisme de 1989, connu sous le nom de *Loma Prieta*, qui a ébranlé le quartier. D'une certaine façon, le séisme de 1989, vu sous l'angle de l'urbanisation de l'Embarcadero, fut un mal pour un bien. L'affreuse autoroute de béton qui obstruait la vue sur la baie fut tellement endommagée qu'il fallut la démolir. Avec le panorama visiblement saisissant depuis cet endroit, on se demande aujourd'hui pourquoi elle n'a pas été démolie avant.

Envie...

... de goûter aux produits locaux? Tous les mardis, jeudis et samedis, le Ferry Plaza Farmers Market (voir p. 69) attire une foule de *foodies* et de curieux.

Il faut absolument pousser la porte du **Hyatt Regency** ★★ *(5 Embarcadero Center; voir p. 121)*, ne serait-ce que pour admirer le fabuleux atrium de 17 étages agrémenté d'une profusion de plantes, et d'arbres, en plus d'une sculpture géante de Charles Perry intitulée *Eclipse*.

En sortant de l'hôtel, dirigez-vous vers la Justin Herman Plaza.

La **Justin Herman Plaza** abrite une belle œuvre d'art public: une **sculpture-fontaine** de l'artiste québécois Armand Vaillancourt. Cette place a connu son heure de gloire le 11 novembre 1987, lorsque le célèbre groupe irlandais U2 décida d'offrir un spectacle gratuit intitulé *Save The Yuppie Concert*. Environ 20 000 personnes ont immédiatement convergé vers la Justin Herman Plaza.

Conçu par l'architecte A. Page Brown, qui s'est inspiré de la tour de la cathédrale Giralda de Séville, en Espagne, le **Ferry Building Marketplace** ★★★ *(1 Ferry Building, 415-693-0996, www.ferrybuildingmarketplace.com)* a été inauguré en 1898 et a résisté au tremblement de terre de 1906. Avant la construction du Golden Gate Bridge et du Bay Bridge, il constituait le seul point d'arrivée et de départ de tous les bateaux de la baie. Aujourd'hui, de nombreux citoyens de la Bay Area utilisent toujours les bateaux pour venir travailler en ville. Fourmillant d'activités, le Ferry Building est auréolé d'une ambiance franchement sympathique et réunit sous un même toit une savoureuse brochette de restaurants d'un très bon calibre culinaire et de boutiques d'alimentation alléchantes. L'endroit s'anime particulièrement tous les mardis, jeudis et samedis matin à l'occasion du **Ferry Plaza Farmers Market** ★★★, où une centaine de producteurs agricoles habitant à moins de 100 miles (160 km) de la ville viennent présenter une pléthore de produits biologiques du terroir californien. En effet, afin de favoriser les produits locaux, chaque étal est doté d'une affichette qui indique la provenance des produits. S'y trouvent une pléthore de fruits, légumes, viandes, fleurs et fines herbes qui ne manqueront certes pas d'attiser vos papilles en plus de susciter votre intérêt. Le marché du samedi attire quatre fois plus de producteurs et de visiteurs que les deux autres jours. Bon nombre de chefs de la ville et des environs viennent souvent y faire leurs provisions afin de préparer leur menu. De nombreux producteurs y installent également de petits comptoirs où ils préparent de délicieux plats maison en plus d'offrir gratuitement des petites bouchées gustatives pour attirer des clients.

Tout le long du front de mer en bordure de la baie s'étend l'Embarcadero, dont le prolongement fut nommé **Herb Caen Way...**, à la mémoire du célèbre éditorialiste Herb Caen, qui écrivait pour le *San Francisco Chronicle* et était particulièrement connu pour son utilisation de courtes phrases ponctuées de points de suspension. La Herb Caen Way... est bordée de jolis palmiers sous lesquels cyclistes et joggeurs croisent touristes et gens d'affaires.

Prenez la Herb Caen Way..., puis tournez à droite dans Mission Street et marchez jusqu'à Spear Street.

Le bâtiment moderne dont les deux tours en verre incurvés s'élèvent à 85 m est le **Rincon Center** ★ *(101 Spear St.)*. Immeuble résidentiel, il abrite aussi des bureaux d'entreprises. À l'intérieur se trouve un joli atrium de 27 m de haut entouré de restaurants et

Les fresques de San Francisco

Diego Rivera, le célèbre muraliste mexicain, passa quelque temps à San Francisco, et vous pourrez admirer son *Alegoría de California* au **City Club** *(155 Sansome St.; appelez au 415-362-2480 pour connaître les rares heures de visite; www.cityclubsf.com)*, mais vous aurez plus de chance de voir *The Making of a Fresco*, sur laquelle l'artiste s'est peint lui-même en train de créer cette fresque, au **San Francisco Art Institute** *(tlj 9h à 19h30; 800 Chestnut St., entre Jones St. et Leavenworth St., 415-771-7020, poste 4410, www.sfai.edu)*. Enfin, l'énorme et très symbolique peinture murale dénommée *Pan American Unity* se trouve au **City College of San Francisco** *(lun-ven, horaire variable; 50 Phelan Ave., 415-452-5201, www.riveramural.com)*. Les passionnés de cette forme d'art pourront aussi découvrir des fresques plus populaires qui ornent les murs du quartier de Mission en suivant les circuits proposés par le **Precita Eyes Mural Arts & Visitors Center** *(12$ et plus; visites sam-dim à 11h et 13h30; 2981 24th St., près de Harrison St., 415-285-2287, www.precitaeyes.org)*.

de commerces. Une partie du Rincon Center s'imbrique à l'ancien bureau de poste décoré de murales peintes par l'artiste Anton Refregier qui relatent des chapitres marquants de l'histoire de San Francisco.

En sortant, tournez à droite et marchez jusqu'à Steuart Street, puis dirigez-vous vers le Bay Bridge.

Résolument moins flamboyant et spectaculaire que le Golden Gate Bridge, le **Bay Bridge** ★ n'en demeure pas moins l'un des ponts en acier les plus longs de la planète et l'un des plus achalandés des États-Unis. Inauguré en 1936 pour décongestionner la circulation automobile, ce pont prend appui sur **Yerba Buena Island** avant d'atteindre Oakland 13 km plus loin. En raison des cinq voies à sens unique disposées sur chacun de ses deux niveaux (l'un pour sortir de la ville et l'autre pour y entrer), la circulation y est toujours dense. Le séisme de 1989 endommagea le pont et causa la mort d'un automobiliste. À la suite de ce dramatique accident, on s'empressa de consolider la superstructure.

Yerba Buena Island est reliée par un isthme à **Treasure Island** ★, une île artificielle qui a été créée pour l'exposition internationale de 1939. Longtemps occupée par la Marine, cette île est désormais habitée par quelques milliers de San-Franciscains, qui profitent d'une superbe vue. Une voie de sortie sur le Bay Bridge permet d'accéder aux deux îles.

North Beach ★★

p. 122 p. 154 p. 169 p. 185

À ne pas manquer

- *Columbus Tower p. 71*
- *Vesuvio Café p. 71*
- *City Lights Booksellers & Publishers p. 71*
- *Lombard Street p. 72*

Les bonnes adresses

Restaurants

- *Tommaso Ristorante Italiano p. 154*
- *Coi p. 155*

Sorties

- *Vesuvio Café p. 174*
- *Cafe Zoetrope p. 176*

Achats

- *XOX Truffles p. 186*
- *ACRE/SF p. 193*

Beat

Beat a plusieurs sens en anglais («éreinté» ou «fatigué», mais également «battre» et «rythme»), mais la racine du mot latin, *beato*, veut également dire «heureux» et caractérise un état d'âme qui confine à une certaine béatitude.

La Ruée vers l'or engendra une frénésie soudaine. Des milliers de prospecteurs se précipitèrent vers la Californie. Beaucoup d'entre eux plantèrent leurs tentes en plein cœur de North Beach. Face au nombre grandissant de nouveaux arrivants, du remblai fut ajouté au rivage en 1849 pour permettre aux colons de construire un village aux multiples habitations de bois. Par conséquent, la plage a été repoussée jusqu'à Embarcadero Avenue. Aujourd'hui, North Beach n'est plus une plage.

Envie...

... de déguster une bière fraîche dans une ambiance beatnik? Prenez un verre à la santé de Jack Kerouac et de ses amis au Vesuvio Café (voir ci-dessous).

Entre le milieu du XIXe siècle et le milieu du XXe siècle, le quartier était une enclave italienne bien établie. Après la Seconde Guerre mondiale, beaucoup de ses habitants déménagent en banlieue. Vers 1950, attirés par l'ambiance décontractée qui régnait dans ce quartier et ses loyers à bas prix, les beatniks décident d'y porter leurs pénates après avoir quitté le Lower East Side de New York. Bref, c'était l'endroit idéal pour lancer la carrière de jeunes écrivains anonymes fauchés en quête de notoriété. Le quartier devient le creuset de la *beat generation* lorsqu'en 1955 Allen Ginsberg récite son retentissant *Howl*, poème à l'imagerie décapante d'une société gangrenée par des valeurs matérialistes. Deux ans plus tard, la maison d'édition City Lights publie *On the Road* (*Sur la route*) de Jack Kerouac. Le succès est instantané: les beatniks sont immédiatement élevés au statut privilégié de groupe membre des cercles littéraires.

Au début des années 1960, le quartier se commercialise. Le prix des loyers grimpe en flèche, forçant les beatniks à aller se réfugier à Haight-Ashbury.

De nos jours, l'ancien quartier fréquenté naguère par Ginsberg, Kerouac et leur cortège de beatniks est grossièrement délimité par Fisherman's Wharf au nord, Telegraph Hill à l'est, Russian Hill à l'ouest et le Chinatown au sud. North Beach est aujourd'hui un quartier en pleine reconversion où les hauts lieux culinaires et les bars à la mode côtoient les cinémas pornos, les sex-shops et les maisons closes.

Le circuit débute sur Columbus Avenue, à l'angle de Kearny Street.

Facilement identifiable grâce à son joli dôme vert, la **Columbus Tower** ★★ *(916 Kearny St.)* est l'un des plus beaux bâtiments du quartier de North Beach. Érigé au début du XXe siècle, l'édifice appartient à Francis Ford Coppola depuis les années 1970. D'ailleurs, les étages supérieurs abritent les bureaux de sa maison de production, American Zoetrope, tandis que le rez-de-chaussée a été transformé en un chic restaurant, le **Cafe Zoetrope** (voir p. 154).

Poursuivez votre chemin vers le nord par Columbus Avenue.

Envie...

... de bouquiner? Flânez dans les allées de la librairie City Lights Booksellers & Publishers (voir ci-dessous), l'un des bastions de l'avant-garde littéraire san-franciscaine.

Le **Vesuvio Café** ★★★ *(tlj 6h à 2h; 255 Columbus Ave., angle Jack Kerouac Alley, 415-362-3370, www.vesuvio.com)* est un des rares repaires de beatniks qui existe toujours. Contrairement à ce que laisse suggérer son nom, il s'agit plutôt d'un bar qui reçoit aujourd'hui non seulement sa part de touristes, mais également son lot d'intellectuels en manque d'inspiration et de poètes nostalgiques. Outre les beatniks des années passées, le poète gallois Dylan Thomas compte parmi les célébrités qui furent naguère clients de cet établissement. Prenez donc le temps de vous y arrêter, ne serait-ce que pour prendre un verre à la mémoire de Jack Kerouac ou d'Allen Ginsberg.

En sortant du Vesuvio Café, vous trouverez à gauche la librairie City Lights Booksellers & Publishers.

La librairie **City Lights Booksellers & Publishers** ★★ *(261 Columbus Ave., angle Broadway St., 415-362-8193, www.citylights.com)* fut la première en Amérique à garnir uniquement ses étagères de livres de poche. Elle fut également le lieu de la première maison d'édition à publier Jack Kerouac. Ouverte depuis 1953, elle appartient toujours au même propriétaire, le poète et ancien beatnik Lawrence Ferlinghetti. Ici, les planchers craquent, la poussière recouvre certaines étagères, et l'endroit est plein de charme. La qualité des livres et le service sont excellents. Il s'agit du lieu rêvé pour fouiner et peut-être dénicher un vieux classique qui dort sur une tablette.S'y trouve une bonne section sur la poésie.

Empruntez Broadway en direction est et marchez jusqu'au Beat Museum, qui se trouve à quelques mètres.

The Beat Museum *(15$; tlj 10h à 18h; 540 Broadway, entre Columbus Ave. et Kearny St., 800-537-6822, www.kerouac.com)* abrite, de façon très pêle-mêle, une rétrospective du mouvement de contre-culture américaine des années 1950. S'y trouvent de nombreux souvenirs ayant appartenu aux beatniks, ainsi que des témoignages retraçant l'histoire de la *beat generation*.

Revenez sur Columbus Avenue et tournez à droite pour vous rendre jusqu'à Vallejo Street, puis tournez à droite pour rejoindre un autre haut lieu de la scène beat des années 1950, le Caffe Trieste.

Autre adresse qui mérite de figurer sur l'itinéraire de tout aficionado *beat* qui se respecte, le **Caffe Trieste** ★ *(601 Vallejo St., angle Grant Ave., 415-392-6739, www.caffetrieste.com)* ne semble pas avoir changé depuis les années 1950. C'est un excellent endroit pour siroter un café corsé ou un espresso digne de ce nom : son agréable terrasse permet de regarder la foule déambuler nonchalamment sur le trottoir. Son décor semble en effet figé au milieu du XXe siècle. Touristes, artistes, écrivains en devenir se côtoient avant de poursuivre leurs chemins respectifs. Francis Ford Coppola y aurait rédigé son scénario du film *Le Parrain*.

Un peu plus loin au nord, en suivant Columbus Avenue, vous aboutirez à Washington Square.

Washington Square ★★ est dominé par un édifice religieux, la St. Peter and St. Paul Church (voir ci-dessous) et est délimité par les rues Union, Powell, Filbert et Stockton. Depuis 1852, Washington Square honore la mémoire du premier président des États-Unis, George Washington. Au centre du parc se dresse une statue en bronze de Benjamin Franklin. Au nord-ouest se trouve un autre monument, celui-ci honorant la mémoire des pompiers volontaires de la ville. Par les journées ensoleillées, cet espace vert fourmille de touristes et de résidents. Il n'est pas rare d'y voir des Asiatiques s'adonner au tai-chi.

Achevée en 1924, la **St. Peter and St. Paul Church** ★★ *(666 Filbert St.)* abrite un tableau de la sainte patronne de la ville: *Santa María*. Pour les amateurs d'anecdotes, en 1957, Marilyn Monroe et Joe Dimaggio se prêtèrent au jeu des photographes sur le parvis de l'église.

Tournez à droite dans Filbert Street et marchez jusqu'à Telegraph Hill.

Goat Hill, nommée ainsi en raison des nombreuses chèvres qui jadis s'y baladaient en toute quiétude, prit ensuite le nom de Signal Hill, puis de **Telegraph Hill** ★ lorsqu'une station de sémaphore fut construite en 1849 au sommet de ses 852 m. Cette station devait signaler l'arrivée des navires au moyen du premier émetteur-récepteur morse installé dans l'ouest des États-Unis. Vers 1890, le sémaphore fut détruit et, à sa place, on édifia un château doté d'une tour d'observation et d'un téléphérique. L'ensemble fut hélas rasé par un incendie au début du XXe siècle. De nos jours, Telegraph Hill est devenu un quartier résidentiel cossu.

Au sommet de Telegraph Hill, la **Coit Tower** ★★ *(415-362-0808, www.sfrecpark.org/coittower.aspx)* dresse sa silhouette cylindrique de style Art déco sur 64 m. En 1934, cette tour érigée en souvenir d'une caserne de sapeurs des années 1850 fut offerte aux pompiers de la ville par Lillie Hitchcock Coit (voir l'encadré ci-dessus). Vous le soupçonnez peut-être, et vous avez raison: le **belvédère** *(5$)* offre un panorama tout à fait saisissant de la ville et de ses environs. Au rez-de-chaussée, de jolies **peintures murales** illustrent des tranches de vie de l'histoire de San Francisco.

Lillie Hitchcock Coit

Née en 1843, Lillie Hitchcock Coit avait huit ans en 1851 lorsqu'elle fut sauvée des flammes par les pompiers. Peu après, elle devint la mascotte attitrée des sapeurs de la caserne. Costumée en pompier, elle allait jusqu'à courir derrière les camions de pompiers lorsqu'ils répondaient à un appel d'urgence. Devenue adulte, et appartenant à la haute société, elle fit don d'une tour aux pompiers de la ville, la Coit Tower, en forme de borne d'incendie. Lorsqu'elle mourut, à l'âge de 82 ans, bon nombre de pompiers des casernes de San Francisco assistèrent à ses funérailles.

Revenez sur vos pas jusqu'à Columbus Avenue. Tournez à droite, marchez jusqu'à Lombard Street, puis continuez jusqu'à Russian Hill.

Les annales de la ville racontent qu'à l'époque de la Ruée vers l'or, des pionniers découvrirent sur **Russian Hill** sept tombes sur lesquelles avaient été gravés des noms en caractères cyrilliques. Il s'agissait sans doute des sépultures de chasseurs de phoques russes qui s'étaient installés bien avant l'arrivée des colonisateurs espagnols. Dès la fin du XIXe siècle, des *cable cars* sillonnaient déjà les flancs de cette colline. Après l'incendie qui suivit le séisme de 1906, les architectes décidèrent de remodeler le visage de la colline en lui donnant des allures architecturales hispaniques, coloniales et même Art déco.

Juchée sur les flancs de Russian Hill, **Lombard Street** ★★★ *(entre Hyde St. et Leavenworth St.)*, la *«rue à sens unique la plus tordue au monde»*, suit un tracé qui compte pas moins de huit virages en épingle pour permettre aux véhicules de mieux négocier cette pente abrupte de 27%. D'ailleurs, la vitesse maximale autorisée n'est que de 8 km/h. La vue du haut de la colline (Russian Hill) est tout à fait panoramique.

Certains d'entre vous l'ont d'ailleurs peut-être déjà contemplée dans des films tournés à San Francisco, notamment dans *Bullitt*, qui met en vedette Steve McQueen.

Nob Hill ★

▲ *p. 122* ◍ *p. 155* ♪ *p. 169* ▣ *p. 185*

À ne pas manquer

› *The Fairmont San Francisco p. 73*
› *Cable Car Museum p. 74*

Les bonnes adresses

Restaurants
› *La Folie p. 155*

Sorties
› *Tonga Room p. 176*
› *Top of the Mark p. 176*

Achats
› *Luscious Wear p. 192*

Nob Hill est la déformation du vocable *Nabab* (ce nom qu'on donnait aux pionniers qui trouvèrent gloire et fortune aux Indes orientales) et fait directement référence aux riches habitants de ce quartier qui jadis se firent construire de magnifiques demeures victoriennes et édouardiennes. Dès 1873, des *cable cars* gravissaient les flancs extrêmement raides de la colline et ouvraient par le fait même le chemin à sa colonisation. En effet, quelques années plus tard, de riches personnages se hasardèrent à faire construire de fastueuses demeures sur cette colline qui culminait à 103 m au-dessus de la baie. Hélas pour ces hardis propriétaires, le terrible séisme de 1906 qui provoqua un incendie dévastateur ravagea toutes ces belles maisons sauf une, celle de James C. Flood, construite en grès dans un style italianisant. Cette maison est aujourd'hui le siège d'un club privé, le **Pacific Union Club** *(on ne visite pas; 1000 California St.)*.

Envie...

... de joindre l'utile à l'agréable? Sautez dans un *cable car* bringuebalant et admirez le décor qui défile devant vos yeux.

››› ***Le circuit débute dans Mason Street, à l'angle de California Street, au Fairmont San Francisco.***

Lieu d'histoire et de faste, **The Fairmont San Francisco** ★★ *(950 Mason St.; voir p. 122)* baigne encore dans l'aura du prestige et de la gloire d'antan. Sa construction débuta en 1902, mais son ossature fut sérieusement endommagée par le séisme de 1906 et l'incendie qui s'ensuivit. En dépit de ce sérieux avatar, on s'empressa de le retaper, et il put enfin rouvrir ses portes en grande pompe en avril 1907. Le hall est tout simplement spectaculaire.

Cable cars

L'histoire raconte que, par un bel après-midi d'été, l'ingénieur anglais Andrew Smith Hallidie fut témoin d'un horrible accident qui eut lieu sur les collines pentues de San Francisco : un cheval qui tirait un *streetcar* perdit l'équilibre et glissa sous sa charge, entraînant dans sa chute d'autres chevaux et *streetcars*. Consterné, Hallidie décida de remédier au problème en griffonnant sur place des idées sur un bout de papier. Puis il alla soumettre à la Ville un projet expérimental d'un système de transport urbain à base de câbles d'acier. Son projet remporta un vif succès. Dès 1873, le premier *cable car* caracolait sur les collines de San Francisco. Le principe en est assez simple. Il n'y a pas de moteur à l'intérieur des *cable cars*. Les *cars* sont reliés, par un câble d'acier (d'où le nom de *cable car*) glissant entre les rails, à un système de moteur central. Le conducteur des *cable cars* s'appelle le *gripman*. Avec l'aide d'une *grip* (sorte de pince), il a la responsabilité de serrer le câble pour arrêter les cars ou de le relâcher pour continuer. Il va sans dire que le *gripman* doit être un homme assez fort et en excellente condition physique. En 1947, les autorités de la ville voulurent remplacer les *cable cars* jugés obsolètes par des autobus plus modernes et plus efficaces. Dans un geste éloquent de solidarité, les citoyens de San Francisco se mobilisèrent pour manifester leur désaccord. Grâce à eux, les *cable cars* font encore partie du paysage urbain de la ville et attirent de nombreux touristes chaque année. Les *cable cars* furent déclarés patrimoine historique en 1964. La vitesse de ces reliques du passé ne dépasse guère les 15 km/h.

En sortant de l'hôtel, tournez à gauche, puis à droite dans California Street, et arrêtez-vous à l'angle de Taylor Street.

La **Grace Cathedral** ★ *(1100 California St., 415-749-6300, www.gracecathedral.org)* profile sa silhouette néogothique à l'horizon. Ses portes en bronze sculpté de près de 5 m de haut sont des répliques de celles de la cathédrale Santa Maria del Fiore à Florence. L'autel massif en chêne et l'orgue de plus de 7 000 tuyaux méritent un coup d'œil. Les vitraux affichent une certaine incongruité en évoquant la mémoire de personnages comme Albert Einstein et Robert Frost. Devant la cathédrale, il n'est pas rare de voir nombre d'Asiatiques s'exercer au tai-chi dans le petit **Huntington Park**.

Le **Cable Car Museum** ★ *(entrée libre; avr à sept tlj 10h à 18h, oct à mars tlj 10h à 17h; 1201 Mason St., angle Washington St., 415-474-1887, www.cablecarmuseum.com)* permet d'en connaître davantage sur le fonctionnement des fameux *cable cars* de San Francisco.

La côte

Fisherman's Wharf et Alcatraz ★★

p. 123 p. 155 p. 169 p. 185

À ne pas manquer

- Musée Mécanique p. 75
- Alcatraz p. 76
- Ghirardelli Square p. 76

Les bonnes adresses

Restaurants

- Fisherman's Wharf Chowder and Crab Sidewalk Stands p. 155
- The Franciscan Crab Restaurant p. 156
- Scoma's p. 156

Sorties

- Buena Vista Cafe p. 177
- Cellar 360 p. 177

Achats

- Crown & Crumpet p. 186
- Ghirardelli Square p. 187

Fisherman's Wharf

Lieu éminemment touristique, le Fisherman's Wharf était jadis un petit port pittoresque habité d'abord par des Chinois, puis par des Génois et finalement par des Siciliens. Les bateaux de pêche en provenance de la baie y mouillaient, et les marins s'affairaient avec diligence à décharger leurs cargaisons. Aujourd'hui, les nombreux petits restaurants de poissons et de fruits de mer, qui attendent le retour de la flottille colorée des bateaux de pêche venant livrer la prise du jour, sont probablement les seuls témoins qui subsistent de cette époque révolue. Les lieux sont encombrés de moult magasins clinquants et de boutiques kitsch à vocation purement commerciale. Et des amuseurs publics essaient eux aussi de profiter de la manne touristique.

Visité par pas moins de 10 millions de touristes par année, inutile de préciser que la plupart des San-Franciscains préfèrent éviter l'endroit. Mentionnons toutefois que le Fisherman's Wharf possède des attraits dignes de mention et constitue le point de départ d'une visite du célèbre pénitencier d'Alcatraz.

Le **Pier 39**, ancienne jetée de transbordement de marchandises, englobe l'Underwater World, un cinéma IMAX et une colonie d'otaries. L'endroit est devenu un haut lieu touristique toujours animé et plein d'effervescence depuis qu'en 1989 une **colonie d'otaries** ★ décida de s'y installer en permanence. L'abondance de nourriture et l'absence de prédateurs constituaient en effet un lieu de résidence idéal. Au début, les commerçants se plaignirent des odeurs désagréables, voire parfois pestilentielles, de ces mammifères marins. Toutefois, ils s'en accommodèrent volontiers lorsqu'ils constatèrent que ces pinnipèdes attiraient plus de 10 millions de touristes par an. La meilleure période pour les observer s'étale entre le mois d'août et la fin du mois de mai. Durant les mois de juin et de juillet, les otaries se dirigent vers le sud pour se reproduire.

Également au Pier 39, l'**Aquarium of the Bay** ★ *(adultes 17$, enfants 10$; été tlj 9h à 20h, printemps et automne lun-jeu 10h à 19h, ven-dim 10h à 20h, hiver lun-jeu 10h à 18h, ven-dim 10h à 19h; Embarcadero, angle Beach St., 415-623-5300, www.aquariumofthebay.com)* est un parc thématique au sein duquel les visiteurs observent, dans des immenses aquariums, des poissons colorés qui côtoient des requins, des méduses fascinantes et plusieurs autres espèces marines appartenant au merveilleux monde du silence.

Au Pier 45, deux anciens bâtiments de guerre américains vous attendent. Le premier est le **USS *Pampanito*** ★★ *(adultes 12$, enfants 6$; dim-jeu 9h à 18h, ven-sam 9h à 20h; 415-775-1943, www.maritime.org)*, le prince des bateaux de guerre, le *silent killer*, le navire espion, celui qui coule les convois ennemis, qui lance les missiles balistiques pouvant anéantir le monde, celui qui transporte James Bond au milieu d'un film et le rescape à la fin. Dans notre enfance, nous l'imaginions moderne et spacieux, notre esprit influençable ayant été marqué par *Vingt Mille Lieues sous les mers* et *Voyage au fond des mers*. Toutefois, l'environnement des sous-mariniers du milieu du XXe siècle est étonnamment étroit. Durant votre visite, vous pourrez marcher sur le pont et imaginer avoir 10 secondes pour atteindre l'écoutille avant que le vaisseau ne plonge sous l'eau. À l'intérieur, vous pourrez vous familiariser avec l'environnement exigu et appréhender la claustration dans un espace qui n'était connu que sous le nom de «cercueil d'acier». Vous pourrez respirer l'odeur du diesel, vous cogner la tête dans les coursives, alors que la réception irrégulière d'un message enregistré qui est censé vous servir de guide vous donnera l'impression de naviguer en plongée à plusieurs centaines de mètres sous l'eau. Le USS *Pampanito* saura très certainement vous faire apprécier le confort douillet de votre domicile.

Amarré un peu plus loin, le **SS *Jeremiah O'Brien*** ★ *(adultes 10$, enfants 5$; visite autoguidée tlj 9h à 16h; Pier 45, 415-544-0100, www.ssjeremiahobrien.org)* est un ancien navire de guerre. Il faisait partie de la flotte de bateaux qui permit aux Alliés de débarquer sur les plages de Normandie, en France, en 1944, lors de la Seconde Guerre mondiale.

Après avoir remonté Taylor Street jusqu'à l'angle de Jefferson Street, vous trouverez deux musées clinquants qui feront peut-être sourire vos gamins.

Le **Wax Museum** *(adultes 14$, enfants 7$ à 10$; lun-ven 10h à 21h, sam-dim 10h à 23h; 145 Jefferson St., 800-439-4305, www.waxmuseum.com)* abrite une collection de quelque 300 personnages en cire. Parmi la pléthore de personnages présents, le visiteur peut admirer des ex-présidents des États-Unis ainsi que des gens célèbres, comme Elvis Presley, Nelson Mandela, Angelina Jolie, Andy Warhol, Mozart, Mark Twain et Barack Obama. On peut y voir aussi une reconstitution du tombeau de Toutankhamon et une «chambre des horreurs» avec différents personnages macabres (réels ou fictifs) et des instruments de torture. Juste à côté se trouve un musée de mauvais goût consacré au domaine du bizarre, de l'étrange et de l'incongru: le **Ripley's Believe it or not Museum** *(adultes 20$, enfants 10$; mi-juin à début sept dim-jeu 9h à 23h, ven-sam 9h à 24h; reste de l'année dim-jeu 10h à 22h, ven-sam 10h à 24h; 175 Jefferson St., 415-202-9850, www.ripleysf.com)*.

Un crochet vers la baie vous permet d'arriver au quai 45 où un hangar plutôt vétuste abrite le **Musée Mécanique** ★★ *(entrée libre; lun-ven 10h à 19h, sam-dim 10h à 20h; Pier 45, Shed A, au bout de Taylor St., 415-346-2000, www.museemecanique.org)*. Cette étonnante institution muséale présente quelque 200 ancêtres de la Wii et du Playstation qui sortent tout droit de la belle époque des fêtes foraines du début du siècle dernier. Ces machines, du piano mécanique aux premiers personnages animatroniques en passant par les vieilles machines à sous, fonctionnent toujours au moyen de quelques pièces de monnaie. Plaisirs garantis!

En sortant du musée, revenez sur vos pas et poursuivez votre route vers l'ouest par Jefferson Street pour arriver à la prochaine curiosité du quartier, **The Cannery** ★ *(entre Leavenworth St. et Hyde St.)*. Construite en 1907, The Cannery est une ancienne usine de conserves de fruits. Elle est maintenant transformée en un espace commercial où se côtoient des restaurants, des boutiques et un petit musée qui relate l'histoire de la ville.

Un autre crochet en direction de l'eau vous mènera au Hyde Street Pier, un quai de mouillage d'une flotte de vaisseaux datant du tournant du XXe siècle qui constituent le **San Francisco Maritime National Historical Park** ★★ *(5$ pour visiter les bateaux;*

Domingo Ghirardelli

Domingo Ghirardelli, un Italien d'origine, séjournait en Amérique centrale lorsqu'il entendit la nouvelle retentissante de la ruée vers l'or californienne. Vif d'esprit, il eut la brillante idée de vendre du chocolat aux chercheurs d'or. Après un long voyage, il installa une petite tente et un comptoir dans la région de San Francisco. Petit à petit, il parvint à ériger un véritable empire « sucré » qui subsiste encore aujourd'hui et dont la notoriété a franchi les frontières de l'Amérique. Sa première usine de fabrication est aujourd'hui transformée en centre commercial, mais la production de ses chocolats continue toujours, et l'on peut s'en procurer des échantillons un peu partout en ville.

tlj 9h30 à 17h, en été jusqu'à 17h30). Vous pourrez alors monter à bord des navires tels que l'imposant trois-mâts *Balclutha* (1886), la goélette *C.A. Thayer* (1895), le traversier à vapeur *Eureka* (1890) et le remorqueur à vapeur *Hercules* (1907), pour n'en nommer que quelques-uns. Selon l'envie et la curiosité manifestée par les visiteurs des lieux, il est facile de passer ici 30 min, ou bien plus de 3h, pour découvrir à son rythme ces navires d'une autre époque.

Dans le San Francisco Maritime National Historical Park, le **Visitor Center** *(tlj 9h30 à 17h; 499 Jefferson St., 415-447-5000, www.nps.gov/safr)* abrite une intéressante exposition intitulée *A Walk Along the Waterfront* évoquant l'histoire maritime de San Francisco.

Remontez Hyde Street et tournez à droite dans Beach Street pour vous rendre à **Ghirardelli Square** ★ *(entre Polk St. et Larkin St., www.ghirardellisq.com)*. Ghirardelli Square est une ancienne fabrique de chocolat qui est à l'origine de la renommée des chocolats Ghirardelli (voir l'encadré ci-dessus). L'entreprise existe toujours, mais ses anciens locaux de fabrication sont aujourd'hui transformés en un centre commercial dont la vocation est de plaire à la plus vaste gamme possible de consommateurs en offrant un large éventail de services. On y retrouve des boutiques, un salon de thé, deux vinothèques et quelques restos. Avis aux intéressés, l'endroit est doté de la technologie Wi-Fi.

Alcatraz ★★★

Plusieurs entreprises organisent des croisières dans la baie de San Francisco en passant sous le Golden Gate Bridge ou près de l'île d'Alcatraz. Au Pier 39, adressez-vous à **Blue and Gold Fleet** *(27$; 415-705-8200, www.blueandgoldfleet.com)*; au Pier 43½, à **Red and White Fleet** *(25$; 415-673-2900, www.redandwhite.com)*.

La seule entreprise autorisée à se rendre à Alcatraz même est **Alcatraz Cruises** *(28$; Pier 33, 415-981-7625, www.alcatrazcruises.com)*. Comptez au moins 2h30 pour une visite. La visite de nuit *(35$)* dure au moins 3h et permet d'avoir une autre perspective sur le lieu. N'oubliez pas toutefois de vous habiller en conséquence puisque le mercure dégringole rapidement une fois que le soleil se couche. Prenez note que seulement 300 personnes peuvent visiter l'île d'Alcatraz en même temps. Ainsi on vous suggère vivement de réserver vos billets à l'avance (quelques jours, voire quelques semaines selon la saison touristique qui va de mai à octobre). De plus, sachez qu'il est très difficile de garer sa voiture au stationnement du Pier 33.

Immortalisée dans plusieurs films, Alcatraz est cette célèbre île de la baie de San Francisco qui doit sa notoriété à la prison à sécurité maximale qui hébergeait autrefois les plus grands malfaiteurs des États-Unis. L'île a une superficie de 4,8 km^2 et émerge au large à environ 2,5 km de la ville. Surnommée *The Rock* en raison des falaises abruptes qui l'enserrent, elle a aujourd'hui changé de vocation qui est désormais essentiellement touristique.

José de Canizares et Juan Manuel de Ayala sont deux hidalgos qui revendiquèrent l'honneur d'avoir découvert l'île en 1775. En scrutant l'île de plus près, ils aperçurent un grand nombre d'oiseaux aquatiques et décidèrent de la nommer *Isla de los Alcatraces*, «l'île des pélicans».

À la fin du XIXe siècle, voyant que le développement de San Francisco est synonyme d'enrichissement croissant, l'armée décide d'installer dans cette île stratégique des canons pointant vers le détroit (Golden Gate) pour défendre le territoire portuaire et urbain. Puis, au tournant du XXe siècle, l'armée y installe une prison militaire. La Prohibition (1919-1933), conjuguée à la Grande Dépression, provoque au début des années 1930 une vague de crimes violents qui secoue la nation tout entière. Les gangsters et les criminels de tout poil pullulèrent alors comme des démons sortant tout à coup d'une boîte de Pandore. Voyant la situation pénale se détériorer rapidement, le gouvernement cherche à construire une prison à sécurité maximale pour y incarcérer ces criminels endurcis. Heureuse coïncidence : l'armée veut se débarrasser d'Alcatraz et le gouvernement veut une prison : quoi de plus sécuritaire qu'une prison insulaire baignée de courants marins puissants et glacials? On s'assure de trouver des gardiens incorruptibles qui n'accepteront aucun pot-de-vin. Tous les prisonniers y seront traités de la même façon. Ici, ils n'auront que quatre droits fondamentaux : de la nourriture, un gîte (cellule), des vêtements et, si le besoin s'en fait sentir, des soins médicaux. Tout le reste sera considéré comme un privilège. La prison possédait 450 cellules, mais la moyenne d'occupation n'était que de 265 prisonniers. Les cellules aux dimensions réduites (à peine 1 m de large sur 3 m de long) avaient tout pour les rendre claustrophobes.

Parmi les nombreuses tentatives d'évasion qui y eurent lieu, la plus célèbre est sans conteste celle de Frank Morris et des frères Anglin (Clarence et John). D'ailleurs, cette rocambolesque histoire fut racontée dans le film intitulé *Escape from Alcatraz*, qui met en vedette Clint Eastwood. Le 11 juin 1962, ce trio de prisonniers disparut sans laisser aucune trace. Pour mystifier les gardiens, les prisonniers avaient fabriqué des mannequins d'un réalisme saisissant (avec de vrais cheveux) pour laisser croire qu'ils étaient en train de dormir. Les autorités affirmèrent toutefois que les prisonniers s'étaient sans doute noyés au cours de leur cavale. À ce jour, le mystère demeure entier.

L'année suivante, en 1963, la prison ferma ses portes aux criminels. Les raisons invoquées pour ce faire n'avaient toutefois aucun rapport avec la tentative (ou l'évasion) qui s'y était produite. On jugeait que les infrastructures des édifices étaient vétustes. De plus, l'histoire raconte qu'une des raisons qui incita à fermer la prison d'Alcatraz était son coût d'entretien élevé. Quelqu'un avait même mentionné que ça coûtait aussi cher de loger un prisonnier à Alcatraz que de louer une chambre au luxueux Waldorf-Astoria de New York.

En 1969, profitant de la vague en faveur des droits civiques qui souffle alors sur le pays et qui donne naissance à des mouvements d'émancipation, des Amérindiens décident de s'installer dans l'île pour revendiquer la reconnaissance de leurs droits ancestraux. Lorsqu'un incendie éclate l'année suivante, les forces de l'ordre viennent les y déloger. Deux ans plus tard, en 1972, on jongle avec l'idée de transformer l'île en casino. Par conséquent, les citoyens de la ville manifestèrent bruyamment leur désaccord. Aujourd'hui, des milliers de touristes affluent ici chaque année. La visite audioguidée relatant les tranches de vie de certains prisonniers est exaltante.

The Birdman

Condamné pour meurtre en 1909, Robert Stroud comptait parmi les prisonniers les plus notoires d'Alcatraz. Surnommé *The Birdman*, en raison de son intérêt pour les canaris, Stroud n'a jamais eu d'oiseaux avec lui. Malfrat au caractère violent et impulsif, Stroud fut transféré de la prison Leavenworth (Kansas) à Alcatraz en 1942. Il y passa 17 ans, dont 6 en isolement. En 1959, Stroud fut transféré dans un centre hospitalier pour prisonniers au Missouri, où il expira en 1963. Ce personnage patibulaire a nourri l'imagination de l'écrivain Thomas E. Gaddis et du cinéaste John Frankenheimer, qui décida de transposer son histoire sur pellicule avec Burt Lancaster dans le rôle de Robert Stroud.

Marina ★★★

p. 123 p. 157 p. 169 p. 185

À ne pas manquer

- Exploratorium p. 78
- Palace of Fine Arts p. 78
- Wave Organ p. 78

Les bonnes adresses

Restaurants

- Eastside West Restaurant and Bar p. 157
- Greens p. 157

Sorties

- Greens Sports Bar p. 177
- Nectar Wine Lounge p. 177

Achats

- Boutique de l'Exploratorium p. 78
- Optics on Chestnut p. 190
- Chadwick's of London p. 192
- Shoes n Feet p. 192

Le quartier de la Marina est situé à l'ouest du Fisherman's Wharf, au pied des pentes de Pacific Heights. Il est peuplé de citoyens et de jeunes cadres aisés et souriants qui habitent les maisons et appartements fastueux bordés de nombreux espaces verts. Jadis implanté sur un marécage inculte infesté de créatures étranges, le quartier de la Marina est aujourd'hui un secteur résidentiel situé en front de mer. Il connut son heure de gloire en 1915, lors de la Panama Pacific Exhibition. Cette exposition internationale avait été inaugurée par un discours du président Wilson retransmis d'une côte à l'autre au moyen du télégraphe, annonçant en même temps les célébrations entourant l'achèvement du canal de Panamá, l'avènement de l'âge technologique ainsi que la reconstruction de San Francisco à la suite du séisme de 1906. Dès la clôture de l'exposition, on s'empressa de détruire tous les bâtiments, sauf un, le Palace of Fine Arts, afin de construire des demeures qu'on vendrait aux plus offrants. Le quartier fut sévèrement touché par le séisme de 1989, mais on s'empressa de tout reconstruire.

Le circuit débute au Marina Green.

Situé entre Scott Street et Webster Street, le **Marina Green** ★ est un parc gazonné bordant la baie. L'endroit est populaire auprès des joggeurs, des adeptes du patin à roues alignées, des simples marcheurs et des cerfs-volistes. En prime, les visiteurs ont droit à des points de vue exceptionnels sur le Golden Gate Bridge.

En poursuivant votre balade vers l'ouest sur Marina Boulevard, votre regard sera rapidement attiré par une multitude de yatchs qui emplissent la baie. Continuez votre chemin et rendez-vous jusqu'au bout de la jetée.

La construction bizarre de pierre que vous voyez s'appelle le **Wave Organ** ★, qui fut érigé à la même époque que l'Exploratorium (voir ci-dessous). Des tuyaux installés en partie sous l'eau et en partie à l'extérieur produiraient des sons grâce aux vagues qui déferlent.

Revenez sur vos pas et empruntez Palace Drive pour aboutir au Palace of Fine Arts.

Conçu par l'architecte Bernard Maybeck, le **Palace of Fine Arts** ★★★ *(entrée libre; 3301 Lyon St., 415-563-6504, www.palaceoffinearts.org)* est le seul pavillon de la Panama Pacific Exhibition de 1915 qui n'a pas été détruit après l'événement. De style néoclassique, cette architecture est facilement reconnaissable par son magnifique dôme de 33 m de hauteur supporté par des colonnes impressionnantes sur lesquelles des figures d'anges ont été gravées. Se dressant de façon presque olympienne au sein d'espaces gazonnés, ce complexe cuturel colossal, avec l'Exploratorium (voir ci-dessous), borde une lagune artificielle et comprend une salle de spectacle (Palace of Fine Arts Theatre) où sont présentés des conférences, des concerts et différents événements culturels. Cet attrait est devenu, au même titre que le Golden Gate Bridge ou la Transamerica Pyramid, l'un des symboles les plus connus de San Francisco.

L'**Exploratorium** ★★★ *(adultes 15$, enfants 10$; mar-dim 10h à 17h; 3601 Lyon St., 415-561-0360, www.exploratorium.edu)* est l'un des fleurons des musées scientifiques des États-Unis et est situé à côté du Palace of Fine Arts. Notez toutefois qu'il déménagera dans un nouveau bâtiment situé entre le Ferry Building et le Pier 39 au printemps 2013.

En 1969, le père de la bombe atomique, Frank Oppenheimer, sauve de l'oubli et de l'envahissement par les toiles d'araignée le vaste espace vacant voisin du pavillon principal de la Panama Pacific Exhibition de 1915, pour le transformer en un musée technologique, dans le but de vulgariser la science auprès du grand public par l'expérimentation du monde naturel. Ainsi naquit l'Exploratorium de San Francisco, et Oppenheimer en demeura le directeur jusqu'à sa mort, en 1985.

L'Exploratorium est un musée de sciences et technologies unique par son originalité. En rassemblant l'apport de scientifiques, d'artistes et de pédagogues, le musée présente plus de 650 expositions interactives d'une ingéniosité remarquable. Elles sont toutes fabriquées sur place dans un atelier ouvert aux visiteurs. Les démonstrations sont divisées en trois sections réparties sur deux étages couvrant 13 larges thèmes (la lumière, la couleur, le mouvement, les sens cognitifs, les ondes et résonnances, le son et la musique, la météo, etc.) qui permettent de s'initier à des aspects aussi divers que, par exemple, les forces chaotiques à l'origine du mouvement des grains de sable de la mer ou le principe d'un différentiel automobile, en passant par la structure de l'ADN et son utilisation pour établir un profil réductible de sujets qui va permettre ensuite l'identification de suspects au cours d'une instruction légale. Un des buts avoués du musée est d'éveiller la conscience des enfants à la beauté étrange du monde qui les entoure, un but qu'il atteint en éveillant parfois également celle des adultes qui les accompagnent dans ces découvertes.

Coincé entre Pacific Heights et la Marina, **Cow Hollow** ★ est un petit quartier résidentiel tranquille qui doit son nom aux vaches qui broutaient jadis dans le secteur vers la fin du XIXe siècle. Aucune trace de son passé lointain ne subsiste aujourd'hui, mais son territoire est parsemé de nombreux espaces verts. L'activité commerciale du quartier s'articule désormais autour d'Union Street, flanquée de nombreux restaurants, cafés, commerces d'antiquaires, maisons victoriennes et boutiques chics.

Mis à part Union Street, qui invite au flânage, le quartier est pauvre en attraits touristiques. Probablement le seul digne de mention est une maison à l'architecture bizarre, l'Octagon House.

L'**Octagon House** ★ *(entrée libre; sur rendez-vous seulement 2e dimanche et 4e jeudi de chaque mois 12h à 15h, jan fermé; 2645 Gough St., 415-441-7512)* est une maison de forme octogonale. L'architecture de cette maison, construite en 1861, visait à faire bénéficier chaque pièce d'un maximum de lumière. Cette relique incongrue du passé est aujourd'hui transformée en un petit musée d'arts décoratifs.

Fondé en 1978, le **Museo Italo Americano** *(entrée libre; mar-dim 12h à 16h, lun sur rendez-vous seulement; Fort Mason Center, Building C, 415-673-2200, www.museoitaloamericano.org)* se targue d'être le seul musée aux États-Unis consacré aux arts et à la culture italienne et italo-américaine. Il abrite une petite collection permanente d'œuvres d'artistes tels que Francesco Clemente, Sandro Chia et Emilio Tadini, ainsi que des expositions temporaires.

Envie...

... de déguster de fabuleux mets végétariens ou d'emporter un sandwich au tofu? Rendez-vous au **Greens** (voir p. 157), l'un des meilleurs restaurants végétariens en ville.

Presidio ★★

p. 185

À ne pas manquer

- *Walt Disney Family Museum p. 80*
- *Golden Gate Bridge p. 81*

Jadis considéré comme la plus ancienne garnison militaire des États-Unis, le Presidio figure désormais comme l'un des plus grands parcs urbains du pays. Fondée en 1776 par les Espagnols, cette base militaire a vu flotter les étendards espagnol, mexicain puis américain. Elle devint parc national en 1994. Les amateurs d'espaces verts pourront emprunter l'un des nombreux sentiers qui sillonnent les collines bucoliques du Presidio.

Le **Visitor Center** *(tlj 9h à 17h; 50 Moraga Ave., 415-561-4323, www.nps.gov/prsf)* offre des brochures et de l'information sur le parc et ses sentiers pédestres.

ATTRAITS TOURISTIQUES

Fisherman's Wharf et Alcatraz

1. FX Pier 39
2. FY Colonie d'otaries
3. FY Aquarium of the Bay
4. FY USS *Pampanito*
5. FX SS *Jeremiah O'Brien*
6. FY Wax Museum
7. FY Ripley's Believe it or not Museum
8. FY Musée Mécanique
9. FY The Cannery
10. EY San Francisco Maritime National Historical Park
11. EY Ghirardelli Square

À la fin de 2009, le **Walt Disney Family Museum** ★★ *(adultes 20$, enfants 15$; mer-lun 10h à 18h; 104 Montgomery St., 415-345 6800, www.waltdisney.org)* a ouvert ses portes dans le Presidio afin de rendre hommage à Walt Disney et à sa famille. Qu'on se le tienne pour dit, il s'agit bel et bien d'un musée d'histoire pour adultes et non d'un parc d'attractions pour enfants. Différentes galeries relatent la vie de l'homme derrière la souris au moyen de dessins (dont le premier croquis de Mickey), de vidéos, d'écrans tactiles interactifs et d'objets personnels. Les visiteurs peuvent également visionner des films d'archives restaurés et observer la désormais célèbre caméra multiplane qui a révolutionné le monde de l'animation.

Le **San Francisco National Military Cemetery** *(Lincoln Blvd.)* est une véritable petite cité des morts, puisque près de 15 000 mili-

Marina
12. DY Marina Green
13. DY Wave Organ
14. CY Palace of Fine Arts
15. CY Exploratorium
16. DY Cow Hollow
17. EZ Octagon House
18. EY Museo Italo Americano

Presidio
19. BY Walt Disney Family Museum
20. BY San Francisco National Military Cemetery
21. AX Fort Point
22. AX Golden Gate Bridge

taires y ont été inhumés depuis un peu plus de 200 ans.

Situé sous le Golden Gate Bridge, et gardant jadis l'accès à la baie de San Francisco durant la guerre de Sécession, **Fort Point** ★★ est une ancienne forteresse où l'on peut toujours apercevoir des canons pointés vers le large. Aucun boulet n'a toutefois été projeté d'ici. De là, les points de vue sont spectaculaires.

Le **Golden Gate Bridge** ★★★ *(www.goldengatebridge.com)* mène au **Marin County** (voir p. 98). *«Physiquement irréalisable»*, disaient certains. *«De toute façon, ça gâcherait le paysage»*, renchérissaient d'autres. Bref, hormis quelques illuminés qui ne parlaient pas trop fort, personne, avant sa mise en chantier, ne croyait possible la réalisation du Golden Gate Bridge. Personne, sauf l'ingénieur Joseph Strauss. Fort en gueule, crâneur, brillant et persévérant, Strauss était la personne idéale pour mener à bien ce projet. Durant sa construction, il installa sous le pont des filets de sécurité qui sauvèrent la vie à quelques-uns de ses ouvriers. La construction débuta en janvier 1933, et l'inauguration eut lieu en grande pompe le 27 mai 1937.

L'une des balades les plus intéressantes et les plus spectaculaires à San Francisco est la traversée du Golden Gate Bridge à pied, pour ceux qui ne souffrent pas de vertige. Ce célèbre pont suspendu est une merveille d'architecture qui permet de mieux saisir la ville dans sa totalité. Aussi indissociable de l'image de San Francisco que la statue de la Liberté l'est de celle de New York, en plus d'être un ouvrage d'art élevé à titre d'icône emblématique de la ville, ce superbe pont enjambe le détroit (Golden Gate) où la baie de San Francisco conflue avec les eaux tumultueuses du Pacifique.

Lorsque le brouillard enveloppe tranquillement la baie et que les cornes de brume se font entendre, la silhouette orangée du Golden Gate Bridge évoque des images fabuleuses qui burinent l'âme des romantiques.

Le centre

Pacific Heights ★

p. 124 p. 185

À ne pas manquer

› Haas-Lilienthal House p. 82

Les bonnes adresses

Achats

› Mrs Dewson's Hats p. 192
› Mudpie p. 195
› Yountville p. 195

Situé entre Cow Hollow et Japantown, Pacific Heights est, au dire de beaucoup de gens, probablement le quartier résidentiel le plus chic de San Francisco. Une promenade à travers ses rues larges et fleuries, flanquées de magnifiques demeures victoriennes ou Tudor, devant lesquelles sont garées des bagnoles rutilantes, suffit à justifier pleinement cette opinion très répandue. Après avoir tout perdu dans l'incendie qui a suivi le séisme de 1906, les riches de Nob Hill sont venus peupler les collines de Pacific Heights.

Le circuit débute à l'Alta Plaza Park.

Espace vert surtout fréquenté par les résidents, l'**Alta Plaza Park** ★ *(délimité par les rues Jackson, Scott, Clay et Steiner)* est bordé de magnifiques maisons victoriennes. Son emplacement procure de jolies vues sur les environs.

Poursuivez votre chemin vers l'est en marchant dans Washington Street pour aboutir, quatre rues plus loin, au Lafayette Park.

Le **Lafayette Park** ★ attire autant les promeneurs de chiens que les couples souhaitant faire une balade en toute intimité. Le côté nord de ce parc longe tout le domaine du magnifique Spreckels Mansion (voir ci-dessous).

Appartenant à l'écrivaine prolifique Danielle Steele, le **Spreckels Mansion** ★ *(2080 Washington St.)* n'est évidemment pas ouvert au public. Symbole de prestige et de faste, ce superbe manoir victorien fut originellement construit pour le magnat du sucre Adolph Spreckels au début du XXe siècle. Rares sont ceux qui ont eu le privilège de jeter un coup d'œil sur la décoration intérieure, mais on raconte qu'on y dénombre pas moins de 26 sanitaires...

Continuez votre balade dans Washington Street jusqu'à Franklin Street, où vous tournerez à gauche; arrêtez-vous devant la Haas-Lilienthel House.

Maison victorienne de style Queen Anne, la **Haas-Lilienthal House** ★★ *(8$; visites guidées d'une heure mer et sam à 12h et 15h, dim à 11h et 16h; 2007 Franklin St., 415-441-3000, www.sfheritage.org)* est l'ancienne demeure de la fille d'un commerçant, Alice Haas-Lilienthal, qui habita cette maison jusqu'en 1972, puis décida de la léguer à l'Architectural Heritage Foundation de San Francisco. Il s'agit d'une des rares maisons victoriennes ouvertes au public. Sachez toutefois que cette belle demeure n'est pas à la hauteur des villas opulentes et ostentatoires qui furent rasées par l'incendie qui suivit le séisme de 1906.

Japantown

p. 124 p. 157 p. 169 p. 185

À ne pas manquer

- *Japan Center p. 83*

Les bonnes adresses

Restaurants
- *Bushi-Tei p. 157*

Achats
- *New People p. 189*

Les archives de San Francisco attestent que les premiers habitants japonais de San Francisco arrivèrent autour de 1870 et s'installèrent dans l'actuel Chinatown. Lorsque le Chinatown brûla en 1906, beaucoup de Japonais déménagèrent autour de Post Street. Peu à peu, d'autres vagues d'immigrants plus denses arrivent dans le quartier. Durant la Seconde Guerre mondiale, tous les Japonais furent internés, et le quartier fut alors peuplé de Noirs venus du sud des États-Unis pour travailler dans les usines d'armement. Après la guerre, très peu de Japonais purent réintégrer leurs maisons et durent se relocaliser dans l'actuel quartier de Richmond. Ironie du sort, lorsque les États-Unis cherchèrent désespérément en 1943 des troupes pour aller combattre au front, près de 300 000 hommes issus de la population emprisonnée se portèrent volontaires pour défendre les États-Unis contre le Japon...

Nihonmachi signifie «Japantown» en japonais, mais pratiquement tout le monde utilise le vocable «Japantown» pour désigner le quartier. Malgré son nom exotique, cette enclave nippone n'a rien de truculent à offrir aux touristes. Délimité par les rues Fillmore, Sutter et Laguna et par Geary Boulevard, Japantown est en effet beaucoup plus calme et beaucoup moins intéressant que le bouillant Chinatown.

L'activité commerciale s'articule autour du **Japan Center** *(délimité par Geary Blvd. et les rues Laguna, Post et Fillmore)*, un vaste complexe moderne et sans charme de cinq étages qui regroupe des restaurants, des boutiques, des épiceries, le cinéma AMC Kabuki 8 et la Peace Pagoda (voir ci-dessous).

La **Peace Pagoda**, une pagode comptant cinq niveaux, fut construite pour raffermir les liens entre le Japon et les États-Unis.

Civic Center, Tenderloin et Hayes Valley ★

p. 124 p. 158 p. 169 p. 185

À ne pas manquer

- *City Hall p. 83*
- *Asian Art Museum p. 86*
- *Hayes Valley p. 86*

Les bonnes adresses

Restaurants
- *Yoshi's Jazz Club and Japanese Restaurant p. 157*
- *Caffe delle Stelle p. 158*
- *Sebo p. 158*

Sorties
- *Absinthe Brasserie & Bar p. 177*
- *Place Pigalle p. 177*
- *Yoshi's Jazz Club and Japanese Restaurant p. 171*

Achats
- *Miette Confiserie p. 186*
- *Evelyn's p. 187*
- *Isotope p. 190*
- *Paolo Shoes p. 192*
- *Flight 001 p. 196*
- *True Sake p. 196*

Civic Center ★

Le Civic Center fait de gros efforts pour améliorer son image auprès des touristes, et l'on espère qu'il connaîtra un nouveau souffle dans un avenir rapproché. Le quartier n'est pourtant pas exempt d'attraits dignes de mention. Il possède sans doute l'un des plus beaux édifices de la ville: le City Hall. On y trouve aussi bon nombre de restaurants de qualité. Bref, le problème du Civic Center est d'être situé juste à côté d'un des quartiers malfamés de la ville, le Tenderloin (voir plus loin).

Le circuit débute au City Hall, autour duquel gravitent tous les attraits.

Impressionnant bâtiment coiffé d'un magnifique dôme modelé sur celui de la basilique Saint-Pierre de Rome, le **City Hall** ★★ *(1 Dr. Carlton B. Goodlett Place)* fut érigé en 1915 pour la Panama Pacific Exhibition après que le premier hôtel de ville eut été détruit par les événements de 1906. Pour les férus de statistiques, mentionnons que la hauteur totale de son dôme, soit 93 m, dépasse

ATTRAITS TOURISTIQUES

Pacific Heights
1. CV Alta Plaza Park
2. DV Lafayette Park
3. DV Spreckels Mansion
4. EV Haas-Lilienthal House

Japantown
5. DW Japan Center
6. DW Peace Pagoda

Civic Center, Tenderloin et Hayes Valley
7. EX City Hall
8. EX San Francisco Public Library
9. EX Asian Art Museum
10. EX Opera House
11. EX Louise M. Davies Symphony Hall
12. EX Veteran's Building

Haight-Ashbury
13. CY Buena Vista Park
14. CX Alamo Square
15. DX Postcard Row

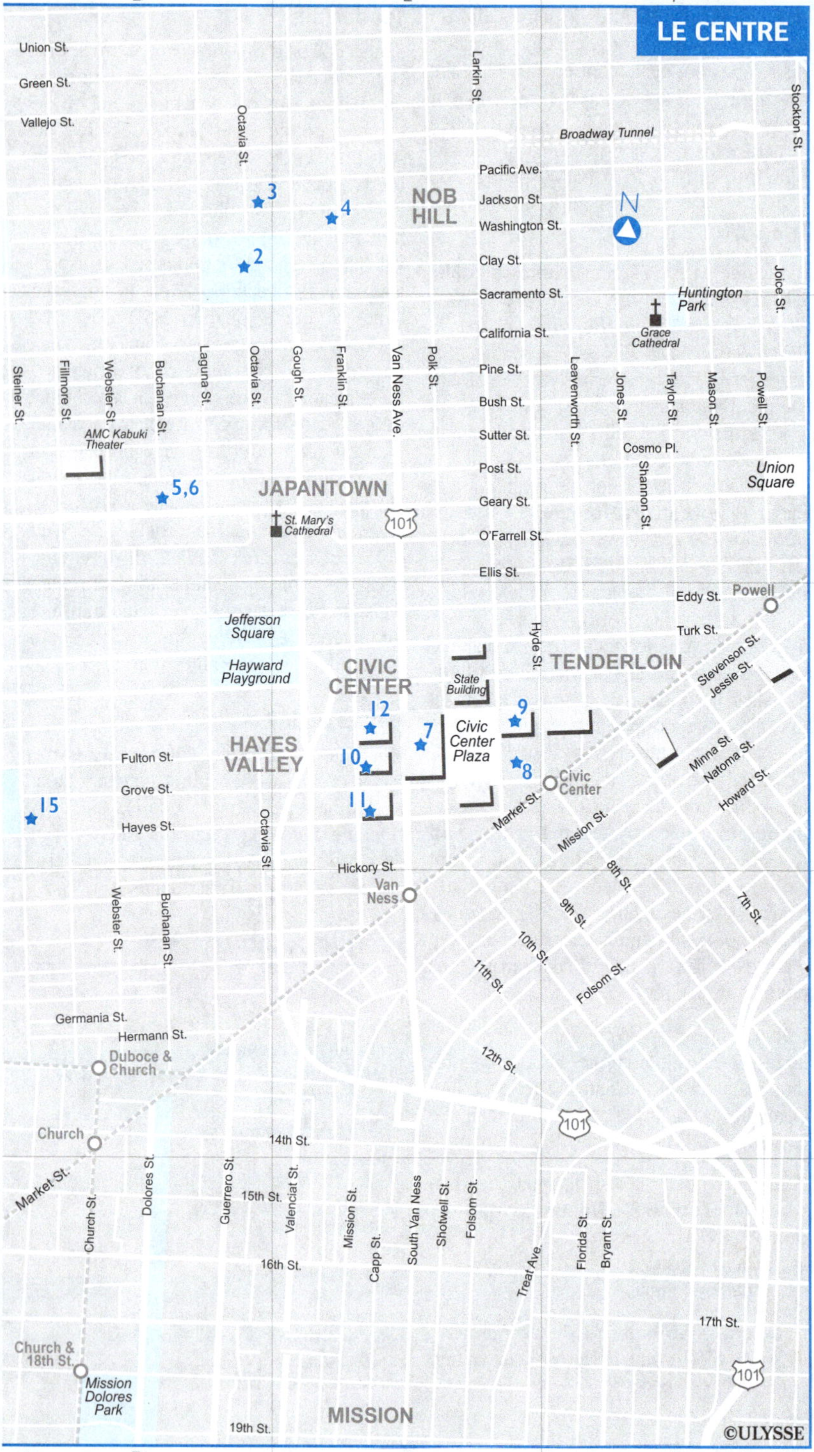
LE CENTRE
D
E
F
V
W
X
Y
Z
N
NOB HILL
JAPANTOWN
CIVIC CENTER
HAYES VALLEY
TENDERLOIN
MISSION
Union St.
Green St.
Vallejo St.
Octavia St.
Larkin St.
Broadway Tunnel
Stockton St.
Pacific Ave.
Jackson St.
Washington St.
Clay St.
Sacramento St.
California St.
Pine St.
Bush St.
Sutter St.
Post St.
Geary St.
O'Farrell St.
Ellis St.
Eddy St.
Turk St.
Joice St.
Huntington Park
Grace Cathedral
Steiner St.
Fillmore St.
Webster St.
Buchanan St.
Laguna St.
Gough St.
Franklin St.
Van Ness Ave.
Polk St.
Leavenworth St.
Jones St.
Taylor St.
Mason St.
Powell St.
Cosmo Pl.
Shannon St.
Union Square
AMC Kabuki Theater
St. Mary's Cathedral
101
Powell
Jefferson Square
Hayward Playground
Hyde St.
State Building
Civic Center Plaza
Stevenson St.
Jessie St.
Minna St.
Natoma St.
Howard St.
Civic Center
Market St.
Mission St.
8th St.
9th St.
10th St.
11th St.
12th St.
7th St.
Folsom St.
Fulton St.
Grove St.
Hayes St.
Hickory St.
Van Ness
Germania St.
Hermann St.
Duboce & Church
Church
14th St.
15th St.
16th St.
17th St.
19th St.
Dolores St.
Guerrero St.
Valenciat St.
Capp St.
South Van Ness
Shotwell St.
Florida St.
Bryant St.
Treat Ave.
Church St.
Church & 18th St.
Mission Dolores Park
2
3
4
5,6
7
8
9
10
11
12
15
©ULYSSE

de quelques centimètres à peine celui du capitole de Washington, D.C. Quelques faits historiques ont également émaillé l'histoire du City Hall. C'est ici qu'en 1954 le joueur de baseball Joe Di Maggio unit sa destinée à l'actrice Marilyn Monroe. Vingt-quatre ans plus tard, en 1978, le maire Moscone et son collègue Harvey Milk sont assassinés par Dan White ici même.

Inaugurée en 1996, la **San Francisco Public Library** ★ *(lun et sam 10h à 18h, mar-jeu 9h à 20h, ven 12h à 18h, dim 12h à 17h; 100 Larkin St., 415-557-4400, www.sfpl.org)* attire les bibliophiles et les rats de bibliothèque. L'intérieur mérite résolument qu'on y jette un coup d'œil pour admirer son splendide atrium. De plus, la San Francisco Public Library abrite rien de moins que le magnifique **Asian Art Museum** ★★★ *(17$; mar-dim 10h à 17h, fév à sept jeu jusqu'à 21h; 200 Larkin St., 415-581-3506, www.asianart.org)*. Il s'agit sans conteste de la plus grande collection consacrée à l'art asiatique en Amérique. Quoique la majeure partie de la collection provienne de Chine, les salles d'exposition de ce musée racontent une fabuleuse épopée historique à travers une quarantaine de pays dont l'Inde, le Tibet, la Corée, la Thaïlande, le Népal et le Japon. Parmi les perles rares du musée, mentionnons la statue en bronze d'un rhinocéros datant de 338 apr. J.-C. ayant jadis appartenu à la dynastie Chang. On y trouve aussi des incunables, des fresques, des sculptures finement ouvragées et bien d'autres œuvres d'art qui susciteront sans doute votre intérêt.

L'**Opera House** ★ *(301 Van Ness Ave., 415-861-4008)* reçoit la crème des compagnies d'opéra ainsi que la San Francisco Ballet Company. Il s'agit de l'endroit où fut signée la Charte des Nations Unies le 26 juin 1945.

Pour ceux qui préfèrent la musique classique, le **Louise M. Davies Symphony Hall** ★ *(201 Van Ness Ave., 415-552-8338)* accueille pour sa part l'orchestre symphonique de San Francisco.

Le **Veteran's Building** *(401 Van Ness Ave. 415-392-4400)* abrite le Herbst Theater, une petite salle de spectacle.

Tenderloin

Situé à l'ouest d'Union Square, entre le Civic Center et Market Street, le Tenderloin est un quartier plus ou moins interlope où des gargotes côtoient des taudis délabrés, des sex-shops et des cinémas pornos. De nombreux sans-abri dorment dans les recoins des commerces, et une faune bigarrée erre furtivement dans les ruelles du quartier. La ville tente de gommer peu à peu les aspects les moins respectables de ces bouges malfamés. Vu que ce quartier est l'un des rares endroits de San Francisco où l'on trouve encore des baux commerciaux à prix économique, plusieurs entreprises à la recherche de nouveaux locaux viennent s'y installer. D'ailleurs, des entreprises de technologies de l'information et de la communication y ont élu progressivement domicile pour fuir les loyers généralement inabordables de South of Market. Des Laotiens, Vietnamiens et Cambodgiens y ont également afflué et tentent d'insuffler à ce quartier en pleine transition une vitalité renouvelée afin d'y recréer sa couleur locale et son animation d'antan.

Hayes Valley ★

Hors des sentiers battus, entre le Civic Center à l'est et le Lower Haight à l'ouest, s'étend le charmant petit quartier de Hayes Valley. Bohème, il compte plusieurs galeries d'art, de sympathiques cafés, des restos branchés et des commerces d'antiquaires.

Haight-Ashbury ★★

p. 125 *p. 159* *p. 169* *p. 185*

À ne pas manquer

- *Haight Street p. 87*
- *Postcard Row p. 87*

Les bonnes adresses

Restaurants

- *Magnolia Pub & Brewery p. 159*
- *Indian Oven p. 160*

Sorties

- *Eos Wine Bar p. 178*
- *Uva Enoteca p. 178*
- *Toronado p. 179*

Achats

- *Bound Together Bookstore An Anarchist Collective p. 189*
- *Amoeba Music p. 190*
- *Recycled Records p. 191*

Après les affres de la Grande Dépression, les prix des loyers chutèrent considérablement, et les belles maisons victoriennes tombèrent lentement en décrépitude dans le quartier de Haight-Ashbury. Dans les années 1950, le secteur s'est peuplé d'étudiants peu argentés, de Noirs et de gays à la recherche d'un coin accueillant, tolérant et pas cher. À la même époque, les beatniks délaissèrent North Beach, devenu trop cher et trop touristique, pour venir à leur tour s'installer dans le quartier. Au début des années 1960, les beatniks cédèrent les lieux aux hippies. Au cours de cette décennie, la prolifération des drogues douces et du LSD combinée aux premiers balbutiements du rock'n'roll et de l'amour libre instille dans le quartier une ambiance bohème et désinvolte qui stimule l'imagination des musiciens, des poètes et des artistes. Les nouveaux locataires s'appellent entre autres Jerry Garcia et Janis Joplin, ceux-là même qui donnent naissance au *San Francisco Sound*. Le mouvement atteint son apogée en janvier 1967, quand a lieu le désormais célèbre concert légendaire *Summer of Love* devant près de 75 000 fans enthousiastes. La même année, le mot «psychédélique» (état qui résulte de l'absorption de drogue hallucinogène) figure au dictionnaire. Cependant, dès l'année suivante, en 1968, l'héroïne s'insinue dans le quartier et remplace le LSD et la marijuana. Au cours des années 1970, une vague de violence déferle sur le quartier, mais la paix est rétablie avant le début des années 1980.

Quartier aux mœurs relâchés s'il en est un, Haight-Ashbury est indissociable du festif et psychédélique spectacle *Summer of Love*. Situé à l'est du Golden Gate Park, Haight-Ashbury prend son nom de l'intersection des rues Haight et Ashbury. Aujourd'hui, le quartier de Haight-Ashbury s'est embourgeoisé avec la venue de jeunes cadres, mais on y croise toujours une faune bigarrée qui aime à se rappeler le quartier d'il y a une cinquantaine d'années.

Grosso modo, le quartier peut être divisé en deux: l'Upper Haight, qui s'étale du Golden Gate Park jusqu'à Divisadero Street, puis le Lower Haight, de Divisadero Street jusqu'à Webster Street.

L'**Upper Haight** ★ ne présente guère d'attraits touristiques, mais l'action se passe principalement dans **Haight Street**. La plupart des visiteurs combine généralement cette visite avec celle du Golden Gate Park. D'autres en profitent pour simplement bouquiner dans les librairies et les kiosques à journaux marginaux, pour fouiner dans les friperies, ou encore pour arpenter Haight Street et observer les demeures victoriennes du quartier.

Même si vous ne pouvez pousser la porte des anciennes demeures de Janis Joplin ou d'autres musiciens passés à la postérité, voici leurs anciennes adresses: **Janis Joplin:** 112 Lyon Street; **The Grateful Dead:** 710 Ashbury Street.

Le sommet du **Buena Vista Park** ★ *(Haight St., angle Buena Vista Ave.)* offre de jolies vues sur les environs. Malheureusement, il a hélas mauvaise réputation, et le parc est à éviter à la tombée de la nuit.

Le seul véritable attrait du **Lower Haight** est **Alamo Square**, un chouette parc flanqué de six fabuleuses ***Painted Ladies*** (voir p. 35). L'ensemble est surnommé ***Postcard Row*** ★★, car il s'agit de la rangée de maisons victoriennes la plus souvent photographiée en ville. L'activité du quartier se déroule dans Haight Street entre Steiner Street et Webster Street.

Moins fréquenté que l'Upper Haight, le Lower Haight est habité par des étudiants plutôt anticonformistes, des artistes et des adultes qui refusent de vieillir. Cette faune étrange évolue et se désaltère dans les *coffee shops* et les bars qui pullulent dans Haight Street entre Steiner Street et Fillmore Street.

Golden Gate Park Area

Golden Gate Park ★★★

p. 160 *p. 169*

À ne pas manquer

- *California Academy of Sciences p. 89*
- *M.H. de Young Museum p. 90*
- *Japanese Tea Garden p. 90*

Les bonnes adresses

Restaurants

- *Academy Cafe p. 160*
- *The Moss Room p. 160*

Victoire éclatante de l'être humain sur la nature, le magnifique espace vert bien aménagé qu'on découvre en ces lieux n'était il y a à peine 110 ans qu'un vaste champ de dunes balayé par les vents. Créé en 1870 afin de rivaliser avec la taille et la réputation exceptionnelle du Central Park de Manhattan, le Golden Gate Park est aujourd'hui sillonné par une cinquantaine de kilomètres de sentiers serpentant entre plusieurs lacs et courant au milieu d'une grande variété de paysages bucoliques et à travers nombre d'attraits touristiques. Par temps ensoleillé, les cyclistes croisent des adeptes du patin à roues alignées (pour la location, voir p. 110) ainsi que des joggeurs, tandis que d'autres amateurs de plein air en profitent pour musarder au hasard de la découverte ou pique-niquer sur l'une des nombreuses aires gazonnées. D'une superficie de 412 ha (5 km de long sur environ 900 m de large), le Golden Gate Park se révèle être dorénavant le plus grand parc urbain «artificiel» des États-Unis.

Envie...

... de bénéficier d'une vue panoramique sur San Francisco? Montez au sommet de la De Young Tower (voir p. 90) pour admirer la ville sur 360°.

En 1870, les édiles de la ville retinrent les services de l'ingénieur William Hammond Hall pour concevoir le Golden Gate Park sur un lot de terres désolées situé à l'embouchure de la baie. Le Golden Gate Park fut aménagé par étapes sur une période de plus d'un demi-siècle allant de 1870 à 1943.

Cinq ans après avoir accepté le poste qu'on lui avait confié, Hall fut forcé de démissionner à la suite d'accusations pernicieuses et mal fondées. Après plusieurs années d'incertitude, l'administration choisit John McLaren pour succéder à Hall et poursuivre le travail. De 1890 jusqu'à sa mort, en 1940, McLaren, paysagiste écossais, fut le directeur du parc et s'occupa personnellement de trouver des espèces végétales issues des quatre coins de la planète pour obtenir des floraisons durables. De plus, McLaren s'opposa vivement à l'envahissement moderne du parc qui, estimait-il, était de mauvais goût et ne cadrait pas avec son architecture. À maintes reprises, les entrepreneurs souhaitaient construire des structures qui auraient juré avec l'environnement du Golden Gate Park.

En 1893, sous l'impulsion de M.H. de Young, on construisit dans le parc plusieurs bâtiments d'architecture exotique pour la **California Midwinter International Exposition** (voir l'encadré p. 89). Certains subsistent encore aujourd'hui, comme le Music Concourse et le Japanese Tea Garden.

Chaque dimanche, un tronçon de la John F. Kennedy Drive est fermé aux véhicules pour laisser le champ libre aux cyclistes, aux patineurs à roues alignées et aux simples marcheurs.

››› ***Le circuit proposé débute au McLaren Lodge.***

Au **McLaren Lodge** *(lun-ven 9h à 17h; 501 Stanyan St., angle Fell St., 415-831-2700, www.golden-gate-park.com)*, on fournit des renseignements sur le Golden Gate Park.

››› ***L'itinéraire classique pour visiter le Golden Gate Park consiste à emprunter d'abord la John F. Kennedy Drive depuis le McLaren Lodge pour aboutir au Conservatory of Flowers. Toutefois, si vous souhaitez sortir un peu des sentiers battus et que vos enfants vous accompagnent, depuis le McLaren Lodge dirigez-vous plutôt vers le sud du parc et empruntez la Kezar Drive pour rejoindre le Koret Children's Quarter.***

Le **Conservatory of Flowers** ★★ *(7$; mar-dim 10h à 16h30; John F. Kennedy Dr., 415-666-7001, www.conservatoryofflowers.org)* est le plus ancien bâtiment du Golden Gate Park. Son histoire remonte à 1875, lorsque le millionnaire James Lick décida d'acheter une serre en Irlande pour renchérir sa demeure de San Jose, ville située au sud de San Francisco. Cependant, Lick mourut en 1876, et la serre fut rachetée par un groupe d'investisseurs qui décidèrent de la léguer au Golden Gate Park. À la suite d'un violent incendie en 1883, la verrière originale fut remplacée par un immense dôme vitré sous lequel s'épanouissent une grande variété de fleurs.

Au sud du Conservatory, le **Koret Children's Quarter** ★ *(Kezor Dr.)* est une aire de jeux équipée d'un carrousel (manège de chevaux de bois), de balançoires, de toboggans et de plusieurs autres installations qui plairont aux enfants.

Du Conservatory of Flowers, rebroussez chemin jusqu'à la Middle Drive East, que vous emprunterez jusqu'à l'Aids Memorial.

Comme son nom l'indique, le **National Aids Memorial Grove** ★ *(John F. Kennedy Dr., angle Middle Dr. E., 415-750-8340, www.aidsmemorial.org)* est un petit jardin et un monument commémoratif qui honorent la mémoire des victimes du sida.

Poursuivez votre route par la Middle Drive East jusqu'à la California Academy of Sciences.

Véritable institution scientifique, la **California Academy of Sciences** ★★★ *(adultes 30$, enfants 20$ à 25$; lun-sam 9h30 à 17h, dim 11h à 17h; 55 Concourse Dr., 415-379-8000, www.calacademy.org)* est l'une des plus anciennes institutions muséales des États-Unis. Elle réunit un musée (le Kimball Natural History Museum), un aquarium (le Steinhart Aquarium), un laboratoire de recherche et un planétarium (le Morrison Planetarium). Vous pourrez entre autres y admirer une forêt tropicale, un marais dans laquelle évolue un alligator albinos surnommé *Claude* et une barrière de corail peuplée par quelque 4 000 espèces de poissons.

L'institution a retrouvé son emplacement original en septembre 2008 alors qu'on inaugurait son nouveau bâtiment résolument moderne et écologique à la sismicité accrue qui a été imaginé par l'architecte italien Renzo Piano, concepteur du Centre Georges-Pompidou de Paris. Son merveilleux toit vert surmonté de sept «collines» recréant la topographie de San Francisco est envahi par près de 2 millions de plantes attirant une profusion d'oiseaux et de papillons pour éviter la surchauffe du bâtiment. Qui plus est, les nombreux panneaux solaires de l'édifice couvrent 10% des besoins en énergie de l'académie, tandis que son système de rétention d'eau permet de récolter annuellement 7,5 millions de litres d'eau de pluie. La visite du musée dure environ 4h.

À l'angle de la Middle Drive East et de la Martin Luther King Jr. Drive se trouve le Shakespeare Garden.

Le **Shakespeare Garden** ★ *(Middle Dr. E., angle Martin Luther King Jr. Dr.)* est un petit jardin dont chaque plante et chaque fleur sont mentionnées dans l'une ou l'autre des pièces du célèbre homme de théâtre.

Dirigez-vous ensuite vers le sud du Golden Gate Park en empruntant la Martin Luther King Jr. Drive jusqu'à l'angle de la Lincoln Way et de Ninth Avenue. Vous êtes maintenant à l'entrée du San Francisco Botanical Garden at Strybing Arboretum.

Un arboretum est une pépinière où l'on a planté de nombreux arbres d'espèces diverses faisant l'objet de cultures expérimentales. Une balade à travers les sentiers du **San Francisco Botanical Garden at Strybing Arboretum** ★★ *(7$; tlj 9h à 17h; 415-661-1316, www.sfbotanicalgarden.org)* fera le bonheur des amoureux de la nature. En effet, les visiteurs pourront y admirer différentes essences forestières en provenance de l'Asie, de l'Amérique et de l'Australie.

California Midwinter International Exposition

En 1893, constatant que la situation économique n'était guère brillante, M.H. de Young, un éditeur au *San Francisco Chronicle*, milita pour la tenue d'une exposition universelle à San Francisco. Grâce à sa persévérance et à sa clairvoyance pour défendre cette cause, la California Midwinter International Exposition fut inaugurée en janvier 1894 sur le site du Golden Gate Park. La plupart des bâtiments érigés pour la circonstance s'inspiraient de thèmes exotiques et asiatiques afin de souligner la douceur du climat de la Californie, même au mois de janvier. C'est ainsi que furent construits entre autres le Japanese Tea Garden et le M.H. de Young Museum. Cette gigantesque foire insuffla dans l'économie locale assez de billets verts pour enrayer le marasme économique dont souffrait la ville. Pour souligner durablement cette victoire remportée sur l'adversité économique, il fut décidé d'ériger à l'intérieur du Golden Gate Park un ensemble de musées permanents.

Revenez sur vos pas vers le nord en empruntant la Martin Luther King Jr. Drive jusqu'à la Hagiwara Tea Garden Drive, puis tournez à droite. Arrêtez-vous devant le Music Concourse, face au M.H. de Young Museum.

Durant la période estivale, on peut assister à des concerts de musique classique au **Music Concourse** ★, une esplanade située devant le M.H. de Young Museum.

Le **M.H. de Young Museum** ★★★ *(10$; mar-dim 9h30 à 17h15, mi-jan à fin nov ven jusqu'à 20h45; 50 Hagiwara Tea Garden Dr., 415-750-3600, http://deyoung.famsf.org)* a été sévèrement endommagé par le séisme de 1989. Le bâtiment a ensuite été redessiné et reconstruit sur le même emplacement, mais doté d'une stabilité sismique accrue, pour finalement rouvrir ses portes en 2005. Le nouveau musée a été imaginé par le cabinet d'architectes suisse Herzog & de Meuron, à qui l'on doit notamment le Tate Modern Museum à Londres et la Goertz Collection à Munich. Sa façade présente une esthétique fascinante créée par des milliers de feuilles de cuivre gaufrées aux motifs changeants et inspirés de photos d'arbres du Golden Gate Park. Le cuivre a été spécialement choisi en raison des modifications qu'il subit durant son processus d'oxydation naturelle, qui sera déclinée en différents tons pour finalement s'harmoniser parfaitement avec la nature environnante.

Ce musée des beaux-arts est réparti sur trois étages et abrite une fabuleuse collection retraçant l'histoire de l'art américain depuis l'époque coloniale jusqu'au XXe siècle. Au rez-de-chaussée se trouvent plusieurs salles dédiées à l'art américain contemporain, représenté entre autres par Diego Rivera, Georgia O'Keeffe et Willem de Kooning. Quelques salles sont aussi consacrées à l'Amérique centrale et andine. Le premier étage est très prisé des mordus d'arts primitifs, puisqu'il regroupe une fascinante exposition d'œuvres africaines et océaniennes. Le sous-sol est consacré aux expositions temporaires. Ne manquez surtout pas de faire un saut au sommet de la **De Young Tower** pour bénéficier d'une vue panoramique de San Francisco et ses environs.

En sortant du M.H. de Young Museum, tournez à droite pour rejoindre le Japanese Tea Garden.

Aménagé pour la California Midwinter International Exposition, le **Japanese Tea Garden** ★★★ *(5$; nov à fév tlj 9h à 16h45, mars à oct tlj 9h à 18h lun, mer et ven gratuit avant 10h; 415-752-1171, www.japaneseteagardensf.com)* fut l'aboutissement d'une longue et solide collaboration entre l'Australien George Turman Marsh et le Japonais Makato Hagiwara. Avec le concours actif de sa famille, Hagiwara s'occupa de l'entretien du jardin jusqu'en 1942, année de la Seconde Guerre mondiale qui vit l'application du décret d'internement de tous les citoyens d'origine nippone. Même une fois la guerre achevée et la paix revenue, les Hagiwara ne purent reprendre leur travail de jardiniers. Il fallut attendre 1975 pour que la Ville reconnaisse enfin ses torts et rende hommage à cette honorable famille japonaise en érigeant un bronze de bouddha de 3 m de hauteur en reconnaissance de ses services. Pour les férus de statistiques, mentionnons qu'il s'agit du plus grand bouddha en bronze qui se trouve à l'extérieur du continent asiatique.

Le Japanese Tea Garden est agrémenté de bonsaïs, d'étangs et d'une pagode où les visiteurs peuvent se faire servir le thé par des Japonaises drapées dans des kimonos colorés. Si vous visitez ce magnifique jardin oriental vers la fin du mois de mars, vous aurez droit à un beau spectacle des plus colorés, car les cerisiers en fleurs enjolivent encore davantage le paysage qui caractérise ce lieu véritablement enchanteur. Petit conseil, allez-y tôt le matin, car à mesure que la journée progresse, l'endroit devient particulièrement bondée et résolument moins zen...

Ceux qui disposent de plus de temps, et ne sont pas trop fatigués, peuvent pousser les plaisirs de la découverte beaucoup plus à l'ouest, pour éventuellement aboutir au lac Stow.

Le **Stow Lake** ★★ est un lac artificiel bucolique à souhait enjambé par des ponts pittoresques et entouré de verdure. Ceux qui le désirent peuvent louer de petites embarcations pour naviguer paisiblement sur ses eaux. Au centre se trouve un petit îlot où vous pouvez pique-niquer et admirer le panorama. S'y trouve aussi un pavillon chinois.

Beaucoup plus loin s'étend le Buffalo Paddock.

GOLDEN GATE PARK AREA

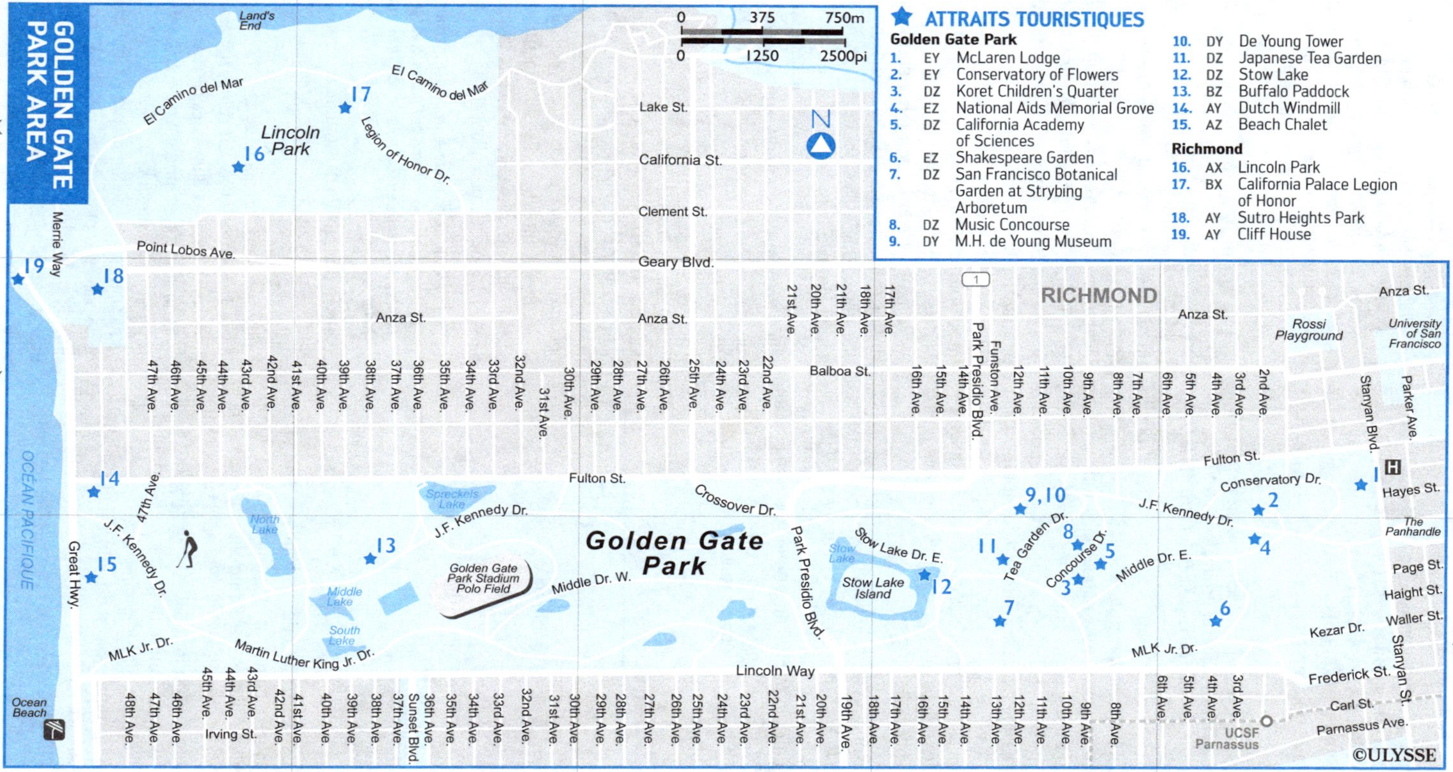

ATTRAITS TOURISTIQUES

Golden Gate Park

1. EY McLaren Lodge
2. EY Conservatory of Flowers
3. DZ Koret Children's Quarter
4. EZ National Aids Memorial Grove
5. DZ California Academy of Sciences
6. EZ Shakespeare Garden
7. DZ San Francisco Botanical Garden at Strybing Arboretum
8. DZ Music Concourse
9. DY M.H. de Young Museum
10. DY De Young Tower
11. DZ Japanese Tea Garden
12. DZ Stow Lake
13. BZ Buffalo Paddock
14. AY Dutch Windmill
15. AZ Beach Chalet

Richmond

16. AX Lincoln Park
17. BX California Palace Legion of Honor
18. AY Sutro Heights Park
19. AY Cliff House

Certains d'entre vous seront sans doute surpris d'apercevoir des bisons d'Amérique au **Buffalo Paddock** ★ *(près de 38th St.)* du Golden Gate Park. N'ayez crainte car une clôture délimite leur territoire. L'enclos fut créé pour protéger cette espèce en voie de disparition.

Finalement, à l'extrême nord-ouest du Golden Gate Park, près de l'océan, les visiteurs persévérants pourront contempler le Dutch Windmill.

Le **Dutch Windmill** ★ est un vieux moulin hollandais construit entre 1873 et 1902 afin de procurer une quantité substantielle d'eau pour irriguer le parc. Lorsque l'électricité fut introduite dans le Golden Gate Park une dizaine d'années plus tard, le moulin devint obsolète. Il fut rénové à quelques reprises, mais sans grand succès. Chaque printemps, les tulipes qui l'entourent composent un joli spectacle.

Non loin de là, le **Beach Chalet** *(1000 Great Hwy., 415-386-8439, www.beachchalet.com)*, qui date de 1925, renferme un restaurant offrant une belle vue sur l'océan Pacifique ainsi qu'un **Visitor Center** *(415-751-2756)* pour se renseigner sur tous les attraits du parc.

Richmond ★★

p. 125 *p. 160* *p. 169* *p. 185*

À ne pas manquer

› California Palace Legion of Honor p. 92
› Cliff House p. 93

Les bonnes adresses

Restaurants

› Chapeau p. 160
› Sutro's p. 160

Sorties

› The Plough and the Stars p. 178

Ici, deux pâtés de maisons séparent un restaurant chinois d'un pub irlandais. L'Europe de l'Est n'est qu'à cinq minutes de marche de la Grèce ou de la Russie. Dans ce quartier à forte population ethnique qui s'étire tout en longueur entre le Golden Gate Park et le Presidio, on estime que la population chinoise y est si présente qu'on l'a surnommé le deuxième Chinatown de San Francisco.

Le quartier a une vaste superficie, mais les attraits sont relativement rares et quelque peu dispersés. En fait, ils sont concentrés dans la partie extrême ouest de son périmètre, tout près de l'océan, au Lincoln Park. D'ailleurs, le circuit proposé débute au Lincoln Park Golf Club, qui englobe le California Palace of the Legion of Honor.

Le **Lincoln Park** est un club de golf verdoyant offrant de superbes vues sur le Golden Gate Bridge. Son territoire inclut un magnifique musée: le **California Palace Legion of Honor** ★★★ *(10$, entrée libre le premier mardi du mois; mar-dim 9h30 à 17h15; 415-750-3600, http://legionofhonor.famsf.org)*. Érigé sur une colline qui surplombe de façon spectaculaire le Golden Gate Bridge, visible par temps clair, ce musée présente une remarquable collection d'art européen dans un bâtiment modelé sur le palais de la Légion d'honneur, situé au bord de la Seine à Paris. On y trouve une importante collection de sculptures de Rodin, laquelle constitue le clou du musée. D'ailleurs, avant même d'avoir acheté votre billet, une reproduction du fameux *Penseur* vous donne un bon aperçu de ce qui vous attend à l'intérieur du musée. Les amateurs d'art européen (période du XIVe au XXe siècle), plus particulièrement ceux qui affectionnent les œuvres de Rubens, Rembrandt, Matisse, Monet et Picasso, seront comblés. Le musée expose également des objets d'arts décoratifs européens tels que porcelaines, sculptures et mobiliers. Par ailleurs, un restaurant situé au sous-sol permet aux visiteurs de s'offrir une bonne collation.

La prochaine curiosité se trouve à l'extrême ouest de Richmond, au bord de l'océan. Il est préférable de prendre un taxi pour se rendre au Sutro Heights Park.

Le **Sutro Heights Park** est un lieu verdoyant enjolivé d'eucalyptus et de cyprès. Le parc fut fondé à la fin du XIXe siècle par le philanthrope et ancien maire de la ville Adolph Sutro. Les Sutro Baths, en ruine, formaient un ensemble de six immenses piscines. Vers 1880, après s'être enrichi grâce aux mines d'argent de Comstock, au Nevada, Adolph Sutro acheta ce vaste terrain pour y aménager cet espace vert et ces bains publics à l'intention de toutes les classes sociales. Sutro fit également rénover la maison qui borde la mer en ces lieux, la Cliff House (voir ci-dessous).

Surplombant Ocean Beach et offrant des vues tout à fait saisissantes sur l'océan Pacifique, la **Cliff House** ★★ *(tlj; 1090 Point Lobos, 415-386-3330, www.cliffhouse.com)* a su conserver sa vocation de restaurant panoramique. En 1863, le site accueillit la première Cliff House, un modeste bâtiment. Elle fut vendue en 1881 à Adolph Sutro, qui fit alors construire une voie ferrée pour que le public y vienne. Malheureusement, en 1894, un feu rasa l'établissement. Deux ans plus tard, Sutro dépensa une fortune pour reconstruire la Cliff House selon les plans d'un château français. Cette merveille architecturale fut également détruite par un incendie en 1907.

Une troisième Cliff House fut alors érigée en 1909 par la fille de Sutro. De style néoclassique, elle fut toutefois vendue en 1952. Aujourd'hui, elle fait partie de la Golden Gate National Recreation Area. La Cliff House a été complètement restaurée en 2003-2004 pour ses 140 ans, et une annexe moderne, la Sutro Wing, qui lui a été accolée, abrite désormais la Sutro Dining Room, conçue selon les plans des anciens bains publics qui l'avoisinaient.

Le sud

South of Market (SoMa) ★★★

p. 125 · p. 161 · p. 169 · p. 185

À ne pas manquer

- Yerba Buena Gardens p. 93
- Cartoon Art Museum p. 94
- Contemporary Jewish Museum p. 94
- San Francisco Museum of Modern Art (SFMOMA) p. 94

Les bonnes adresses

Restaurants

- South Park Café p. 161
- Town Hall p. 162
- Benu p. 163
- Twenty Five Lusk p. 163

Sorties

- Press Club p. 169
- Café du Nord p. 179
- The Endup p. 180

Achats

- San Francisco Museum of Modern Art Bookstore p. 190
- REI p. 191
- Jeremy's p. 194

Vers la fin des années 1970, le quartier de South of Market était peuplé de laissés-pour-compte et de personnages à la mine patibulaire errant furtivement dans les rues mal éclairées longeant des entrepôts vides et des bars à l'ambiance glauque.

La renaissance commerciale du quartier débute en 1981, lorsqu'il se dote d'un vaste centre de congrès, le Moscone Convention Center, nommé à la mémoire du maire assassiné en 1978. Les grands entrepôts vides furent progressivement récupérés et transformés en lofts ou en bureaux dans les années 1980, puis habités par de jeunes cadres rapidement enrichis par les nouvelles technologies dans les années 1990 avant que la bulle technologique éclate. Puis le quartier se dote d'installations culturelles avec l'inauguration du Museum of Modern Art et des Yerba Buena Gardens. En l'an 2000, South of Market amorce une nouvelle ère avec son développement économique et urbain, lorsque le Metreon et le Pacific Bell Park viennent s'ajouter au quartier.

En décomposant le mot «SoMa», on trouve le diminutif de South of Market, le quartier s'étendant précisément au sud de Market Street. Hormis le centre de congrès, le San Francisco Museum of Arts (SFMOMA), les Yerba Buena Gardens, le Metreon et le Pacific Bell Park, qui ont directement contribué à revitaliser le quartier, on trouve aussi à SoMa nombre de restos branchés et de discothèques à la mode.

››› ***Le circuit débute aux Yerba Buena Gardens. La plupart des attraits gravitent autour de ce lieu.***

Inaugurés en 1993, les **Yerba Buena Gardens** ★★ *(entrée libre; tlj 6h à 22h; 701 Mission St., délimités par Third St., Fourth St. et Folsom St., 415-820-3550, www.yerbabuenagardens.com)* sont l'aboutissement d'un travail de longue haleine qui débuta vers 1955. Depuis cette date, une trentaine d'années fut émaillée de divergences d'opinions, d'indécisions et de querelles internes et externes. L'attente fut longue, mais le résultat est assez éloquent. Couvrant environ 40 ha, ce centre d'arts multidisciplinaires abrite des salles d'exposition où des artistes contemporains et iconoclastes étalent leurs talents au grand jour au moyen d'une technologie multimédia.

L'établissement est entouré de jardins verdoyants et d'une belle esplanade au sein de laquelle on découvre une cascade ainsi qu'un mémorial dédié à Martin Luther King Jr. Les Yerba Buena Gardens renferment également le Zeum et le Metreon.

Situé dans une jolie aire ouverte entourée de verdure, le **Zeum** ★ *(adultes 10$, enfants 8$; mer-ven 13h à 17h, sam-dim 11h à 17h; 415-820-3320, www.zeum.org)* est un centre de nouvelles technologies dédié aux enfants et aux adolescents.

Les Yerba Buena Gardens communiquent également avec le **Metreon** ★ *(101 Fourth St., www.metreon.com)*. Initialement la propriété de Sony Entertainment, le Metreon, qui a coûté la somme de 85 millions de dollars, est l'adresse idéale pour les aficionados du septième art et les amateurs de lèche-vitrine. Mis à part ses 16 salles où sont projetées les *blockbuster movies*, l'expérience cinématographique est poussée à sa limite au cinéma IMAX grâce à des prises de vues à couper le souffle.

··· Rendez-vous à l'est des Yerba Buena Gardens.

Fondé en 1871, inauguré en 1935 et déménagé en 1995 dans des locaux imaginés par l'architecte Mario Botta, le **San Francisco Museum of Modern Art (SFMOMA)** ★★★ *(18$; lun-mar et ven-dim 10h à 17h45, jeu 10h à 20h45; 151 Third St., 415-357-4000, www.sfmoma.org)* concourt à revitaliser le SoMa. Après avoir travaillé avec Le Corbusier, Louis Kahn et Carlo Scarpa, Mario Botta donne forme ainsi non seulement à son premier projet réalisé aux États-Unis, mais également à son premier musée. Cet édifice à la silhouette audacieuse et aux formes géométriques, conçu pour faire connaître et admirer l'art moderne, s'étend sur 21 000 m^2 et a coûté quelque 60 millions de dollars. La collection permanente du musée comprend près de 27 000 pièces, incluant environ 10 000 photos, et ses salles d'exposition s'articulent autour d'un atrium spectaculaire. Le rez-de-chaussée met l'accent sur les œuvres de Warhol, Magritte, Matisse et Klee. Le premier étage est consacré aux photographies, tandis que les autres étages accueillent des expositions temporaires d'œuvres d'artistes connus et moins connus. Qui plus est, le musée abrite le **Rooftop Garden Coffee Bar** (voir p. 161), qui sert l'un des meilleurs cafés en ville, celui de la Blue Bottle Coffee Co.

Le **Museum of the African Diaspora** *(10$; mer-sam 11h à 18h; 685 Mission St., angle Third St., 415-358-72520, www.moadsf.org)* rappelle, à travers des films et des écrans interactifs, que le berceau de l'humanité est le continent africain. Les expositions présentent l'influence de l'héritage africain (culinaire, musical, artistique) dans les civilisations du monde entier et traitent aussi de thèmes plus actuels liés à la diaspora africaine.

Envie...

... de vous équiper pour jouer dans la grande nature? Rendez-vous chez REI (voir p. 191) pour dénicher du matériel de plein air.

Le **South Park** ★★ *(Third St., entre Bryant St. et Brannan St.)* est un petit parc bucolique. Bordé par quelques bons restaurants, il attire souvent les badauds qui veulent profiter d'une journée ensoleillée ou grignoter tranquillement un en-cas acheté dans les environs.

··· Les attraits suivants sont situés au nord des Yerba Buena Gardens.

La **California Historical Society** ★ *(don suggéré de 5$; mar-dim 12h à 17h; 678 Mission St., près de Third St., 415-357-1848, www.californiahistoricalsociety.org)* retrace les principaux épisodes de la riche et tumultueuse histoire de la ville et de la Californie à l'aide de matériel didactique et d'un large éventail de photos d'époque.

Le **Cartoon Art Museum** ★★ *(7$, enfants 3$ à 7$; mar-dim 11h à 17h; 655 Mission St., angle Fourth St., 415-227-8666, www.cartoonart.org)* est un musée humoristique consacré à la bande dessinée. Les salles d'exposition présentent une délirante collection de bédés publiées depuis le XVIIIe siècle jusqu'à aujourd'hui.

Inauguré en 2008, le **Contemporary Jewish Museum** ★★ *(12$; jeu 13h à 20h, ven-mar 11h à 17h; 736 Mission St., 415-655-7800, www.thecjm.org)* est un nouveau venu dans le quartier. Vous ne pourrez pas manquer les grands cubes noirs imbriqués dans son élégante façade de briques. À travers une

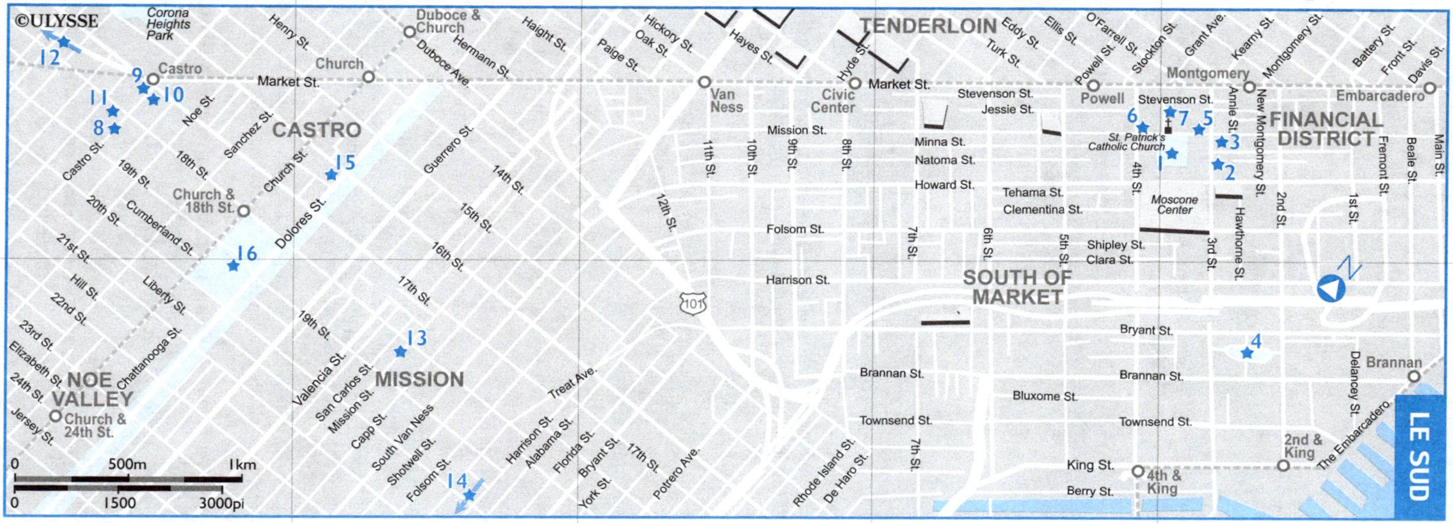

ATTRAITS TOURISTIQUES

South of Market (SoMa)

1. EY Yerba Buena Gardens/Zeum/Metreon
2. EY San Francisco Museum of Modern Art (SFMOMA)/ Rooftop Garden Coffee Bar
3. EY Museum of the African Diaspora
4. EZ South Park
5. EY California Historical Society
6. DY Cartoon Art Museum
7. EY Contemporary Jewish Museum

Castro

8. AY Castro Street
9. AY Harvey Milk Plaza
10. AY Castro Theatre
11. AY Gay Lesbian Bisexual Transgender History Museum
12. AY Twin Peaks

Mission

13. BZ Mission Street
14. BZ Precita Eyes Mural Arts Center
15. BY Mission Dolores
16. AZ Mission Dolores Park

collection permanente et des expositions temporaires, ce musée est voué à faire connaître l'histoire, la culture et l'art contemporain juifs.

Castro ★

p. 126 p. 163 p. 169 p. 185

À ne pas manquer

- Castro Theatre p. 96
- Gay Lesbian Bisexual Transgender History Museum p. 96
- Harvey Milk Plaza p. 96

Les bonnes adresses

Restaurants
- Squat & Gobble Café and Crepery p. 159
- Incanto p. 163

Sorties
- Harvey's p. 180
- Twin Peaks Tavern p. 180

Achats
- Sui GENERIS illa Boutique p. 194

Le quartier de Castro est le foyer de la communauté gay de San Francisco. Lorsque la Seconde Guerre mondiale prit fin, le quartier était principalement habité par des familles ouvrières. Dans les années 1950, le quartier se vida tranquillement et les loyers chutèrent. Puis, vers la fin des années 1960, avec le déclin du *flower power*, un certain nombre de hippies homosexuels quittèrent le secteur de Haight-Ashbury pour venir s'installer dans le quartier qui tombait en désuétude. Peu à peu, d'autres gays vinrent y résider et se mirent à restaurer les maisons victoriennes pour leur redonner leur éclat d'antan.

À la suite des événements de Stonewall à New York en 1969 (qui marquent l'émancipation des gays à travers l'Amérique), les années 1970 virent éclore dans Castro la vie nocturne exubérante et truculente qui allait de pair avec la révolution homosexuelle d'alors. Au cours des années 1980, le sida mit un bémol à l'ambiance festive du quartier en provoquant des ravages parmi la population.

Grossièrement délimité par 14th Street au nord, 22nd Street au sud, Douglas Street à l'ouest et Dolores Street à l'est, ce quartier, dont l'artère principale est **Castro Street** ★, fourmille de cafés-terrasses, de librairies, de petites boutiques et de bars où flotte sans ambages le drapeau aux couleurs de l'arc-en-ciel. Chaque année, un défilé pour la revendication des droits des gays débute dans Castro Street et se rend jusqu'à l'hôtel de ville (City Hall) pour honorer la mémoire de l'ex-maire Harvey Milk, lâchement assassiné par l'homophobe Dan White.

Baladez-vous à votre rythme, arrêtez-vous sur une terrasse ou dans un café et laissez-vous aller au hasard de la découverte. Ceux qui désirent en savoir davantage sur l'histoire des gays de San Francisco doivent absolument participer à une visite du quartier par le truchement de **Cruisin' the Castro** *(35$ à 45$; réservations requises; 415-255-1821, www.cruisinthecastro.com)*.

Envie...

... de manger un morceau ou calmer une petite faim dans une ambiance décontractée? Pointez-vous au Squat & Gobble Café and Crepery (voir p. 159).

L'un des meilleurs endroits d'où partir à la découverte du quartier est l'angle de Castro Street et de Market Street.

Située devant la bouche de métro de Castro Street, la **Harvey Milk Plaza** *(Castro St., angle Market St.)* comporte une plaque commémorative en hommage à Harvey Milk.

Un peu plus au sud, le **Castro Theatre** ★★ *(429 Castro St., 415-621-6120, www.thecastrotheatre.com)* est facilement reconnaissable à sa jolie façade à l'architecture néocoloniale. Érigée en 1922, cette fabuleuse salle de spectacle contient 1 450 sièges et projette des films classiques, d'art et d'essai. C'est également ici qu'ont lieu le San Francisco International Film Festival (en avril et mai) et le San Francisco International Lesbian and Gay Film Festival (en juin).

Encore un peu plus loin au sud, dans 18th Street près de Castro Street, se trouve l'un des principaux attraits du quartier: le **Gay Lesbian Bisexual Transgender History Museum** ★★ *(5$; lun et mer-sam 11h à 19h, dim 12h à 17h; 4127 18th St., 415-621-1107, www.glbthistory.org)*. Ouvert en 2011, il s'agit du premier musée sur l'histoire des gays et lesbiennes en Amérique, et du second au monde après celui de Berlin. Il retrace l'histoire des communauté des gays, lesbiennes, bisexuels et transsexuels, et met de l'avant les différentes personnes qui ont œuvré en leur faveur.

Twin Peaks est situé au sud-ouest de Castro. L'histoire raconte que les Espagnols surnommèrent ces deux montagnes *Los pechos de la chola*, ou «les seins de l'Indienne». Du haut de ces montagnes jumelles, un belvédère offre une vue imprenable sur la ville.

Noe Valley, situé juste au sud de Castro, est un secteur tranquille dont l'activité commerciale tourne autour de 24th Street, bordée de cafés-terrasses, de restaurants à l'ambiance relâchée et de boutiques un peu marginales. Il est volontairement surnommé *Nowhere Valley* par les résidents qui tiennent à leur intimité et qui ne désirent pas attirer sur eux les feux des projecteurs de l'industrie touristique.

Envie...

... d'une des meilleures glaces de San Francisco? Rendez-vous dans le quartier de Noe Valley chez **Mitchell's Ice Cream** (voir p. 186), une véritable institution depuis 1953.

Mission ★

p. 126 p. 164 p. 169 p. 185

À ne pas manquer

- *Mission Dolores p. 97*
- *Precita Eyes Mural Arts Center p. 97*

Les bonnes adresses

Restaurants
- *Flour + Water p. 165*
- *Herbivore p. 164*
- *Mr. Pollo p. 164*
- *Taqueria Cancun p. 165*

Sorties
- *Laszlo p. 181*

Achats
- *Good Vibrations p. 195*
- *Pot + Pantry p. 188*
- *Self Edge p. 194*

En 1776, des conquistadors et des pères franciscains espagnols explorent cette contrée alors inconnue pour le compte de la couronne d'Espagne. Le 29 juin de la même année, une mission franciscaine est fondée. Le quartier de Mission doit ainsi son nom à la Mission Dolores des franciscains qui accompagnaient les conquistadors. Ces explorateurs deviennent les premiers habitants européens de la ville. Quelques années après que le Mexique eut proclamé son indépendance en 1821, les pères franciscains abandonnent la région et la mission est sécularisée. Au cours des années 1920, bon nombre de Mexicains fuyant la Révolution (qui s'intensifiait dans leur pays) s'installent peu à peu dans le quartier. D'autres vagues d'immigration latine ont convergé vers le quartier de Mission, et nombre d'Européens ont également décidé de venir s'établir ici.

Au sein de cette communauté majoritairement latine, une forte population lesbienne s'est pour sa part installée autour de 16th Street, à l'angle de Valencia Street.

Envie...

... de découvrir la gastronomie péruvienne? Arrêtez-vous chez **Limón** (voir p. 165) pour savourer un *ceviche* bien relevé.

Au sud du centre-ville, Mission se présente comme un quartier un peu prolétaire dont **Mission Street** forme le cœur palpitant. En raison de sa forte concentration hispanique, Mission est surnommé *el barrio* («le quartier» en espagnol). Depuis les commerces et les maisons qui constituent le tissu urbain de ce quartier, il s'échappe souvent des airs de musique puisés aux sources même du folklore latino-américain.

Le quartier compte peu d'attraits touristiques. La plupart des visiteurs y viennent soit pour admirer les nombreuses peintures murales ou pour visiter la Mission Dolores. Les aficionados de peintures murales voudront certainement s'arrêter au **Precita Eyes Mural Arts Center** *(12$ et plus; visites: lun-ven 10h à 17h, sam 10h à 16h, dim 12h à 16h; 2981 24th St., près de Harrison St., 415-285-2287, www.precitaeyes.org)*, un centre d'art voué aux muralistes, qui organise des visites du quartier.

Le circuit de Mission débute à la Mission Dolores.

Érigée en 1776, la **Mission Dolores** ★ *(don suggéré de 5$; mai à oct tlj 9h à 16h30, nov à avr tlj 9h à 16h; 3321 16th St., angle Dolores St., 415-621-8203, www.missiondolores.org)* se targue d'être non seulement le plus ancien édifice de la ville, mais aussi l'un des plus anciens sanctuaires de

Californie. Cette mission de taille modeste comporte des murs d'adobe de 1 m d'épaisseur capables de résister aux séismes dévastateurs qui secouent régulièrement la région. Un splendide retable baroque importé du Mexique orne l'autel avec éclat. S'y trouve aussi un petit musée religieux. Un cimetière où reposent les restes de pionniers européens et ceux de nombreux Amérindiens l'avoisine.

En sortant de la mission, tournez à droite dans Dolores Street et marchez jusqu'à l'angle de 18th Street.

Le **Mission Dolores Park** *(Dolores St., angle 18th St.)* est un parc prisé des résidents du quartier qui viennent se balader avec leurs gamins ou leurs chiens. On y trouve également des courts de tennis et un petit terrain de jeu. En été, certains samedis soir, vous pourrez assister ici à des projections gratuites de classiques du cinéma sur grand écran. Contactez la **San Francisco Neighborhood Theater Foundation** *(415-465-3456, www.sfntf.org)* pour connaître la programmation.

Les environs de San Francisco

Marin County ★★

p. 127 p. 165 p. 169

À ne pas manquer

- *Sausalito p. 98*
- *Bay Area Discovery Museum p. 98*

Les bonnes adresses

Restaurants

- *Fred's Coffee Shop p. 165*
- *Sushi Ran p. 165*

Sorties

- *No Name Bar p. 181*

Banlieue cossue de San Francisco, le Marin County se trouve de l'autre côté du Golden Gate Bridge. Son attrait majeur demeure le charmant village de Sausalito.

Sausalito ★★

En espagnol, *sausalito* signifie «saule». D'ailleurs, Sausalito tire son nom des majestueuses futaies que les Espagnols découvrirent. Aujourd'hui, de ravissantes maisons victoriennes dévalent les flancs des collines qui plongent dans la mer. Ce «village» est facilement accessible par le traversier de l'Embarcadero, et beaucoup de banlieusards prennent le traversier de Sausalito pour aller travailler à San Francisco. Les plus courageux pourront louer un vélo et s'y rendre en traversant le Golden Gate Bridge, puis retourner à San Francisco en empruntant le traversier; cette belle balade se fait en une demi-journée aller-retour (voir p. 111). L'activité commerciale se déroule le long de sa rue principale, Bridgeway, où s'alignent de nombreuses galeries d'art en tout genre.

Une fois que vous aurez flâné à votre aise dans les petites rues de Sausalito avec vos enfants, pointez-vous au **Bay Area Discovery Museum** ★ *(adultes et enfants 11$; mar-ven 9h à 16h, sam-dim 10h à 17h; Fort Baker, 557 McReynolds Rd., 415-339-3900, www.baykidsmuseum.org)*. Situé au pied du Golden Gate Bridge, ce musée abrite huit bâtiments qui portent sur une thématique différente, mais qui sont tous conçus pour sensibiliser les enfants aux arts, aux sciences et à l'environnement en plus d'éveiller leur curiosité au moyen d'espaces et de jeux interactifs. De quoi ravir les petits et les grands!

Dirigez-vous ensuite vers le nord pour visiter le **San Francisco Bay Model Visitor Center** ★ *(entrée libre; mai à sept mar-ven 9h à 16h, sam-dim 10h à 17h; sept à mai mar-sam 9h à 16h; 2100 Bridgeway, 415-332-3871)*. Sur 6 000 m^2, ce modèle réduit de la baie de San Francisco permet de comprendre le rôle des courants et marées dans toute la région comprise entre l'océan Pacifique et la capitale californienne, Sacramento. Vous pourrez vous balader sur la maquette et observer, en 15 min, une journée lunaire complète.

Si vous poursuivez votre chemin vers le nord sur Bridgeway, vous croiserez la Gate Road 5 et la Gate Road 6, de petites rues qui mènent vers le bord de l'eau où sont amarrés les nombreux ***houseboats*** ★ (bateaux-maisons) qui ont fait la renommée de Sausalito. Vous pourrez vous promener sur les quais pour admirer ces caravanes flottantes colorées et *funky* à souhait, mais rappelez-vous qu'elles

LES ENVIRONS DE SAN FRANCISCO
San Pablo
Kentfield
Richmond -San-Rafael Bridge
Richmond
Larkspur
El Cerrito
Corte Madera
Strawberry Point
Lafayette
Albany
Tamalpais Valley
Tiburon
Berkeley
Orinda
Angel Island
Golden Gate National Rec. Area
Sausalito
Moraga
Treasure Island
Alcatraz
Emeryville
San Francisco-Oakland Bay Bridge
Golden Gate Bridge
Point Bonita
Yerba Buena Island
Oakland
Presidio of San Francisco
Golden Gate Park
SAN FRANCISCO
Alameda
San Francisco Zoo
San Leandro
Lake Merced
Aéroport international d'Oakland
Daly City
Ashland
Broadmoor
Sterling Park
San Francisco Bay
San Lorenzo
Colma
South San Francisco
Hayward Air Terminal
Pacifica
San Bruno
OCÉAN PACIFIQUE
Aéroport international de San Francisco
Millbrae
San Mateo Bridge
Hillsborough
Burlingame
Foster City
San Mateo
Montara
Moss Beach
Belmont
San Carlos
El Granada
Redwood City
Atherton
Half Moon Bay
Menlo Park
San Jose
Stanford
Woodside
0 5 10km
0 3 6mi
©ULYSSE

sont habitées et que leurs propriétaires peuvent ne pas apprécier les visiteurs trop indiscrets. Respect et savoir-vivre sont donc de mise ici.

Angel Island ★

Angel Island est une île facilement accessible par bateau depuis San Francisco. Cet havre de paix et de verdure abrite l'**Angel Island State Park** *(415-435-3522, www.angelisland.org)*, sillonné de sentiers de randonnée pédestre et de pistes cyclables. Ceux qui le désirent peuvent même y louer des kayaks et y camper *(réservations requises en haute saison; 800-444-7275, www.reserveamerica.com)*.

East Bay ★★

p. 127 *p. 165* *p. 169* *p. 185*

À ne pas manquer

- *Berkeley p. 100*
- *University of California, Berkeley p. 100*
- *Oakland Museum of California p. 102*

Les bonnes adresses

Restaurants
- *Bay Wolf p. 166*
- *Chez Panisse p. 166*

Sorties
- *Ben and Nick's p. 182*
- *Jupiter p. 182*
- *Triple Rock Brewery & Alehouse p. 182*

Achats
- *Good Vibrations p. 195*

L'est de la baie de San Francisco a vu se développer deux villes totalement différentes, mais qui ont chacune leur rôle et leur importance particulière: Berkeley l'intellectuelle et Oakland l'industrielle.

Berkeley ★★

Ville dont le nom est inéluctablement associé aux souvenirs d'étudiants contestataires sur le campus de l'université qui porte son nom, Berkeley ne s'est développée qu'à la suite du séisme de 1906. Ce terrible soubresaut de la nature incita bon nombre de citoyens à délaisser San Francisco pour venir s'installer de l'autre côté de la baie. De nos jours, la ville compte une population d'un peu plus de 100 000 habitants qui se sont beaucoup embourgeoisés depuis les années 1980. On y trouve également plusieurs espaces verts, de nombreux cafés et librairies ainsi que quelques bonnes tables.

Envie...

... d'un repas digne de la meilleure tradition culinaire californienne? Rendez-vous chez **Panisse** (voir p. 166). Aux fourneaux, celle que l'on surnomme la « mère de la cuisine californienne », Alice Waters.

Rare bastion de la gauche, foyer de la contestation intellectuelle et campus iconoclaste sans pareil, l'Université de Berkeley doit sa renommée à son anticonformisme et aux excellents cerveaux qu'elle a formés.

Bien que l'**University of California, Berkeley** ★★ existe depuis 1868 grâce aux dessins du célèbre architecte paysagiste Frederic Law Olmsted (1822-1903), concepteur du Central Park à New York et du parc du Mont-Royal à Montréal, elle fut réellement mise sur la carte dans les années 1960. En effet, c'est à cette époque que la montée de la gauche s'est affirmée et a donné naissance à plusieurs mouvements contestataires comme le *Free Speech Movement*. Pendant cette même période, l'intervention musclée de la police à l'endroit des manifestants qui protestaient contre la guerre du Vietnam en scandant «*Stop the draft!*» a également noirci son histoire et a forgé les idées des activistes. Un parfum révolutionnaire des années 1960 flotte toujours sur le campus de cette université où sont inscrits près de 30 000 étudiants, mais il y a un monde de différence entre l'atmosphère de résistance d'antan et celle plus paisible d'aujourd'hui.

Si vous en avez le temps, offrez-vous une visite guidée (gratuite) offerte par le personnel étudiant du **Visitor Center** *(lun-sam à 10h, dim à 13h; 101 University Hall ou 2200 University Ave., angle Oxford St., 510-642-5215)*. **Telegraph Avenue** ★ est étroitement associée aux nombreuses manifestations des années 1960. Ce site historique a pas mal perdu son côté contestataire, mais on y trouve toujours plusieurs librairies, cafés et commerces de tout acabit, fréquentés par une foule d'étudiants bigarrés, de vieux hippies, des musiciens itinérants et quelques illuminés.

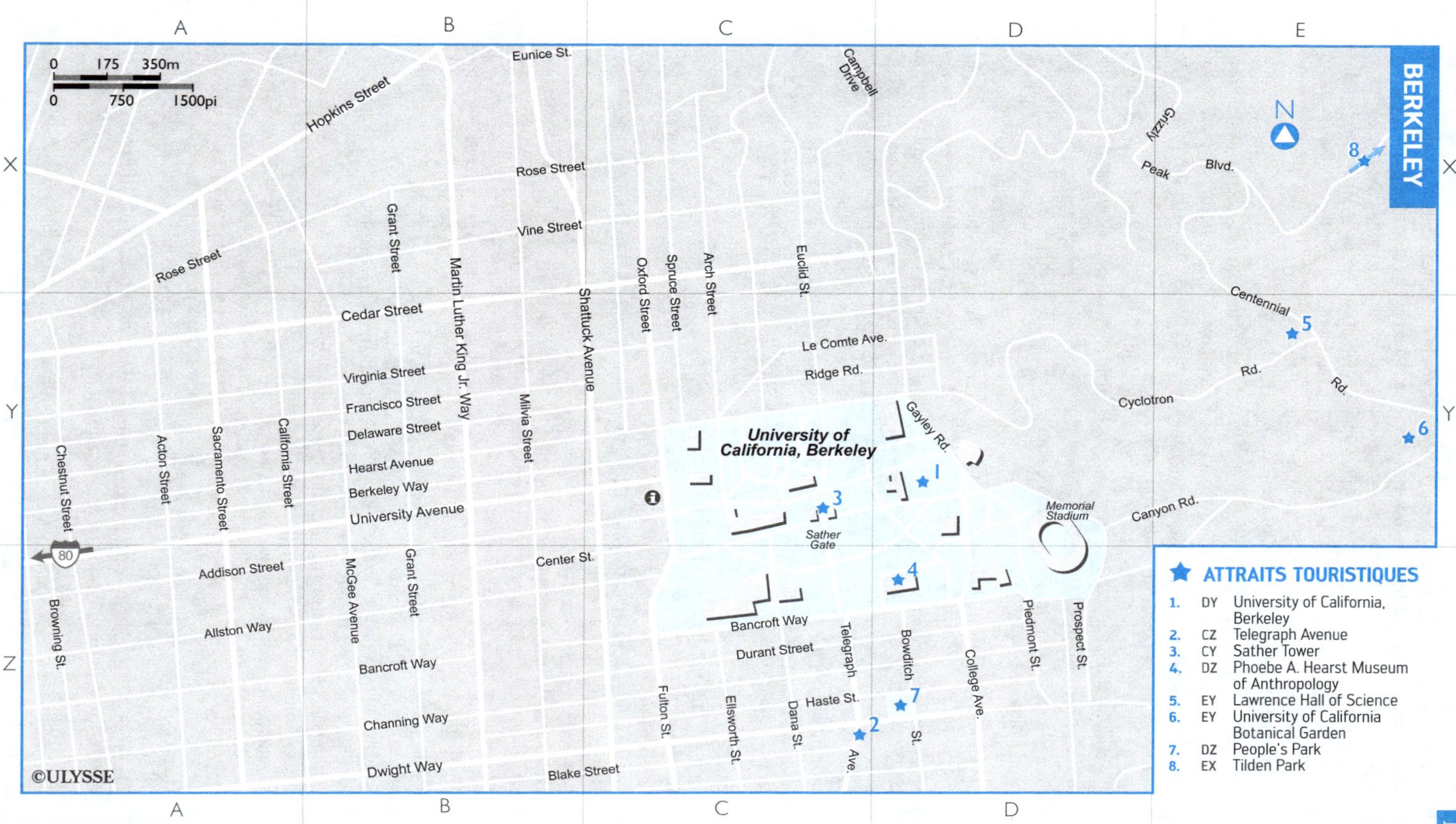

ATTRAITS TOURISTIQUES

1. DY University of California, Berkeley
2. CZ Telegraph Avenue
3. CY Sather Tower
4. DZ Phoebe A. Hearst Museum of Anthropology
5. EY Lawrence Hall of Science
6. EY University of California Botanical Garden
7. DZ People's Park
8. EX Tilden Park

Inspirée de la tour de l'Horloge de la place Saint-Marc à Venise, la **Sather Tower** ★ *(2$; lun-ven 10h à 15h45, sam 10h à 16h45, dim 10h à 13h30 et 15h à 16h45; http://visitors.berkeley.edu/camp)*, aussi appelée «The Campanile», s'élève à 95 m pratiquement au centre du campus. Un ascenseur mène à un belvédère d'où les visiteurs peuvent bénéficier d'une jolie vue.

Le **Phoebe A. Hearst Museum of Anthropology** ★★ *(entrée libre; mer-sam 10h à 16h30, dim 12h à 16h; Kroeber Hall, http://hearstmuseum.berkeley.edu)* présente des expositions temporaires sur l'histoire de l'Amérique. La collection de ce musée comprend plus de 634 000 pièces.

Le **Lawrence Hall of Science** ★ *(12$; tlj 10h à 17h; Centennial Dr., 510-642-5132, www.lawrencehallofscience.org)* est un petit musée qui propose quelques expositions conçues dans un but didactique et de vulgarisation scientifique grâce à l'emploi du multimédia. S'y trouve également un planétarium pour ceux qui sont fascinés par le monde des étoiles.

Situé sur les collines verdoyantes derrière le campus, l'**University of California Botanical Garden** ★★ *(10$; tlj 9h à 17h, fermé le premier mardi de chaque mois; 200 Centennial Dr., 510-643-2755, www.botanicalgarden.berkeley.edu)* fera le bonheur des aficionados des espèces végétales et du monde des plantes. Plusieurs sentiers sillonnent ce jardin au milieu d'une multitude d'espèces provenant de tous les continents.

Haut lieu de la contestation, le **People's Park** ★ *(délimité par les rues Bowditch, Haste et Dwight)* est situé à trois rues au sud du campus, près de Telegraph Avenue. En mai 1969, des manifestants gauchistes avaient décidé d'occuper pacifiquement les lieux. Cependant, l'escouade policière, avec ses méthodes expéditives, a dû faire face à des émeutes violentes qu'elle a provoquées durant lesquelles un militant a perdu la vie.

Beaucoup plus à l'est du centre-ville, le **Tilden Park** ★★ est un espace vert qui plaira autant aux parents qu'à leurs enfants. Que vous grimpiez à bord du petit train à vapeur qui serpente à travers les jolis séquoias ou que vous tourniez joyeusement dans le carrousel, vous serez sans nul doute satisfait. Le parc compte également plusieurs sentiers de randonnée pédestre, des voies cyclables et un petit jardin botanique où foisonnent des plantes variées.

Oakland

Reliée à San Francisco par le Bay Bridge, Oakland doit son nom aux plantations de chênes qui s'épanouissaient sur son territoire. La ville prit réellement son essor lorsque le chemin de fer transcontinental arriva en ville. Bon nombre de Noirs qui œuvraient à la construction de la voie ferrée décidèrent alors de s'y fixer. D'ailleurs, de nos jours, environ 40% de la population de la ville est afro-américaine. La construction du Bay Bridge, achevée en 1936, permit de relier enfin Oakland à San Francisco. La population connut une autre croissance importante durant la Seconde Guerre mondiale, alors que de nombreux ouvriers vinrent travailler dans les usines d'armement et les chantiers navals. La ville attira l'attention mondiale lorsqu'au cours des années 1960 le mouvement des Black Panthers s'y manifesta.

Envie...

... d'assister à une partie de football américain? Dirigez-vous au O.co Coliseum (voir p. 184) pour voir les Raiders d'Oakland en action.

Ville industrielle où le tourisme n'est pas aussi florissant qu'à San Francisco, Oakland possède néanmoins l'un des plus grands ports de conteneurs au pays. Bouillon de cultures où se mêlent entre autres les Afro-Américains, les Chinois, les Portugais, les Mexicains et les Italiens, Oakland compte peu d'attraits touristiques.

Le **Lake Merritt** ★ tranche avec les lieux environnants qui n'inspirent pas vraiment. Ce précieux plan d'eau, d'où rayonnent quelques espaces verts qui forment le poumon de la ville industrielle d'Oakland, est bordé par une piste cyclable utilisée autant par les joggeurs que par les cyclistes.

L'**Oakland Museum of California** ★★ *(12$; mer 10h à 17h, jeu-ven 11h à 20h, sam-dim 11h à 17h, premier vendredi de chaque mois ouvert jusqu'à 21h; 1000 Oak St., 510-238-2200, www.museumca.org)* renferme la

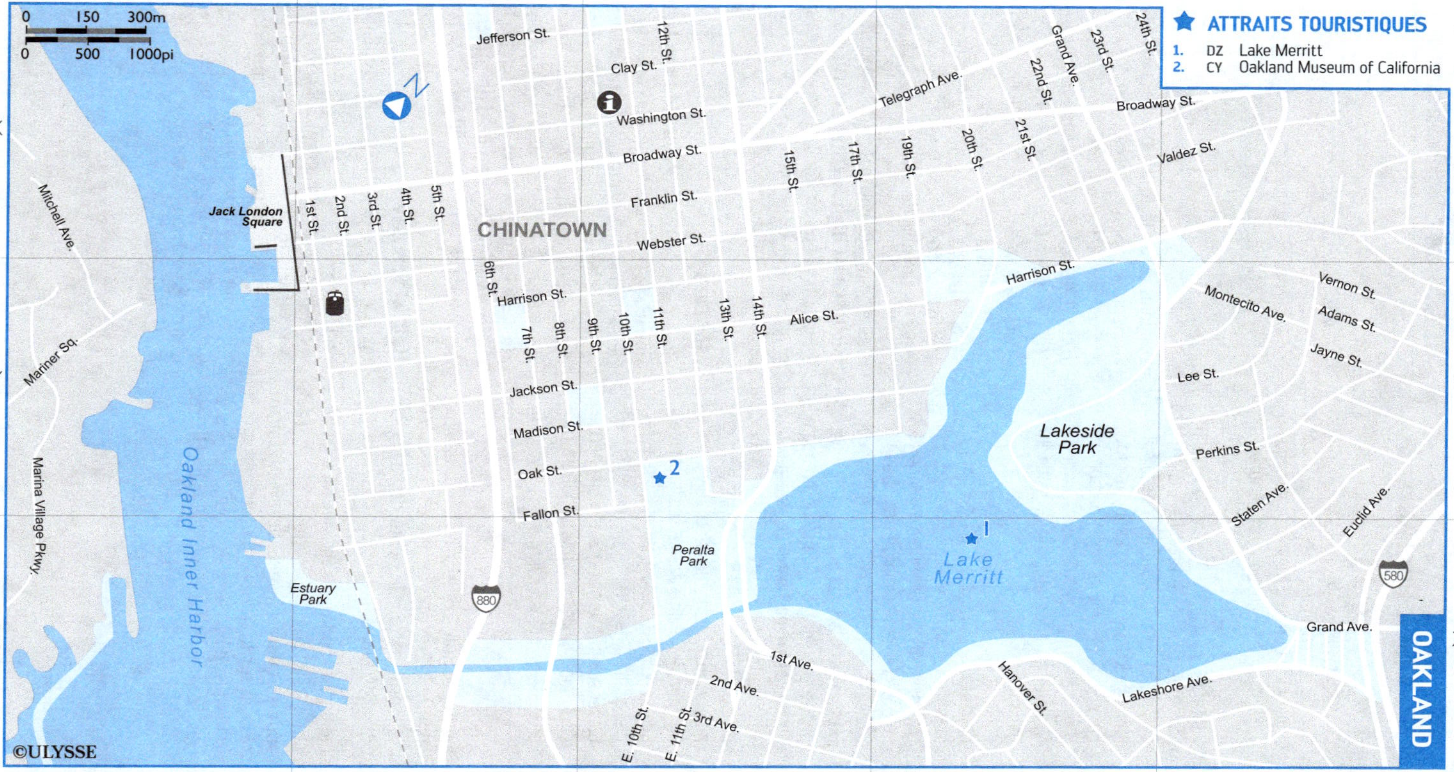

guidesulysse.com

Black Panthers

Pour les mouvements d'émancipation de toute sorte, entre autres la montée du féminisme et les protestations contre la guerre du Vietnam, les années 1960 furent fécondes en progrès et avancées multiples. Les Black Panthers s'inscrivent parfaitement dans cette lignée de groupes en révolte réclamant avec force des changements de société. Les Black Panthers étaient un groupe qui prônait les droits de la personne et l'émancipation des Noirs en s'armant de fusils et en adoptant une attitude intimidante.

Fondé à Oakland en 1966 par Huey P. Newton et Bobby Seale, le Party for Self-Defense fut par la suite connu sous le nom de Black Panthers Party. Des factions se formèrent en 1968 à Brooklyn, Harlem et Manhattan. Le mouvement prit rapidement de l'ampleur et gagna de nombreux partisans un peu partout aux États-Unis. Cette effervescence de popularité effraya le gouvernement américain qui sentit le besoin d'y mettre un frein. Plusieurs descentes musclées de la police fédérale eurent un effet dissuasif. À la longue, de nombreuses dissensions internes minèrent l'énergie du groupe, puis finalement menèrent à sa perte.

plus importante collection de tableaux, de sculptures et de photographies consacrée à la Californie depuis le début du XIXe siècle jusqu'à aujourd'hui.

Aménagé à l'endroit même que Jack London avait l'habitude de fréquenter, le **Jack London Square** n'a rien de très attrayant. Donnant sur le front de mer, et entouré de restaurants, d'hôtels et de boutiques à souvenirs, ce square ne possède pas de charme particulier.

Au sud de San Francisco

▲ *p. 128* ◍ *p. 166* ♪ *p. 169*

À ne pas manquer

› *Half Moon Bay p. 104*
› *Point Montara Lighthouse p. 104*

Les bonnes adresses

Restaurants

› *Pasta Moon p. 166*

Destination familiale qui plaît généralement aux jeunes, le **San Francisco Zoo** ★ *(adultes 15$, enfants 9$; début mars à début nov tlj 10h à 17h, début nov à début mars tlj 10h à 16h; Sloat Blvd., angle 45th Ave., 415-753-7080, www.sfzoo.org)* ne rivalise toutefois pas en taille et en importance avec celui de San Diego. Néanmoins, il compte une importante population de gorilles. Au total, le zoo abrite plus de 250 espèces d'animaux.

Plus au sud, la **route 1**, aussi appelée la **Pacific Coast Highway**, trace son chemin le long de la côte du Pacifique et longe des plages isolées et peu fréquentées en raison de la température fraîche de l'eau.

Montara

Construit en 1875, le **Point Montara Lighthouse** ★, qui surplombe l'océan du haut de sa falaise, était autrefois un incontournable point de repère pour les marins. Aujourd'hui, ce phare a été transformé en auberge de jeunesse (voir p. 128). Le panorama environnant incite à la contemplation, et vous verrez des vagues d'une intensité phénoménale fouetter les falaises escarpées.

Half Moon Bay ★

Village où accostent de nombreux bateaux de pêche, Half Moon Bay doit son nom à la baie en demi-cercle qui le lèche. Situé à environ 60 km au sud de San Francisco, il est le seul qui ait une certaine importance entre San Francisco et Santa Cruz. Le long de sa rue principale, Main Street, se succèdent les maisons victoriennes, les cafés et les restaurants.

Les favoris des enfants

Il existe nombre de circuits touristiques et de distractions pour toute la famille à San Francisco. Voici quelques suggestions d'activités et d'attraits que vos enfants apprécieront particulièrement.

Faites une balade à bord d'un des célèbres *cable cars* qui bringuebalent sur les collines de San Francisco depuis 1873.

Rendez-vous au Pier 39 du Fisherman's Wharf pour observer sa fascinante **colonie d'otaries** (voir p. 74).

Prenez le large sur la baie de San Francisco pour aller visiter l'île et le tristement célèbre pénitencier d'**Alcatraz** (voir p. 76).

Si vous et vos enfants êtes amateurs de BD, vous trouverez votre compte au **Cartoon Art Museum** (voir p. 94).

Si vous avez grandi avec le *Monde merveilleux de Disney*, vous voudrez sans doute faire un saut avec votre progéniture au **Walt Disney Family Museum** (voir p. 80).

Visitez l'**Aquarium of the Bay** (voir p. 74), un parc thématique où vos gamins s'émerveilleront devant des poissons colorés, des requins, des méduses captivantes et plusieurs autres espèces aquatiques.

Explorez l'intérieur étroit de l'historique sous-marin **USS *Pampanito*** (voir p. 75) pour avoir l'impression de naviguer à des centaines de mètres sous l'eau.

Allez faire un tour à l'**Exploratorium** (voir p. 78), un musée scientifique qui permet d'éveiller la conscience de votre progéniture à la beauté étonnante du monde qui l'entoure.

Si vous passez par les Yerba Buena Gardens, faites un arrêt au **Zeum** (voir p. 94), un centre de nouvelles technologies dédié aux enfants et aux adolescents, qui est aménagé dans une jolie aire ouverte entourée de verdure.

Parcourez le **Golden Gate Park** (voir p. 87), un magnifique parc sillonné par une cinquantaine de kilomètres de sentiers qui défilent au milieu d'une grande variété de paysages bucoliques et nombre d'attraits touristiques. Parmi ceux-ci se trouve l'un des plus importants musées d'histoire naturelle au monde, la **California Academy of Sciences** (voir p. 89).

Visitez le **San Francisco Zoo** (voir p. 104), un jardin zoologique qui abrite plus de 250 espèces d'animaux, dont une importante population de gorilles.

Rendez-vous au **Bay Area Discovery Museum** (voir p. 98), un musée éducatif conçu pour éblouir jeunes et moins jeunes.

Plein air

Parcs 108
Plages 109
Activités de plein air 109

San Francisco recèle son lot d'activités de plein air et de parcs invitants, ainsi qu'un bon nombre de jardins bucoliques, pour satisfaire les amants de la nature. La ville et ses environs fournissent en effet toutes sortes d'occasions pour élever au niveau de culte la passion pour le sport et la santé.

Parcs

› Golden Gate Park

délimité par Fulton St., Stanyan St., Lincoln Way et Great Hwy.; voir p. 87

Considéré comme le Central Park de la côte ouest des États-Unis, le Golden Gate Park s'impose comme le poumon vert de la ville. Ce parc, l'un des plus vastes parcs de San Francisco, se prête à toutes sortes d'activités et compte des courts de tennis, des pistes cyclables, des sentiers, des plans d'eau, des endroits où s'adonner au patin à roues alignées, ainsi que des bâtiments historiques. Le **McLaren Lodge** *(lun-ven 8h à 17h; 501 Stanyan St., 415-831-2700, www.golden-gate-park.com)* fournit des renseignements sur le Golden Gate Park.

› Mission Dolores Park

Dolores St., angle 18th St.; voir p. 98

Ce n'est sûrement pas le parc le plus connu de la ville, mais ça ne l'empêche nullement d'être un pôle d'attraction puissant pour les résidents du quartier qui viennent se balader avec leurs gamins ou leurs chiens. On y trouve également des courts de tennis et un petit terrain de jeu.

› Buena Vista Park

Haight St., angle Buena Vista Ave.; voir p. 87

Il suffit de se rendre au point culminant du Buena Vista Park («belle vue» en espagnol) pour saisir la signification de son nom. Si la météo le permet, vous aurez droit à des vues sur le Golden Gate Bridge et la mer tout à fait saisissantes. Les sentiers sont bordés d'eucalyptus et de cyprès.

› South Park

Third St., entre Bryant St. et Brannan St.; voir p. 94

Chouette lieu de verdure, le South Park est un petit parc bucolique. Bordé de quelques bons restaurants, il attire souvent les badauds qui profitent d'une journée ensoleillée pour grignoter tranquillement un en-cas.

› Lafayette Park

délimité par Washington St., Gough St., Sacramento St. et Laguna St.; voir p. 82

Après avoir visité la **Haas-Lilienthal House** (voir p. 82), pourquoi n'iriez-vous pas au Lafayette Park? La moitié du côté nord du parc longe le domaine du superbe Spreckels Mansion.

› Alta Plaza Park

délimité par Jackson St., Scott St., Clay St. et Steiner St.; voir p. 82

Les aficionados de cinéma ont peut-être déjà vu l'Alta Plaza Park dans une scène du film *What's Up Doc?*, dans lequel Judy Maxwell, interprétée par Barbara Streisand, traverse le côté sud du parc en véhicule. Il s'agit d'un joli parc que les résidents aiment bien fréquenter avec leurs marmailles ou leurs chiens. Très beaux panoramas de la ville en prime.

› Presidio

voir p. 79

Ancienne garnison militaire fondée par les Espagnols en 1776, le Presidio a été déclaré parc national en 1994. Les amateurs d'espaces verts pourront emprunter l'un des nombreux sentiers qui en sillonnent les collines.

› Tilden Park

Berkeley; voir p. 102

Couvrant 840 ha, le Tilden Park offre divers services et installations pour satisfaire un peu tout le monde. Les enfants peuvent monter sur des poneys ou tourner en rond dans le carrousel. D'autres préféreront peut-être se balader dans le jardin botanique, pique-niquer tranquillement près du lac Anza ou enfourcher leur vélo. Le parc est sillonné par plus de 45 km de sentiers de randonnée. De Berkeley, un autobus de la station BART assure une navette régulière.

Les drapeaux

Sur les plages, si un drapeau rouge flotte dans le vent, cela signifie que la baignade est interdite. Un drapeau jaune veut dire de faire attention. Le drapeau vert, quant à lui, autorise la baignade.

Plages

Les plages qui bordent San Francisco et sa baie ne sont pas idéales pour se baigner. En effet, les occasions de baignade sont malheureusement rares, car, même en plein été, le mercure n'oscille guère au-dessus de 14°C, et le ressac est assez puissant. Les plages sont généralement réservées à la promenade ou au pique-nique. Pour les irréductibles, en voici tout de même quelques-unes.

Ocean Beach *(près de la Cliff House)* n'est pas adaptée à la baignade; elle serait même plutôt dangereuse, mais beaucoup de visiteurs apprécient la plage pour s'y balader en regardant la mer.

Lands End Beach est sillonnée par le **Lands End Trail** (voir p. 111). Ce n'est pas le meilleur endroit pour se baigner, mais la plage est parsemée de tables de pique-nique et l'on peut y faire de belles promenades.

Située entre le Presidio et Lands End Beach, la petite **China Beach**, favorite des gens du coin, conviendra aux nageurs qui ne craignent pas l'eau froide.

Pour sa part, **Baker Beach** est une plage qui dispose de tables de pique-nique. Il s'agit d'un lieu populaire pour les sorties familiales ou pour ceux qui veulent balader leur chien tout en humant l'air marin. Le ressac est assez puissant ici.

Activités de plein air

› Croisières

Participer à une croisière commentée est une façon agréable (et à la portée de tous) de découvrir sous un autre aspect San Francisco et sa magnifique baie.

Voici les adresses de trois entreprises qui organisent des mini-croisières:

The Blue and Gold Fleet
Pier 39, Fisherman's Wharf, 415-705-8200,
www.blueandgoldfleet.com
The Blue and Gold Fleet propose plusieurs croisières dans la **baie de San Francisco** en passant sous le **Golden Gate Bridge** et autour de l'île d'**Alcatraz** *(27$; durée: 1h30)*, ainsi qu'un service de traversier régulier vers plusieurs destinations, notamment **Sausalito** *(10,50$ aller)*, **Tiburon** *(10,50$ aller)* et **Oakland** *(7,50$ aller)*.

The Red and White Fleet
Pier 43 ½, Fisherman's Wharf, 415-673-2900,
www.redandwhite.com
The Red and White Fleet propose aussi un tour de la baie *(25$; durée: 1h)* et des croisières thématiques audioguidées *(35$; durée: 1h30)*.

Alcatraz Cruises
Pier 33, Embarcadero, 415-981-7625,
www.alcatrazcruises.com
Alcatraz Cruises est la seule entreprise autorisée à se rendre à l'île d'**Alcatraz** *(28$ le jour ou 35$ le soir; durée: environ 2h30)*. Prenez note que seulement 300 personnes peuvent visiter l'île d'Alcatraz en même temps. Ainsi on vous suggère vivement de réserver vos billets bien à l'avance (quelques jours, voire quelques semaines d'avance durant la haute saison touristique, qui s'étend de mai à octobre).

› Escalade intérieure

Mission Cliffs
2295 Harrison St., 415-550-0515,
www.touchstoneclimbing.com/mc.html
Les mordus d'escalade qui veulent garder la forme peuvent se rendre chez Mission Cliffs, qui dispose d'un mur de 15 m. Des cours d'initiation sont donnés aux enfants qui aiment les défis verticaux. S'y trouve également un centre de conditionnement physique.

› Golf

Les terrains de golf de San Francisco combleront sans conteste les attentes des débutants et des pros les plus chevronnés.

Lincoln Park Golf
300 34th Ave., angle Clement St., 415-221-9911, www.lincolnparkgc.com
Entourant la Legion of Honor, le Lincoln Park Golf est un 18 trous que l'on peut parcourir assez rapidement. En prime, vous aurez de jolies vues sur le Golden Gate Bridge et la baie de San Francisco.

Presidio Golf Club
300 Finley Rd., Arguello Gate, Presidio, 415-561-4653, www.presidiogolf.com
Haut lieu historique situé au sud du Golden Gate Bridge, le Presidio Golf Club était jadis un club privé réservé au gratin de la société. Ce parcours de golf à 18 trous est devenu public en 1995, lorsque le Presidio fut déclaré parc national.

TPC Harding Park
Harding Rd., angle Skyline Blvd., 415-664-4690, www.harding-park.com
Le TPC Harding Park est un joli terrain avec des parcours de 9 et 18 trous parsemés de nombreux arbres.

Tilden Park Golf Club
10 Golf Course Dr., Berkeley, 510-848-7373, www.americangolf.com/tilden-park-golf-course
Situé de l'autre côté de la baie, le Tilden Park Golf Club est un 18 trous qui fera le bonheur des joueurs.

Half Moon Bay Golf Links
2 Miramontes Point Rd., Half Moon Bay, 650-726-1800, www.halfmoonbaygolf.com
Beaucoup plus au sud de San Francisco, le Half Moon Bay Golf Links dispose de deux splendides parcours de golf à 18 trous.

› Jogging

S'il existe un sport qui demande un minimum d'équipement, c'est bien le jogging. Assurez-vous toutefois de vous munir d'une paire de chaussures qui absorbera bien les chocs pour vous éviter les blessures aux genoux ou au dos. Des pistes asphaltées entre la baie et le Marina Green se prêtent bien à la course à pied.

Le Golden Gate Park est sillonné de sentiers agréables pour s'adonner au jogging.

› Kayak

California Canoe & Kayak
409 Water St., Jack London Square, Oakland, 510-893-7833, www.calkayak.com
Depuis 1972, California Canoe & Kayak organise des excursions en kayak d'eau vive et en kayak de mer pour débutants et expérimentés.

City Kayak
Embarcadero, angle Townsend St., 415-357-1010, www.citykayak.com
Pour ceux qui veulent louer un kayak et explorer la baie de San Francisco.

Sea Trek Kayaking
Schoonmaker Point Marina, 85 Libertyship Way, Sausalito, 415-332-8494, www.seatrek.com
Cette entreprise propose des excursions de kayak accessibles à tous, permettant d'admirer la faune aquatique de près (phoques, pélicans, cormorans) ainsi que des maisons flottantes des plus inusitées.

› Observation des baleines

Oceanic Society Expeditions
ven-dim départ à 9h, retour à 16h; Fort Mason Center, angle Marina Blvd. et Buchanan St., Quarters 35, 800-326-7491, www.oceanic-society.org
Oceanic Society Expeditions organise des croisières d'observation de baleines. La meilleure période pour observer ces mammifères marins est de décembre à mai.

› Patin à roues alignées

Bien que le patin à roues alignées soit rapidement devenu le sport de prédilection d'un nombre grandissant de néophytes, les rues de San Francisco ne se prêtent guère à la pratique de cette activité. Certains lieux ont toutefois été aménagés pour les patineurs. En voici quelques-uns.

Que ce soit pour prendre l'air, pour éliminer des toxines ou pour le simple plaisir de flâner, débutants et experts sont les bienvenus pour dévorer le bitume du **Golden Gate Park** en patins à roues alignées.

Le **Marina Green** est sillonné par une piste cyclable que se partagent les cyclistes, les joggeurs et les patineurs à roues alignées.

Golden Gate Park Skate & Bike
3038 Fulton St., 415-668-1117,
www.goldengateparkbikeandskate.com

› Pêche

Offrant aux pêcheurs un mélange d'eau douce et d'eau salée, la baie de San Francisco est l'endroit idéal pour goûter aux plaisirs de la pêche. Le long de la jetée du Fisherman's Wharf, certains bateaux proposent des excursions de pêche hauturière.

Berkeley Charter Boats
201 University Ave., Berkeley, 510-849-3333,
www.berkeleymarinasportfishingcenter.com
De l'autre côté de la baie, Berkeley Charter Boats organise des excursions de pêche en haute mer.

› Randonnée pédestre

Les randonneurs expérimentés voudront certainement sillonner le **Lands End Trail**. Le sentier débute près du Camino del Mar, dans le Lincoln Park, puis serpente à travers les collines et une forêt de cyprès, pour finalement aboutir au stationnement de la Cliff House. Les vues depuis ce sentier sont tout simplement saisissantes.

› Tennis

La ville de San Francisco possède quelques courts publics où résidents et visiteurs peuvent échanger des balles.

Le **Golden Gate Park** *(4$ à 6$; 415-753-7131, www.sfrecpark.org/GGP-TennisComplex.aspx)* compte 21 courts de tennis.

Le **Mission Dolores Park** *(gratuit; Dolores St., angle 18th St.)* abrite six courts de tennis.

› Vélo

San Francisco à vélo? La ville n'a évidemment pas été conçue pour les cyclistes. Si vous avez de bons mollets et que la circulation incessante des véhicules automobiles ne vous fait pas peur, c'est un bon moyen de découvrir une succession de quartiers et des panoramas splendides, généralement après avoir affronté et grimpé des montées d'enfer, mais en suivant un trajet en zigzag de façon à diminuer le plus possible la rudesse des pentes. La ville a toutefois fait des efforts pour aménager des zones réservées aux cyclistes.

Chaque dimanche, à l'intérieur du **Golden Gate Park**, un tronçon de la John F. Kennedy Drive est fermé aux véhicules pour laisser le champ libre aux cyclistes, aux patineurs à roues alignées et aux simples marcheurs. Il y a également une jolie **piste cyclable** qui sillonne le parc et se rend jusqu'à la Cliff House.

Les cyclistes à la pédale fébrile qui veulent s'évader trouveront leur bonheur en longeant le Marina Green, puis en traversant le Golden Gate Bridge pour aboutir au **Marin County**. Ceux qui préfèrent reposer leurs mollets peuvent monter avec leur vélo à bord du traversier à destination de **Sausalito** ou d'**Angel Island**, un parc d'État.

Jadis surnommée Ellis Island (du nom de cette île du New Jersey qui fut la porte d'entrée des immigrants en Amérique), **Angel Island** *(www.parks.ca.gov)* était en effet une enclave cloisonnée où l'on gardait les immigrants asiatiques avant qu'on ne décide de leur sort. Parc d'État, Angel Island est aujourd'hui une île tranquille où l'on peut pratiquer le vélo, la randonnée pédestre et même le kayak de mer tout autour. On peut s'y rendre en prenant le traversier au Pier 39 ou à Tiburon.

Critical Mass

Le dernier vendredi de chaque mois, les San-Franciscains sautent sur leur vélo et se mettent en branle pour participer au **Critical Mass** *(www.sfcritical-mass.org)*. Il s'agit d'un événement fort populaire qui soulève parfois la hargne des automobilistes, car, durant cette période de manifestation populaire, les rues de la ville sont littéralement envahies par des cyclistes venus exercer leurs muscles jumeaux. Le départ a lieu à 17h30 sur la Justin Herman Plaza, près de Market Street.

Enfin, pour toute autre information sur les deux-roues à San Francisco, visitez le site Internet de la **San Francisco Bicycle Coalition** *(www.sfbike.org)*.

Location de vélos

Les entreprises suivantes louent des vélos et organisent aussi des excursions à San Francisco et dans ses environs.

Bike and Roll
899 Columbus Ave., North Beach, 415-229-2000
353 Jefferson St., Fisherman's Wharf, 415-229-2000
Pier 43 ½, Fisherman's Wharf, 415-229-2000
5 Embarcadero Center, 415-229-2000
www.bicyclerental.com

Blazing Saddles Bike Rentals & Tours
465 Jefferson St.
2715 Hyde St.
1095 Columbus Ave.
2555 Powell St.
Pier 41, Fisherman's Wharf
433 Mason St.
415-202-8888
www.blazingsaddles.com

Golden Gate Park Skate & Bike
3038 Fulton St., 415-668-1117,
www.goldengateparkbikeandskate.com

Bay City Bike Rentals and Tours
2661 Taylor St.
1325 Columbus Ave.
501 Bay St.
415-346-2453
www.baycitybike.com

› Voile et planche à voile

San Francisco Sailing Company
Pier 39, Fisherman's Wharf, 415-378-4887,
www.sailsf.com

Vous cherchez une expérience qui sort de l'ordinaire? Cette entreprise propose plusieurs croisières dont le Golden Gate Bridge Champagne Tour *(60$, coupe de champagne incluse; durée 2h; sam-dim départ à 10h du Pier 39,)* qui passe entre autres sous le Golden Gate Bridge et près de l'île d'Alcatraz et d'Angel Island; et le City Lights Night Cruise *(60$, coupe de champagne incluse; durée 2h; ven-sam départ à 20h30 du Pier 39)*, qui offre une sortie sur les eaux calmes de la baie dans lesquelles se reflètent les lumières de la ville et un retour au quai des plus animés.

Spinnaker Sailing
Pier 40, South Beach Harbor
415-543-7333
www.spinnaker-sailing.com

Rien de plus merveilleux que de découvrir la baie sur un voilier. Location avec ou sans skipper et cours de voile tout niveau.

Hébergement

Le centre-ville 117
La côte 123
Le centre 124
Golden Gate Park Area 125
Le sud 125
Les environs de San Francisco 127

Le parc hôtelier de San Francisco est doté d'infrastructures qui conviendront autant à ceux qui se contentent d'un gîte frugal avec salles de bain partagées ou d'un *bed and breakfast* charmant aux allures victoriennes qu'aux autres qui recherchent un hôtel standard ou un établissement affilié à une grande chaîne hôtelière mondialement connue, ou encore un palace au luxe ostentatoire respirant le faste et l'opulence.

Par ailleurs, l'abondance de motels le long des autoroutes (à l'extérieur de la ville) permet aux voyageurs de trouver des chambres abordables parmi les moins chères aux États-Unis. Toutefois, sachez-le, on ne vient pas à San Francisco les poches vides, et rares sont les hôtels convenables qui louent des chambres à moins de 100$ par nuitée.

San Francisco Reservations
510-628-4450 ou 800-677-1570, www.hotelres.com
San Francisco Reservations peut vous fournir de l'information sur de nombreux hôtels de la région et s'occuper de confirmer les réservations que vous souhaitez effectuer.

› Prix

Tous les prix indiqués dans le présent chapitre s'appliquent à des **chambres pour deux personnes avant taxes durant la haute saison touristique** qui s'étend de mai à octobre. En effet, au cours de cette période, le taux d'occupation des hôtels est exceptionnellement élevé. Par conséquent, si vous prévoyez loger à San Francisco en haute saison, on vous suggère vivement de réserver votre chambre quelques mois à l'avance. Le hic, c'est que même durant l'automne, l'hiver et le printemps, le taux d'occupation des chambres est relativement élevé en raison des congrès en tous genres qui s'y tiennent tour à tour. De plus, les prix sont également à la hausse durant les vacances de Pâques, pour le Thanksgiving Day et à Noël. Il n'est pas rare non plus que le prix des chambres puisse varier d'une semaine à l'autre, voire d'un jour à l'autre. Il suffit de téléphoner à San Francisco Reservations (voir ci-dessus) et de s'informer des prix pour les dates auxquelles vous comptez séjourner à San Francisco. Autre élément important à savoir avant de louer votre chambre : tous les hôtels exigent un numéro de carte de crédit afin de pouvoir dûment enregistrer votre réservation.

$	moins de 100$
$$	de 100$ à 149$
$$$	de 150$ à 249$
$$$$	de 250$ à 350$
$$$$$	plus de 350$

Les prix indiqués sont ceux qui avaient cours au moment de mettre sous presse. Ils sont, bien sûr, sujets à changement en tout temps. De plus, souvenez-vous de bien vous informer des forfaits proposés et des rabais offerts aux corporations, membres de diverses associations, etc.

› Label Ulysse

Le pictogramme du label Ulysse est attribué à nos établissements favoris (hôtels et restaurants). Bien que chacun des établissements inscrits dans ce guide s'y retrouve en raison de ses qualités ou particularités, en plus de son rapport qualité/prix, de temps en temps un établissement se distingue parmi d'autres. Ainsi il mérite qu'on lui attribue un label Ulysse. Les labels Ulysse peuvent se retrouver dans n'importe quelle

Conciergerie

Si votre hôtel dispose d'un service de conciergerie, n'hésitez pas à le consulter pour obtenir des renseignements ou des billets de spectacle de dernière minute. N'oubliez pas non plus de donner un pourboire qui soit proportionnel aux services rendus.

catégorie d'établissements : supérieure, moyenne-élevée, petit budget. Quoi qu'il en soit, dans chacun de ces établissements, vous en aurez pour votre argent. Repérez-les en premier!

› Location d'appartements

Divers sites Internet proposent de mettre directement en contact les voyageurs avec des résidents de San Francisco qui louent une chambre ou un appartement complet, moyennant des frais de service retenus sur le coût de chaque location. Cette option permet de faire de bonnes économies sur le coût de l'hébergement, mais il importe évidemment de demeurer vigilant, notamment en vérifiant les commentaires laissés par d'autres locateurs.

Voici quelques sites qui offrent ce service :

www.airbnb.com
www.homeaway.com
www.roomorama.com

› Où loger?

San Francisco étant divisée en différents quartiers, il importe de bien choisir le quartier où vous logerez. La plupart des hôtels sont situés autour d'Union Square, mais l'excellent moyen de transport en commun (BART) fait en sorte qu'il est relativement facile de se déplacer d'un quartier à l'autre.

Voici les quartiers où vous êtes susceptible de loger :

Union Square

Les hôtels d'Union Square possèdent des infrastructures variées, et leurs chambres coûtent généralement assez cher. Parmi la pléthore d'établissements qu'on y trouve figurent plusieurs *bed and breakfasts* charmants, quelques membres de chaînes hôtelières connues (Hyatt, Marriott), une poignée d'hôtels-boutiques, un hôtel familial (Handlery Union Square Hotel), des auberges de jeunesse, des hôtels historiques au charme suranné (Westin St. Francis), le premier hôtel écologique de San Francisco et le troisième aux États-Unis (Orchard Garden Hotel) et bien d'autres lieux d'hébergement qui sauront sans nul doute combler les attentes des touristes qui voyagent en famille.

Financial District

Mis à part les quelques grands hôtels appartenant aux chaînes de luxe bien connues (Le Méridien, Mandarin Oriental, Hyatt), il y a peu d'hôtels dans ce quartier. Ces palaces rutilants cherchent d'abord et avant tout à attirer une clientèle d'affaires qui voyage avec une allocation pour frais de représentation. Ces établissements sont dotés de salles de conférences et de chambres bien équipées, et fournissent tous les gadgets appréciés des gens d'affaires, comme le service de télécopie et l'accès Internet. Toutefois, sachez que ce quartier devient un *no man's land* dès la fermeture des commerces. Malgré tout, il existe dans le Financial District plusieurs excellents restaurants chics et chers.

North Beach

Si vous tenez à loger dans l'ancien quartier des beatniks, sachez qu'il n'y a pas beaucoup d'hôtels. Cependant, vous y trouverez un vaste choix de bars, de cafés et de restaurants de qualité. Le quartier jouxte à la fois le Fisherman's Wharf et le Chinatown.

Nob Hill

Certains d'entre vous opteront peut-être pour le très chic et tranquille quartier de Nob Hill, qui recèle des établissements hôteliers de qualité au charme d'antan. N'oubliez pas de casser votre tirelire avant de réserver, car ici les chambres coûtent cher, très cher... Et n'oubliez pas non plus que le quartier est situé sur les flancs de collines abruptes et que, par conséquent, cela peut en décourager plus d'un de s'y balader. À part les restaurants situés à l'intérieur même des hôtels, il y en a peu ailleurs dans les environs, et pas beaucoup de cafés ni de commerces.

Fisherman's Wharf

Ce quartier accueille en moyenne 10 millions de touristes par année. Les hordes de visiteurs débarquent massivement des autocars et occupent la plupart des chambres des vastes hôtels un peu impersonnels qui y sont situés.

Civic Center/Tenderloin

Depuis Union Square, si vous marchez dans Market Street en direction du Civic Center, vous constaterez que les cafés et les boutiques chics se font de plus en plus rares et les regards des passants de moins en moins amicaux : vous vous enfoncez progressivement dans le quartier connu sous le nom de Tenderloin. Les prix des hôtels du Civic Center sont généralement moins élevés qu'ailleurs en raison de la proximité du quartier de Tenderloin, qui a plutôt mauvaise réputation. Il s'agit d'un quartier qui fera sans doute fuir ceux qui n'aiment pas voir apparaître, une fois la nuit tombée, des ombres furtives ou des personnages douteux à la mine peu engageante et parfois même franchement patibulaire. Le soir venu, de nombreux sans-abri errent dans les rues. Toutefois, le quartier recèle non seulement des hôtels offrant un excellent rapport qualité/prix, comme le Renoir Hotel, mais il se targue aussi d'abriter l'un des hôtels les plus *cool* en ville : le Phoenix Hotel.

Haight-Ashbury

Ce quartier est idéal pour ceux qui souhaitent loger près du Golden Gate Park et s'imbiber d'une ambiance révolue des années 1960. Quelques *bed and breakfasts* de luxe bordent Alamo Square, tandis qu'un autre *bed and breakfast* aux allures *flower power* est situé près du Golden Gate, dans Haight Street.

Les favoris d'Ulysse

› Pour les baroudeurs

- San Francisco Backpacker Hostel-Pacific Tradewinds p. 121
- Globetrotter's Inn p. 117
- Green Tortoise Hostel p. 122

› Pour l'ambiance branchée

- Clift Hotel p. 120
- Hotel Diva p. 118
- W San Francisco p. 126

› Pour les écolos

- Orchard Garden Hotel p. 119

› Pour le luxe d'antan

- Westin St. Francis p. 119
- Palace Hotel p. 120
- The Ritz-Carlton p. 122
- Queen Anne Hotel p. 124

› Pour le luxe urbain

- Hotel Vitale p. 121
- Hotel Nikko p. 119
- Mandarin Oriental p. 122
- The St. Regis San Francisco p. 126
- Four Seasons San Francisco p. 125

› Pour l'ambiance des années 1970

- The Red Victorian p. 125

› Pour le rapport qualité/prix

- Handlery Union Square Hotel p. 118
- The San Remo Hotel p. 123

South of Market

Si vous participez à un congrès qui se tient au San Francisco Convention Center, il peut être intéressant de loger dans un hôtel du quartier. Cela vous permettra de vous déplacer aisément à pied de votre hôtel jusqu'au centre de congrès. Ancien quartier industriel tombé en désuétude, South of Market compte un secteur branché qui fourmille de bars *trendy*, de restaurants *cool* et de boîtes de nuit *hot*. Ce quartier recèle certains des fleurons de l'industrie hôtelière de San Francisco : le très *cool* W San Francisco et le très chic St. Regis Hotel.

Castro

Fief de la communauté gay et lesbienne, ce quartier abrite des lieux d'hébergement qui s'adressent spécialement à une clientèle homosexuelle. Certains hôtels n'acceptent que les couples de même sexe. Durant la Gay Pride Parade, inutile de tenter votre chance si vous n'avez pas réservé longtemps à l'avance.

Le centre-ville

Voir carte p. 132-133.

Union Square

Adelaide Hostel $

5 Isadora Duncan Lane, entre Post St. et Geary St., 877-359-1915, www.adelaidehostel.com

Situé au fond d'une rue en cul-de-sac, l'Adelaide Hostel propose des chambres privées et des dortoirs tranquilles, au confort sommaire et au mobilier décati, mais à prix économique. Cette adresse fera l'affaire des voyageurs qui disposent d'un budget limité et qui ne se soucient pas de la décoration des endroits où ils logent.

Globetrotter's Inn $

225 Ellis St., angle Mason St., 415-346-5786, www.globetrottersinn.com

Les bourlingueurs désinvoltes qui, dans le choix d'un gîte d'étape, privilégient un environnement reposant et des prix économiques plutôt que le grand confort, seront sans doute heureux de trimballer leur sac à dos jusqu'au Globetrotter's Inn. Les dortoirs, tout comme les chambres privées, sont modestement décorés. Accès à la cuisine et à une laverie.

The Halcyon Hotel $

649 Jones St., entre Post St. et Geary St., 415-929-8033 ou 800-627-2396, www.halcyonsf.com

L'hôtel Halcyon est un gîte parfait pour ceux qui veulent s'offrir un séjour prolongé. Les 25 chambres de dimensions variées comportent un micro-ondes, une cafetière, un grille-pain et un petit réfrigérateur. L'établissement est situé à trois rues à l'ouest d'Union Square, tout près de la ligne de *cable car* Powell.

Cornell Hotel de France $-$$

715 Bush St., angle Powell St., 415-421-3154 ou 800-232-9698, www.cornellhotel.com

Situé près d'Union Square, de Nob Hill et du Chinatown, le Cornell Hotel de France est un *bed and breakfast* fondé par un couple d'hôteliers français. Pour bien commencer la journée, le petit déjeuner est servi chaque matin dans la superbe salle à manger de l'établissement. Du reste, celle-ci pourrait presque être considérée comme un petit musée voué à Jeanne d'Arc.

Hostelling International - Downtown $-$$

312 Mason St., entre Geary St. et O'Farrell St., 415-788-5604, www.sfhostels.com

Bivouac prisé des globe-trotters désargentés, cette auberge moderne de la chaîne Hostelling International, située à deux pas d'Union Square, abrite de petits dortoirs (*$*) et des chambres individuelles (*$$*) offrant à leurs occupants le confort de base sans aucun superflu. Les baroudeurs qui y logent disposent toutefois d'une salle commune où ils peuvent échanger des histoires de voyage. Réservations requises en haute saison.

Hotel des Arts $$-$$$

447 Bush St., 415-956-3232 ou 800-956-4322, www.sfhoteldesarts.com

À un jet de pierre des portes du Chinatown et non loin d'Union Square, l'Hotel des Arts est une bonne affaire en ville. Loin des diktats de la décoration hôtelière classique, cet établissement affirme sa personnalité résolument urbaine puisque la plupart des chambres ont été peintes par un artiste local. Confortables et bien équipées, elles s'ouvrent sur un univers ludique à la fraîcheur atypique. Certaines sont toutefois décorées de façon spartiate, et les salles de bain sont partagées.

Handlery Union Square Hotel $$$

351 Geary St., entre Powell St. et Mason St., 415-781-7800, http://sf.handlery.com

Un hôtel familial situé à un jet de pierre d'Union Square qui pratique des prix raisonnables. Quoi demander de mieux? L'accueil souriant des employés incite plus d'un visiteur à revenir loger au même endroit lors de son prochain séjour. L'établissement propose près de 380 chambres plutôt spacieuses et confortables, équipées d'un téléviseur à écran plat et d'un petit frigo. Certaines chambres sont dotées d'un balcon donnant sur la ville ou sur la piscine. Pour plus de tranquillité, optez pour les chambres qui s'articulent autour de la petite piscine chauffée 365 jours par année. Jouxtant la réception de l'hôtel, **The Daily Grill** (voir p. 147) sert une copieuse cuisine américaine, simple et bonne. Petit centre de remise en forme pour les personnes qui ne veulent pas déroger à leurs séances d'entraînement. Bref, une valeur sûre en plein centre-ville de San Francisco!

Golden Gate Hotel $$$

775 Bush St., entre Powell St. et Mason St., 415-392-3702 ou 800-835-1118, www.goldengatehotel.com

Situé entre Nob Hill et Union Square, le Golden Gate Hotel abrite 25 chambres meublées dans le style des vieilles auberges anglaises et louées à des tarifs abordables. Bon rapport qualité/prix. Accueil très sympathique et propreté irréprochable.

Hotel Diva $$$

440 Geary St., 415-885-0200 ou 800-553-1900, www.hoteldiva.com

L'Hotel Diva bénéficie d'une situation très centrale près d'Union Square et des *cable cars*, et abrite 115 chambres au *look* branché et nouvelle tendance qui ressemblent à s'y méprendre à celles d'un hôtel du quartier SoHo de Manhattan. Les toiles qui couvrent les fenêtres arborent des images féminines résolument sexys, et la tête de lit en acier inoxydable et la moquette bleue sont l'image de marque de l'hôtel. Les chambres à l'arrière disposent d'une vue moins agréable, mais sont plus calmes que celles qui donnent sur Geary Street. Un petit centre d'affaires est à la disposition de la clientèle. Service avenant et professionnel.

Kensington Park Hotel $$$

450 Post St., 800-553-1900, www.kensingtonparkhotel.com

Situé à un jet de pierre des *cable cars* et des grandes adresses de magasinage d'Union Square, le Kensington Park Hotel abrite des chambres très classiques qui comportent des touches contemporaines qui plairont aux visiteurs. Avis aux intéressés, aucune chambre ne dispose d'une mauvaise vue. Le hall de l'hôtel présente un magnifique plafond qui date de 1925.

King George Hotel $$$

334 Mason St., 415-781-5050 ou 800-288-6005, www.kinggeorge.com

Il suffit de jeter un coup d'œil sur la façade victorienne longiligne du King George Hotel pour comprendre que cet établissement baigne dans une atmosphère anglaise. Les chambres sont confortables et sans grandes surprises, mais elles sont louées à prix «raisonnable» en raison de la proximité d'Union Square.

Petite Auberge $$$-$$$$

863 Bush St., entre Taylor St. et Mason St., 415-928-6000 ou 800-365-3004, www.jdvhotels.com

La Petite Auberge a l'allure, comme le dit bien son nom, d'une... petite auberge française. De taille variable, les 26 chambres, aux murs décorés de papier peint à motifs de fleurs, comportent une armoire en bois et, sur chaque lit, un gentil ourson qui vous fixera du regard. Les amoureux en lune de miel qui choisissent d'y séjourner opteront sans doute pour la suite équipée d'une baignoire à remous; en prime, on leur offrira une bouteille de champagne et des chocolats.

White Swan Inn $$$-$$$$

845 Bush St. entre Taylor St. et Mason St., 415-775-1755 ou 800-999-9570, www.jdvhotels.com

Un cran au-dessus du confort de sa petite sœur qu'est la Petite Auberge (voir plus haut), le White Swan Inn est un gîte douillet qui offre plutôt une ambiance et un charme britanniques. Les 26 chambres, aux dimen-

Valet parking

Non seulement les pentes abruptes de la ville peuvent rendre plus d'un conducteur mal à l'aise, mais l'inconvénient majeur lorsque vous séjournez à San Francisco est le manque évident de place pour garer votre voiture. En effet, rares sont les hôtels qui vous offrent la possibilité de garer votre véhicule sans défrayer les coûts du *valet parking* (comptez au moins 40$ par jour).

sions variées, sont décorées avec chic d'un mobilier en bois foncé. Les visiteurs ont droit chaque jour au journal déposé gracieusement à la porte de leur chambre, et on leur sert également des biscuits maison et du thé au cours de l'après-midi.

Hotel Nikko $$$-$$$$
222 Mason St., angle O'Farrell St., 415-394-1111 ou 800-248-3308, www.hotelnikkosf.com

L'hôtel Nikko se dresse à deux rues d'Union Square et s'adresse à une clientèle à la recherche d'un établissement où le confort à l'américaine se conjugue avec les traditions du Japon. Les quelque 500 chambres et suites, garnies de meubles aux lignes harmonieuses, sont décorées avec une touche orientale, mais sans aucune surcharge. Après une journée passée à arpenter les rues aux pentes abruptes de la ville, les clients peuvent même s'offrir en ses murs un bon massage *shiatsu*. Un centre de conditionnement physique, équipé d'un sauna, d'un bain à remous et d'une piscine complètent les équipements de choix mis à la disposition de la clientèle de cet établissement de luxe.

Prescott Hotel $$$-$$$$
545 Post St., 415-563-0303 ou 866-271-3632, www.prescotthotel.com

À deux rues d'Union Square, le chic hôtel Prescott abrite des chambres meublées avec élégance de façon à offrir un cadre raffiné. Les clients qui souhaitent manger dans leur chambre ont le privilège de choisir parmi les plats inscrits au menu du célèbre restaurant de l'établissement, le **Postrio** (voir p. 149), et en outre ils n'auront pas à montrer patte blanche au maître d'hôtel pour obtenir une réservation de dernière minute. Bref, le confort, la situation, les services de cet établissement haut de gamme et l'extrême gentillesse de son personnel incitent plus d'un visiteur bien argenté à y descendre régulièrement lorsqu'il séjourne à San Francisco.

Orchard Garden Hotel $$$$
466 Bush St., 415-399-9807 ou 888-717-2881, www.theorchardgardenhotel.com

Situé tout près de la Chinatown Gateway et d'Union Square, l'Orchard Garden Hotel est le premier hôtel de San Francisco, le troisième aux États-Unis et le quatrième de la planète à avoir obtenu la prestigieuse certification LEED du U.S. Green Building Council (USGBC). Cet hôtel-boutique écologique abrite des chambres aux tons apaisants et au confort résolument contemporain avec ses téléviseurs ACL et ses stations d'accueil pour iPod. Initiative écologique plutôt intéressante, la carte-clé éteint automatiquement à la fois l'éclairage, le chauffage et la climatisation lorsque vous quittez votre chambre, ce qui permet d'économiser environ 30% d'énergie. Les chambres sont évidemment aussi équipées de bacs de recyclage, et tous les produits de nettoyage utilisés par les employés de l'hôtel sont 100% naturels. Personnel stylé et avenant.

Westin St. Francis $$$$
335 Powell St., 415-397-7000 ou 866-497-2788, www.westinstfrancis.com

Après avoir acquis ses lettres de noblesse dès son inauguration en 1904 (alors le St. Francis Hotel), le Westin St. Francis est désormais considéré comme l'une des grandes adresses historiques de la ville. Toutefois, à l'instar de bien d'autres bâtiments construits au début du XXe siècle, l'établissement a été gravement endommagé par l'incendie provoqué par le séisme de 1906, mais il fut admirablement bien restauré et occupe aujourd'hui avec ostentation tout le côté ouest d'Union Square. En 1972, des ascenseurs panoramiques furent ajoutés à l'hôtel, procurant à la clientèle de saisissantes vues plongeantes sur le splendide panorama urbain de San

Francisco. Les têtes couronnées et les stars de passage ne manquent jamais d'y faire halte. À la suite d'un important projet de rénovation complété en 2009, les clients y trouveront aujourd'hui des chambres extrêmement douillettes et confortables, meublées dans un style à la fois classique et moderne, le tout auréolé d'une ambiance luxueuse.

Grand Hyatt San Francisco $$$$-$$$$$
345 Stockton St. entre Post St. et Sutter St., 415-398-1234, www.grandsanfrancisco.hyatt.com

Au nord-est d'Union Square, le Grand Hyatt se donne des allures de gratte-ciel en déployant tout le luxe et le chic d'un grand hôtel sur 36 étages. Les 685 chambres, tout confort, sont équipées sans grandes surprises, mais elles sont dignes d'un établissement de grande classe et offrent de magnifiques vues sur l'ensemble de la ville. Un centre d'affaires comblera les attentes des clients, et un centre de conditionnement physique est à la disposition de ceux qui souhaitent garder la forme tout en éliminant leur stress.

Hotel Triton $$$$-$$$$$
342 Grant Ave., angle Bush St., 415-394-0500 ou 800-800-1299, www.hoteltriton.com

Les amateurs d'hôtels anticonformistes, au décor hors normes, doivent retenir l'adresse de l'hôtel Triton, idéalement situé à côté du Chinatown. Le hall contemporain est résolument avant-gardiste, arborant un mobilier Art déco aux couleurs chatoyantes et aux lignes stylisées. La décoration des chambres reste dans la même veine, tandis que les visiteurs à l'âme écolo peuvent opter pour les *Eco Rooms*. Ceux qui veulent s'offrir une folie pourront loger dans une des suites thématiques aux styles variés et évocateurs, comme la *Jerry Garcia*.

Clift Hotel $$$$$
495 Geary St., 415-775-4700, www.clifthotel.com

Le hall du Clift distille une élégance à la fois classique et contemporaine grâce au mobilier éclectique, mention spéciale pour la chaise Louis XV triplée de volume. Les 363 chambres, quant à elles, sont décorées dans un camaïeu de gris, de lavande et d'ivoire, mais se révèlent plutôt petites. Elles sont toutefois pourvues de miroirs qui décuplent agréablement bien l'espace. Malgré ses tarifs prohibitifs, l'établissement demeure très couru par les *fashionistas* et les *jet-setters* en raison de son bar **Redwood Room** (voir p. 174) et de la décoration atypique de l'hôtel signée par le prolifique duo Ian Schrager et Philippe Starck. L'adresse idéale pour voir et être vu.

Hotel Monaco $$$$$
501 Geary St., 415-292-0100 ou 866-622-5284, www.monaco-sf.com

Escale urbaine en vogue, l'hôtel Monaco renferme un splendide escalier en marbre qui conduit à une succession de chambres colorées qui sont peut-être un peu petites mais plutôt jolies, car soigneusement décorées avec une touche orientale. Parmi les installations qui plairont sans doute aux visiteurs, figurent le sauna, le bain à remous et un magnifique restaurant, le **Grand Cafe** (voir p. 148).

JW Marriott Hotel $$$$$
500 Post St., angle Mason St., 415-771-8600 ou 800-533-6465, www.marriott.com

Situé à quelques rues d'Union Square, le JW Marriott Hotel incarne tout ce dont les gens d'affaires et les vacanciers de passage s'attendent à trouver comme services et installations dans un hôtel de luxe. Prenez l'un des ascenseurs panoramiques pour arriver à la réception de l'établissement, entourée d'une jolie sculpture contemporaine artistiquement exposée au milieu des clapotis d'une fontaine et des crépitements d'un foyer. Les chambres au décor épuré sont spacieuses et dotées d'une connexion à Internet haute vitesse et de salles de bain aussi vastes qu'aérées. Le personnel est avenant.

Palace Hotel $$$$$
2 New Montgomery St., angle Market St., 415-512-1111, www.sfpalace.com

À l'hôtel Palace, le mot «Palace» prend toute sa signification. Inauguré en 1875, l'hôtel faisait jadis partie de la liste des établissements auxquels on apposait des qualificatifs tels que «faste, rutilant, chic, opulent et ostentatoire». Il fut hélas rasé lors de l'incendie que provoqua le séisme de 1906, mais on s'empressa de le reconstruire de façon plus sobre et classique. Entre 1989 et 1991, les propriétaires y insufflèrent 150 millions de dollars afin qu'il puisse toujours être en compétition avec les «poids lourds» de l'industrie. Parmi les célébrités à y avoir séjourné à l'époque figurent entre autres l'écrivain Oscar Wilde et l'actrice Sarah Bernhardt. Les 553 chambres conviendront parfaitement aux gens d'affaires. N'oubliez surtout pas d'aller vous restaurer à sa spectaculaire **Garden Court** (voir p. 149), coiffée d'une magnifique et spectaculaire verrière de plafond ornée de vitraux. Une piscine intérieure, des chambres adaptées aux personnes handicapées, un centre d'affaires et une salle d'exercices complètent ses installations.

Taj Campton Place $$$$$
340 Stockton St., angle Post St., 415-781-5555,
www.tajhotels.com

Le Campton Place est récemment passé sous pavillon indien. Remplissez votre portefeuille de billets verts et n'oubliez pas votre carte de crédit si vous décidez de séjourner à l'un des rares maillons de la chaîne Taj aux États-Unis. Cet établissement se dresse à deux pas des chics magasins d'Union Square et loue des chambres qui se révèlent élégantes et équipées selon les standards de qualité d'un établissement de catégorie supérieure. Tous les clients sans exception bénéficient d'un service de première classe, et l'hôtel met tout en œuvre pour rendre leur séjour le plus agréable possible.

Chinatown

San Francisco Backpacker Hostel Pacific Tradewinds $
680 Sacramento St., 415-433-7970,
www.san-francisco-hostel.com

À deux rues de la Transamerica Pyramid et tout près du Chinatown et des transports en commun, cette halte à trois sous est très prisée par les bourlingueurs à l'âme baroudeuse. Ce bivouac urbain propose environ 40 petits dortoirs dotés de quatre à huit lits à la sobriété de bon aloi. Le personnel serviable et souriant peut vous donner des tuyaux afin de faciliter vos déplacements et rendre votre séjour le plus agréable possible. La réception se trouve au quatrième étage. Les propriétaires proposent des services et installations bien utiles: accès Internet, information touristique, laverie et cuisine. Excellent choix dans cette gamme de prix.

Grant Plaza Hotel $-$$
465 Grant Ave., 415-434-3883 ou 800-472-6899,
www.grantplaza.com

Situé en plein centre du Chinatown, le Grant Plaza est un gîte convenable et économique, mais dépourvu de tout superflu. Idéal pour ceux qui comptent sortir en ville et ne veulent pas passer leur journée à l'intérieur.

SW Hotel $$$
615 Broadway St., angle Grant St., 415-362-2999
ou 888-595-9188, www.swhotel.com

Construit en 1919 et rénové en 1999, le SW Hotel est pratiquement situé entre le Chinatown et North Beach. L'établissement dissimule des chambres au décor oriental avec des touches italiennes, globalement correctes et propres, mais minuscules pour certaines. Ses prix et son emplacement constituent ses principaux atouts.

Financial District et Embarcadero

Hyatt Regency $$$$
5 Embarcadero Center, 415-788-1234,
www.sanfranciscoregency.hyatt.com

Le Hyatt Regency n'est pas qu'une simple succursale de cette chaîne internationale. Les chambres, spacieuses, confortables et bien équipées, sont bel et bien conformes aux normes de qualité des hôtels de grande classe, mais l'établissement se démarque indubitablement par son magnifique atrium de 17 étages enjolivé par une profusion de plantes et d'arbres. Le regard est alors inexorablement porté vers les ascenseurs panoramiques qui mènent aux étages. Un centre de conditionnement physique est accessible à ceux qui souhaitent ajouter du tonus à leurs muscles.

Hotel Vitale $$$$-$$$$$
8 Mission St., 415-278-3700 ou 888-890-8688,
www.hotelvitale.com

Le qualificatif d'oasis urbaine convient parfaitement à l'hôtel Vitale. Moderne et luxueux tout en restant sobre, l'aménagement de l'établissement et des chambres joue sur les ambiances naturelles. Le spa et la terrasse sur le toit pourraient presque vous faire oublier que vous êtes en pleine ville, tout comme les cours de yoga donnés chaque matin. De plus, le service est excellent, et vous n'êtes qu'à deux pas du **Ferry Building Marketplace** (voir p. 69).

Mandarin Oriental $$$$$
222 Sansome St., 415-276-9888 ou 800-622-0404, www.mandarinoriental.com/sanfrancisco
Occupant les 11 derniers étages du California Center (l'un des gratte-ciel les plus élevés de San Francisco), le Mandarin Oriental est l'adresse à retenir pour ceux qui ne souffrent pas de vertige et qui disposent d'une carte de crédit dotée d'une bonne marge de crédit. Les chambres décorées au goût de l'Orient ne manquent absolument de rien: minibar, télévision par câble, boîte vocale, prise pour modem d'ordinateur, lunettes d'approche, et même des pantoufles en soie. Toutefois, l'attrait premier des chambres est la vue saisissante qu'elles offrent sur la ville et la baie sous divers angles. Le centre d'affaires attenant saura satisfaire les exigences des clients.

North Beach

Green Tortoise Hostel $
494 Broadway, angle Kearny St., 415-834-1000 ou 800-867-8647, www.greentortoise.com
Adresse économique, sécuritaire et bien située, le Green Tortoise est une halte populaire auprès des voyageurs à petit budget. Les chambres privées, tout comme les dortoirs, sont confortables et assez spacieuses pour ce type d'établissement. Les petits budgets seront ravis de profiter des dîners gratuits servis trois soirs par semaine. L'établissement fait également office d'agence de voyages et organise des excursions dans la ville et ses environs, et même au-delà.

Hotel Bohème $$$
444 Columbus Ave., entre Vallejo St. et Green St., 415-433-9111, www.hotelboheme.com
À l'image des beatniks des années 1950 qui refusaient la rectitude politique de l'époque, l'hôtel Bohème est l'antithèse des hôtels des grandes chaînes internationales. Très bien situé, près de Washington Square, l'établissement dispose d'une quinzaine de chambres bien meublées, mais qui baignent dans l'atmosphère un peu ringarde d'une époque révolue.

Nob Hill

The Huntington Hotel $$$$
1075 California St., 415-474-5400 ou 800-227-4683, www.huntingtonhotel.com
Ancien immeuble résidentiel des années 1920, l'hôtel Huntington est aujourd'hui un établissement familial de luxe. Les chambres sont dotées de fenêtres qui s'ouvrent (phénomène rare à San Francisco), procurant de très belles vues panoramiques sur la ville et ses environs. Les suites sont des repaires de hauts dignitaires et de personnalités publiques, et sont prisées de tous ceux qui recherchent en pleine ville un peu de discrétion et d'anonymat. L'excellent restaurant **Big 4** (voir p. 155) de l'hôtel saura satisfaire les gens d'affaires qui souhaitent faire une transaction avec leurs clients tout en se payant un bon repas. Piscine intérieure et spa complètent les installations.

The Stanford Court Renaissance San Francisco Hotel $$$$
905 California St., angle Powell St., 415-989-3500, www.renaissancehotels.com/sfosc
Le Stanford Court est un autre établissement qui possède un splendide hall. Le visiteur y contemple les antiquités et la fontaine clapotante illuminée par une magnifique coupole de verre de style Tiffany. Les chambres sont mignonnes et bien meublées. L'hôtel propose un service de navette pour le centre-ville. Le service est sans faille.

The Fairmont San Francisco $$$$$
950 Mason St., angle California St., 415-772-5000 ou 866-540-4491, www.fairmont.com/sanfrancisco
Rares sont ceux qui ne sont pas impressionnés par le hall faste et astiqué du Fairmont San Francisco. Le regard des clients se porte en effet aussitôt vers le plancher rutilant, puis vers les colonnes vertigineuses et le plafond magnifiquement ouvragé. Les chambres et le service sont à la hauteur de cet établissement de luxe.

The Ritz-Carlton $$$$$
600 Stockton St., angle California St., 415-296-7465, www.ritzcarlton.com
En apercevant la magnifique façade néoclassique du Ritz-Carlton, on croirait pénétrer dans une sorte d'immense musée plutôt que

dans le hall d'un hôtel aussi prestigieux et renommé. À l'intérieur, les tableaux, les antiquités et les œuvres d'art étonnent davantage les visiteurs. Les chambres, spacieuses et confortables, bénéficient de jolies vues sur la ville. L'établissement propose également une large gamme de services qui plairont sans conteste à ses «chers clients»: piscine intérieure, centre de conditionnement physique, restaurant gastronomique, sauna et centre d'affaires. Le personnel, d'une gentillesse et d'une courtoisie exemplaires, cultive à un haut degré l'art de recevoir.

InterContinental Mark Hopkins San Francisco $$$$$
1 Nob Hill, entre Mason St. et Pine St., 415-392-3434, www.intercontinentalmarkhopkins.com
Cet hôtel de luxe porte le nom d'un des quatre *Big Four* qui ont fondé en 1861 la compagnie de chemin de fer Central Pacific Railroad. Situé seulement à une dizaine minutes de marche d'Union Square, du Chinatown et du Financial District, l'établissement propose des chambres, des services et des installations dignes d'un hôtel de catégorie supérieure et répondra certainement aux attentes d'une clientèle exigeante. En prime, il abrite le très chic bar **Top of the Mark** (voir p. 176), qui offre des vues à couper le souffle sur la ville.

La côte

Voir carte p. 134-135.

Fisherman's Wharf

The San Remo Hotel $-$$
2237 Mason St., angle Chestnut St., 415-776-8688 ou 800-352-7366, www.sanremohotel.com
Présentant incontestablement l'un des meilleurs rapports qualité/prix en ville, le San Remo Hotel fera le bonheur de ceux qui veillent attentivement sur leur budget, mais qui sont tout de même à la recherche d'un bon confort. Les chambres sont un peu petites, mais bien tenues et propres. Seule ombre au tableau, vous devez partager les sanitaires, qui sont toutefois ultra-propres et pourvus de toutes les commodités dont le voyageur a besoin.

Argonaut Hotel $$$$
495 Jefferson St., angle Hyde St., 415-563-0800 ou 866-415-0704, www.argonauthotel.com
Cocon douillet et élégant, l'Argonaut Hotel abrite des chambres et des suites qui déclinent un chic décor nautique aux couleurs chaleureuses. La plupart bénéficient de jolies vues sur la baie ou le Fisherman's Wharf. Avis aux intéressés, les suites sont mêmes dotées de lunettes d'approche pour observer le passage des bateaux au large. Le personnel traite la clientèle avec égard et sollicitude.

San Francisco Marriott Fisherman's Wharf $$$$
1250 Columbus Ave., 415-775-7555, www.marriott.com
Situé à cinq minutes de marche du Pier 39, le Marriott appartient à la chaîne mondialement connue. Les chambres, au décor agréable, sont équipées d'un minibar, d'une cafetière, d'un fer et d'une planche à repasser. Un centre de conditionnement physique est accessible à ceux qui désirent garder la forme.

Marina

Hostelling International - Fisherman's Wharf $
Fort Mason, Building 240, 415-771-7277, www.sfhostels.com
Cette auberge de jeunesse est une halte idéale au milieu de la verdure pour les baroudeurs à la recherche d'une chambre tranquille offrant une jolie vue sur le Golden Gate Bridge (si la météo le permet). Ceux qui souhaitent préparer eux-mêmes leur repas ont accès à une cuisine. Stationnement gratuit.

Marina Inn $$$
3110 Octavia St., angle Lombard St., 415-928-1000 ou 800-274-1420, www.marinainn.com
Installé dans une maison victorienne du début du XXe siècle, le Marina Inn ne décevra pas les voyageurs qui se satisfont de chambres économiques au confort vieillot.

Le centre

Voir carte p. 136-137.

Pacific Heights

Jackson Court $$$

2198 Jackson St., angle Buchanan St., 415-929-7670, www.jacksoncourt.com

Dans un quartier un peu excentré par rapport à Union Square, le Jackson Court est un manoir du XIXe siècle de grès brun transformé en un adorable *bed and breakfast*. L'établissement ne loue que 10 chambres tranquilles qui exhalent un charme suranné qui plaira sans doute aux voyageurs à l'imagination encline aux nostalgies d'une époque lointaine et révolue.

Queen Anne Hotel $$$

1590 Sutter St., entre Gough St. et Octavia St., 415-441-2828 ou 800-227-3970, www.queenanne.com

Fondé en 1890 en tant qu'école vouée à l'éducation de jeunes filles de familles aristocratiques au cœur d'un quartier cossu de Pacific Heights, le Queen Anne a été converti en un chaleureux *bed and breakfast* victorien au charme hors du temps. Un indéniable parfum rétro se dégage du rez-de-chaussée où les flambées dans les deux foyers ajoutent à l'attrait écarlate des lieux tandis que l'accès Wi-Fi gratuit favorise la commodité. La décoration et la dimension de la quarantaine de chambres changent au gré des quatre étages. Certaines chambres sont dotées d'un foyer. Même si l'établissement est un peu excentré, on y offre un service quotidien ponctuel de navette.

Japantown

The Hotel Majestic $$$

1500 Sutter St., angle Gough St., 415-441-1100 ou 800-869-8966, www.thehotelmajestic.com

Au début du XXe siècle, à l'époque de son inauguration, l'hôtel Majestic comptait parmi les plus beaux hôtels de la ville. L'endroit a certes perdu de son prestige d'antan, mais il constitue une halte idéale pour une retraite romantique. Les chambres sont meublées d'antiquités choisies et disposées avec goût.

Hotel Kabuki $$$$

1625 Post St., 415-922-3200 ou 800-533-4567, www.jdvhospitality.com

L'hôtel Kabuki prend résolument des airs de l'empire du Soleil levant. Sérénité et excellence sont ici au rendez-vous, depuis le jardin japonais jusqu'au hall, en passant par le service. Les chambres revêtent toutes le même style, avec pour la plupart de profondes baignoires typiquement japonaises. Vous pourrez aussi profiter d'un traitement de santé ou de beauté dans votre chambre. Service attentionné.

Civic Center, Tenderloin et Hayes Valley

Phoenix Hotel $$$

601 Eddy St., angle Larkin St., 415-776-1380 ou 800-248-9466, www.jdvhotels.com

Simple motel un peu glauque devenu un motel dans le coup, le Phoenix est résolument une adresse prisée du jet-set des arts de la scène et du rock-and-roll. Ordonnées en arc de cercle autour d'une piscine bordée de palmiers, les chambres, conçues avec un souci manifeste du confort, arborent des couleurs tropicales et sont dotées d'un mobilier en bambou. Les suites sont généralement occupées par des vedettes au portefeuille bien garni. Stationnement gratuit.

Renoir Hotel $$$

45 McAllister St., angle Market St., 415-626-5200 ou 800-576-3388, www.renoirhotel.com

Le Renoir Hotel se présente comme un havre de paix au milieu de ce quartier chaud. Les prix affichés y sont plus abordables qu'autour d'Union Square, et l'atmosphère qui y règne n'a rien à voir avec celle d'un hôtel de chaîne internationale. Les chambres sont spacieuses, propres et confortables, bien qu'un peu défraîchies, et la proximité de Market Street pourra déranger ceux qui ont le sommeil léger. Des suites familiales sont aussi disponibles. Le personnel est sympathique et avenant.

Inn at the Opera $$$$

333 Fulton St., 415-863-8400, www.shellhospitality.com

Ancien repaire des barytons et des ténors, l'Inn at the Opera est stratégiquement situé à un jet de pierre des salles de spectacle. De nos jours, certaines chambres sont encore occupées par des chanteurs de concert, mais la clientèle est variée. Les chambres procurent tout le confort recherché par les voyageurs. Toutes disposent d'un grand lit et d'un accès Internet sans fil.

Haight-Ashbury

The Red Victorian $-$$$
1665 Haight St., 415-864-1978, www.redvic.com
Pour tous ceux qui gardent un souvenir vivace du festival *Summer of Love*, le Red Victorian est une adresse quasi emblématique dans l'ancien quartier des hippies. À la fois *bed and breakfast* bariolé et galerie d'art contemporaine, l'établissement est situé près du Golden Gate Park et propose 18 chambres disparates (dont la plupart ne possèdent pas de sanitaires privées) à la thématique colorée qui plaira sans nul doute à ceux qui vivent encore à l'époque de l'apogée du *San Francisco Sound*.

Golden Gate Park Area

Voir carte p. 138.

Richmond

Seal Rock Inn $$
545 Pt. Lobos Ave., 415-752-8000, www.sealrockinn.com
Hors des sentiers battus, le Seal Rock Inn est situé tout près du Sutro Heights Park, de la Cliff House et du Golden Gate Park. Toutes les chambres offrent un confort adéquat et disposent de jolies vues de l'océan. Certaines sont dotées d'un foyer et d'une cuisinette. L'établissement est pourvu d'une aire de jeux pour les enfants. Bonne adresse pour les familles.

Le sud

Voir carte p. 139.

South of Market

The Mosser Hotel $$-$$$
54 Fourth St., 415-986-4400 ou 800-227-3804, www.themosser.com
Le Mosser Hotel abrite des chambres qui mélangent charme victorien et confort moderne. L'établissement propose également d'autres chambres plus économiques qui présentent sensiblement le même décor que les premières, mais qui se révèlent légèrement plus petites et moins lumineuses, avec salles de bain partagées. Cet hôtel pratique des tarifs dégressifs pour les séjours prolongés. Bien situé près du Museum of Modern Art et d'Union Square.

Four Seasons San Francisco $$$$$
757 Market St., 415-633-3000, www.fourseasons.com/sanfrancisco
Pied-à-terre digne de la meilleure tradition hôtelière, le Four Seasons figure sans l'ombre d'un doute parmi les meilleurs hôtels en ville. L'établissement affiche un luxe discret qui plaît aux stars du spectacle, aux magnats de la finance et aux vedettes sportives assurées d'y trouver des prestations à la hauteur de leurs exigences. S'y trouvent des chambres et des suites extrêmement douillettes et confortables, meublées dans un style qui demeure classique dans sa modernité. Toutes couvrent au moins 42 m² et profitent de jolies vues sur les Yerba Buena Gardens ou la ville. Un terrain de basket-ball et un immense centre de conditionnement physique doté d'appareils dernier cri sont à la disposition des clients qui veulent éliminer des toxines. Le personnel chevronné du spa propose à la clientèle une multitude de massages relaxants ou tonifiants. Seul bémol, la réception est un peu difficile à repérer, car elle se trouve au cinquième étage de l'hôtel.

Hotel Palomar $$$$$
12 Fourth St., 415-348-1111 ou 866-373-4941, www.hotelpalomar-sf.com
Très bien situé, tout près du Museum of Modern Art et d'Union Square, le Palomar est un quatre-étoiles élégant qui reproduit l'univers des hôtels-boutiques new-yorkais tout en collant bien à l'esprit de San Francisco. Les chambres aux lignes épurées exsudent une élégance contemporaine. Chaque lit est doté d'un couvre-pied en laine et d'oreillers douillets. Les salles de bain sont garnies de produits haut de gamme.

San Francisco Marriott Marquis $$$$$
55 Fourth St., entre Market St. et Mission St., 415-896-1600 ou 888-575-8934, www.marriott.com
Idéalement situé à un jet de pierre du centre de congrès, le San Francisco Marriott Marquis ne fait pas l'unanimité auprès des architectes. En effet, lorsque les travaux de construction furent achevés en 1989, de mauvaises langues se plurent à comparer l'hôtel à un vulgaire parcomètre ou à un juke-box déglingué. Quoi qu'il en soit, avec

ses 39 étages, ce mammouth de l'industrie hôtelière abrite environ 1 500 chambres spacieuses, bien équipées, d'où l'on a de beaux points de vue sur la ville. Les clients ont accès à la piscine intérieure, au bain à remous et au centre de conditionnement physique.

The St. Regis San Francisco $$$$$
125 Third St., 415-284-4000,
www.starwoodhotels.com/stregis
Inauguré en 2006, le St. Regis est venu allonger la liste des fleurons de l'industrie hôtelière de San Francisco. Une esthétique soignée, conjuguée à des volumes généreux, confère aux chambres bien-être et sérénité. Lumineuses et habillées de tons crème et blanc, elles offrent tous les ingrédients pour une soirée sous la couette très réussie. Les salles de bain sont pourvues d'un espace douche séparé et d'une baignoire profonde qui s'ouvre sur la chambre, ce qui permet de faire ses ablutions tout en regardant le téléviseur encastré. Besoin d'écrire un courriel? Restez au lit, empoignez le clavier sans fil et naviguez sur le Web. Vous pouvez même régler la température de la pièce, ouvrir ou fermer les rideaux en restant couché. Par ailleurs, après avoir arpenté les rues pentues de la ville, les clients peuvent se rafraîchir les idées dans la piscine ou se faire bichonner au spa de l'hôtel. Le St. Regis offre aussi tous les services nécessaires aux voyageurs d'affaires: salles de conférences, ordinateurs et service de conciergerie 24 heures sur 24. Le personnel polyglotte est stylé et avenant. Bref, une merveilleuse escale urbaine pour les esthètes qui se respectent.

W San Francisco $$$$$
181 Third St., 415-777-5300,
www.starwoodhotels.com/whotels
Situé juste à côté du Museum of Modern Art, le W cultive le chic urbain très XXIe siècle. Dans le hall doté de meubles stylisés, l'éclairage sculpte les volumes et adoucit l'atmosphère sous des airs de musique *lounge*. Pour se faire bichonner après une journée de visite en ville, il suffit de se pointer au spa Bliss, qui offre un ensemble de soins exquis. En soirée, ne manquez pas de goûter la savoureuse cuisine californienne du restaurant **Trace** (voir p. 162). L'établissement est particulièrement prisé des touristes branchés, des artistes internationaux et des vedettes dont on tait le nom, confidentialité oblige. Dotées de tout le confort moderne, les chambres, réparties sur 31 étages, sont caractérisées par un décor léché aux lignes épurées.

Castro

24 Henry $-$$
24 Henry St., 415-864-5686 ou 800-900-5686,
www.24henry.com
Charmant petit gîte touristique aménagé dans une vénérable maison victorienne, le 24 Henry s'adresse spécialement à une clientèle homosexuelle. L'établissement compte 10 chambres dont 3 sont dotées de salles de bain privées. Service souriant et avenant. Très bon rapport qualité/prix.

Willows Inn Bed & Breakfast $-$$
710 14th St., angle Market St., 415-431-4770 ou
800-431-0277, www.willowssf.com
S'adressant spécialement à une clientèle homosexuelle, le Willows Inn est très bien situé, près des lignes de transport en commun. L'hôtel est installé dans une maison édouardienne de 1903. Chaque chambre est meublée d'antiquités, et l'on y trouve des peignoirs. Un copieux petit déjeuner (gratuit) aide à bien commencer la journée.

Parker Guest House $$-$$$
520 Church St., entre 17th St. et 18th St., 415-621-3222 ou 888-520-7275, www.parkerguesthouse.com
Charmante maison édouardienne érigée en plein cœur du quartier de Castro, la Parker Guest House abrite 21 chambres invitantes et bien équipées. Le stationnement est gratuit. Sans doute l'un des hôtels les plus prisés par la clientèle homosexuelle.

Mission

Elements Hotel $
2524 Mission St., 415-647-4100 ou 866-327-8407,
www.elementssf.com
L'Elements Hotel est un gîte économique qui gagne la faveur des baroudeurs. On y propose des chambres minimalistes pouvant loger quatre ou six personnes, ainsi qu'une poignée de chambres privées, propres mais décorées sans fantaisie. Les propriétaires pro-

posent des services et installations bien utiles: consignation des bagages, cuisine, buanderie, salle de télévision et accès Internet.

The Inn San Francisco $$-$$$
943 S. Van Ness Ave., 415-641-0188 ou 800-359-0913, www.innsf.com
Splendide maison victorienne convertie en un chaleureux gîte touristique, l'Inn San Francisco conjugue luxe et art de vivre. L'établissement propose des chambres soigneusement décorées dans des tons chaleureux et meublées avec goût. On y propose aussi des chambres légèrement plus économiques avec salles de bain partagées ainsi qu'un *garden cottage* qui comprend trois chambres et une cuisine équipée. Baignées par de la musique classique, les pièces communes sont rehaussées d'antiquités chinées par les propriétaires. Le feu crépite dans l'âtre de la cheminée durant les soirées frisquettes. S'y trouve aussi un bucolique jardin anglais pour s'adonner aux plaisirs du farniente. Copieux petit déjeuner offert gracieusement pour bien commencer la journée.

Les environs de San Francisco

Près de l'aéroport

Embassy Suites San Francisco Airport $$$$
250 Gateway Blvd., 650-589-3400, www.embassysuites.com
À quelques kilomètres au sud du San Francisco International Airport, l'Embassy Suites San Francisco propose des chambres ordonnées autour d'un joli atrium de neuf étages, au sein duquel le bruit des chutes d'eau s'harmonise avec un environnement tropical. Les visiteurs voudront sûrement profiter de la piscine intérieure ou du bain à remous avant de prendre l'avion.

Marin County

Sausalito

Hotel Sausalito $$$-$$$$
16 El Portal, 415-332-0700 ou 888-442-0700, www.hotelsausalito.com
L'hôtel Sausalito est situé à deux pas du quai d'embarquement du traversier. Cet hôtel-boutique propose des chambres baignées de couleurs chaudes et romantiques. Réservations d'au moins deux nuitées les fins de semaine.

Casa Madrona Hotel & Spa $$$$-$$$$$
801 Bridgeway, 415-332-0502 ou 800-288-0502, www.casamadrona.com
Perchée sur une colline pentue, la Casa Madrona, un hôtel de luxe, est aménagée dans une maison victorienne construite en 1885 et dans une annexe moderne. L'établissement dispose de 63 chambres spacieuses et bien décorées, dont la plupart bénéficient de vues splendides sur la baie de San Francisco. Certaines sont également équipées d'un petit foyer.

Inn Above Tide $$$$-$$$$$
30 El Portal, 415-332-9535 ou 800-893-8433, www.innabovetide.com
L'Inn Above Tide compte parmi les hôtels les plus luxueux de la région. Situé à deux pas du quai d'embarquement du traversier (qui mène à San Francisco en 25 min), cet hôtel plaira à ceux qui sont à la recherche de tranquillité et de confort. Toutes les 29 chambres ont des vues saisissantes sur la baie de San Francisco, et la plupart sont dotées d'un balcon et d'un foyer. Elles sont également spacieuses et attrayantes, procurant tout le confort nécessaire pour un séjour agréable. Le personnel polyglotte parle le français, l'allemand, l'espagnol et, bien sûr, l'anglais. Petite perle hôtelière en bordure de la baie, l'Inn Above Tide offre tous les soirs à sa clientèle une dégustation de vins californiens.

East Bay

Berkeley

Voir carte p. 140.

Downtown Berkeley YMCA Hotel $
2001 Allston Way, angle Milvia St., 510-848-6800, www.baymca.org
Le YMCA n'est sûrement pas l'établissement le plus confortable en ville, mais il s'agit d'un lieu d'hébergement bon marché qui saura satisfaire les besoins des voyageurs au budget limité. Les chambres sont sécuritaires et relativement propres. Accès à la piscine et au centre de conditionnement physique.

UC Berkeley – Summer Visitor Housing *$*
début juin à mi-août; Stern Hall, 510-642-5925, http://conferenceservices.berkeley.edu/
Que ce soit pour vous rappeler vos années d'études, pour découvrir un campus américain ou pour des raisons économiques, louer une chambre à l'UC Berkeley est une bonne option. Les chambres sont simplement aménagées, mais propres et pratiques. Salles de bain partagées.

Rose Garden Inn *$$-$$$*
2740 Telegraph Ave., 510-549-2145 ou 800-992-9005, www.rosegardeninn.com
Installé dans une maison de style Tudor datant du début du XXe siècle, ce *bed and breakfast* abrite des chambres au décor champêtre. S'y trouve également un beau petit jardin pour profiter des journées ensoleillées.

Berkeley Travelodge *$$$*
1820 University Ave., 510-843-4262, www.travelodge.com
Le Berkeley Travelodge est une adresse abordable et bien située, près de la station du BART (à environ 20 min du centre-ville de San Francisco). Les chambres ne sont pas spectaculaires, mais elles procurent tout le confort nécessaire.

Oakland

Voir carte p. 141.

Waterfront Hotel *$$$*
10 Washington St., Jack London Square, 510-836-3800 ou 888-842-5695, www.jdvhotels.com
Le Waterfront Hotel se classe parmi les établissements haut de gamme en ville. Les chambres procurent tout le confort digne de cette catégorie. Un sauna, un centre de conditionnement physique, un centre d'affaires et une piscine complètent les installations. L'établissement est stratégiquement situé près du quai d'embarquement du traversier qui mène à San Francisco et du centre-ville d'Oakland.

Oakland Marriott City Center *$$$-$$$$*
1001 Broadway, 510-451-4000, www.marriott.com
L'Oakland Marriott City Center est relié à l'Oakland Convention Center qui en fait partie. Les chambres sont dotées de doubles-vitrages afin d'étouffer le bruit de la rue. Une piscine extérieure, un centre de conditionnement physique et un bain à remous complètent les installations. L'hôtel est également situé tout près du BART (qui mène à San Francisco en moins de 15 min).

Au sud de San Francisco

Montara

Pigeon Point Lighthouse Hostel *$*
210 Pigeon Point Rd., angle Hwy. 1, 650-879-0633, www.norcalhostels.org/pigeon
Situé à environ 10 km au sud de Pescadero, le Pigeon Point Lighthouse est un gîte prisé des voyageurs à budget limité. Mis à part les chambres économiques à partager *($)*, l'établissement est équipé d'un bain à remous installé dans l'ancien sémaphore. Les réservations pour y séjourner entre les mois de janvier et septembre sont vivement recommandées. Accès à la cuisine.

Point Montara Lighthouse Hostel *$*
16th St., angle Hwy. 1, 650-728-7177, www.norcalhostels.org/montara
Halte située à environ 6 km au nord de Half Moon Bay, le Point Montara Lighthouse Hostel dispose de chambres (à partager) à prix économique *($)*. Pour un léger supplément, des chambres privées *($$)* sont également proposées. Les visiteurs ont accès à la cuisine et peuvent entreposer leurs bagages. Buanderie.

Half Moon Bay

Best Western Plus Half Moon Bay Lodge
$$$

2400 S. Cabrillo Hwy., 650-726-9000 ou 800-710-0778, www.halfmoonbaylodge.com

Situé au sud de Half Moon Bay, le Best Western Plus Half Moon Bay Lodge abrite des chambres spacieuses, cossues et rehaussées d'attributs de luxe. Plusieurs sont aussi dotées d'un foyer. Le style des bâtiments aux toits orange s'inspire de certains traits architecturaux caractéristiques d'une grande villa coloniale, au milieu d'un environnement splendide.

Old Thyme Inn $$$

779 Main St., 650-726-1616 ou 800-720-4277, www.oldthymeinn.com

L'Old Thyme Inn est aménagé dans une vénérable maison victorienne construite en 1898 qui fut transformée en un charmant petit *bed and breakfast*. Certaines chambres sont dotées d'un foyer et d'une baignoire à remous.

Mill Rose Inn Bed and Breakfast $$$-$$$$

615 Mill St., 650-726-8750 ou 800-900-7673, www.millroseinn.com

Pour un séjour tranquille et romantique, poussez la porte du Mill Rose Inn Bed and Breakfast, qui se dresse au sein de jardins bucoliques à souhait. L'établissement dispose de chambres garnies d'antiquités et d'arrangements floraux. Les visiteurs qui peuvent délier les cordons de leur bourse opteront peut-être pour une chambre équipée d'une baignoire à remous. Dégustation de vins et de fromages tous les après-midi.

Cartes

hébergement ***restaurants*** ***sorties***

Le centre-ville	132-133
La côte	134-135
Le centre	136-137
Golden Gate Park Area	138
Le sud	139
Berkeley	140
Oakland	141

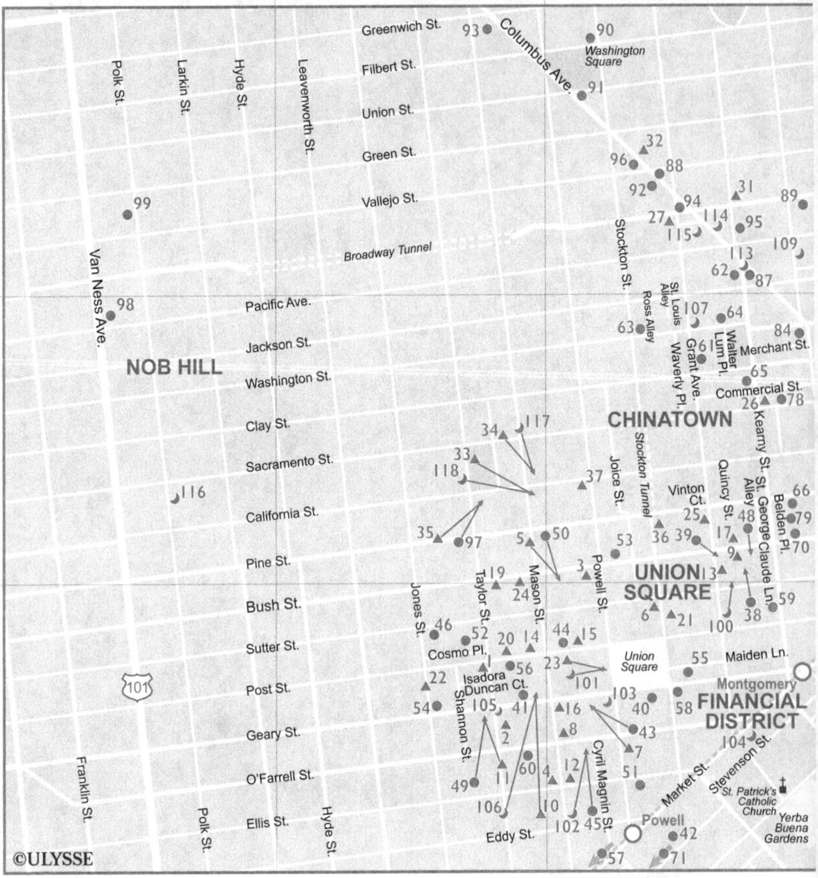

▲ HÉBERGEMENT

Union Square

1. BZ Adelaide Hostel
2. BZ Clift Hotel
3. CY Cornell Hotel de France
4. CZ Globetrotter's Inn
5. CY Golden Gate Hotel
6. CZ Grand Hyatt San Francisco
7. CZ Handlery Union Square Hotel
8. CZ Hostelling International - Downtown
9. CY Hotel des Arts
10. BZ Hotel Diva
11. BZ Hotel Monaco
12. CZ Hotel Nikko
13. CY Hotel Triton
14. BZ JW Marriott Hotel
15. CZ Kensington Park Hotel
16. CZ King George Hotel
17. CY Orchard Garden Hotel
18. DZ Palace Hotel
19. BZ Petite Auberge
20. BZ Prescott Hotel
21. CZ Taj Campton Place
22. BZ The Halcyon Hotel
23. CZ Westin St. Francis
24. CZ White Swan Inn

Chinatown

25. CY Grant Plaza Hotel
26. CY San Francisco Backpacker Hostel Pacific Tradewinds
27. CX SW Hotel

Financial District et Embarcadero

28. EY Hotel Vitale
29. DY Hyatt Regency
30. DY Mandarin Oriental

North Beach

31. CX Green Tortoise Hostel
32. CX Hotel Bohème

Nob Hill

33. BY InterContinental Mark Hopkins San Francisco
34. BY The Fairmont San Francisco
35. BY The Huntington Hotel
36. CY The Ritz-Carlton
37. CY The Stanford Court Renaissance San Francisco Hotel

● RESTAURANTS

Union Square

38. CY Café Claude
39. CY Café de la Presse
40. CZ Cheesecake Factory
41. BZ Colibri Mexican Bistro
42. CZ Cupola Pizzeria
43. CZ Daily Grill
44. CZ Farallon
45. CZ First Crush Restaurant, Bar and Lounge
46. BZ Fleur de Lys
47. DZ Garden Court
48. CY Gitane
49. BZ Grand Cafe
50. CY Jeanne d'Arc
51. CZ John's Grill
52. BZ Le Colonial
53. CY Masa's Restaurant
54. BZ Millennium
55. CZ Mocca
56. CZ Postrio
57. BZ Taqueria Cancun
58. CZ The Rotunda
59. CZ Urban Picnic
60. BZ Urban Tavern

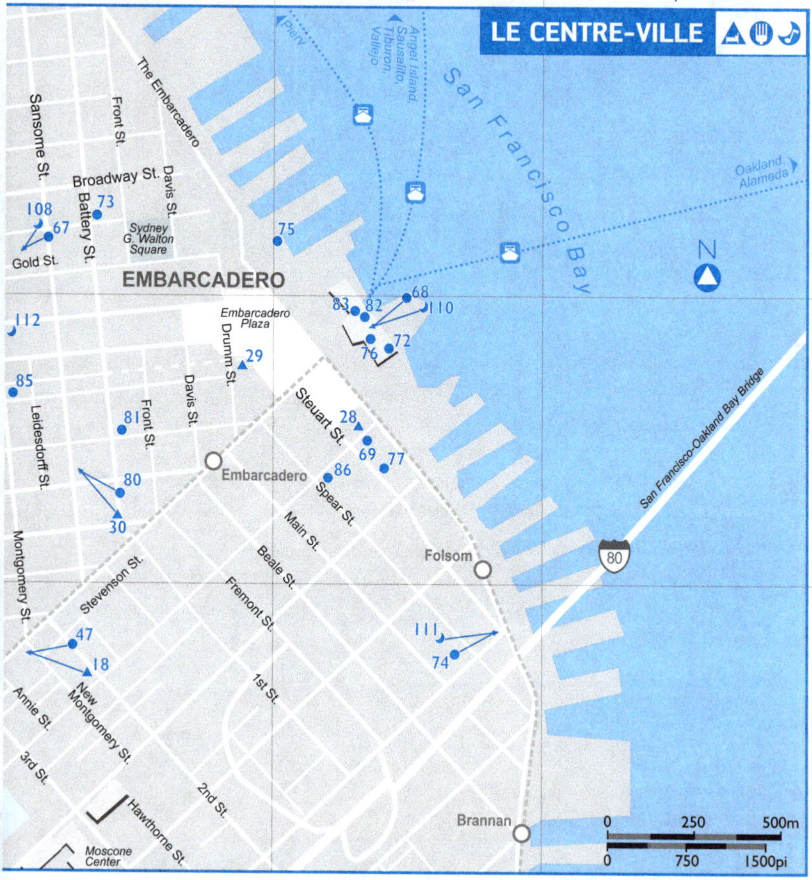

Chinatown
61. CY Empress of China
62. CX House of Nanking
63. CY Lucky Creation
64. CY Penang Garden
65. CY R & G Lounge

Financial District et Embarcadero
66. CY B44
67. DX Bix
68. EX Blue Bottle Coffee Co.
69. EY Boulevard
70. CY Cafe Bastille
71. CZ Chez Papa
72. EY El Porteño Empanadas
73. DX Fog City Diner
74. EZ Gordon Biersch
75. EX La Mar Cebicheria
76. EY Mijita Cocina Mexicana
77. EY Ozumo
78. CY Palio d'Asti
79. CY Plouf
80. DY Silks
81. DY Tadich Grill
82. EY Taylor's Automatic Refresher
83. EY The Slanted Door
84. CY Tommy Toy's
85. DY Wayfare Tavern
86. EY Yank Sing

North Beach
87. CX Cafe Zoetrope
88. CX Caffe Trieste
89. CX Coi
90. CX Mama's on Washington Square
91. CX Mario's Bohemian Cigar Store
92. CX Mona Lisa
93. BX Sushi on North Beach
94. CX The House
95. CX Tommaso Ristorante Italiano
96. CX Trattoria Pinocchio

Nob Hill
97. BY Big 4 Restaurant
98. AY Harris'
99. AX La Folie

SORTIES

Union Square
100. CZ Café Claude
101. CZ Clock Bar
102. CZ First Crush Restaurant & Bar
103. CZ Lefty O'Doul's
104. CZ Press Club
105. BZ Redwood Room
106. BZ Ruby Skye

Chinatown
107. CY Li Po Cocktail Lounge

Financial District et Embarcadero
108. DX Bix
109. CX Cigar Bar & Grill
110. EY Ferry Plaza Wine Merchant & Wine Bar
111. EZ Gordon Biersch

North Beach
112. DY Bubble Lounge
113. CX Cafe Zoetrope
114. CX Tosca Cafe
115. CX Vesuvio Café

Nob Hill
116. AY Kozy Kar
117. BY Tonga Room
118. BY Top of the Mark

▲ HÉBERGEMENT

Fisherman's Wharf

1. FY Argonaut Hotel
2. FY San Francisco Marriott Fisherman's Wharf
3. FY The San Remo Hotel

Marina

4. EY Hostelling International - Fisherman's Wharf
5. EY Marina Inn

● RESTAURANTS

Fisherman's Wharf

6. FY Alioto's
7. FY Bistro Boudin
8. FY Bubba Gump Shrimp Co.
9. FY Crab House at Pier 39
10. FX Fisherman's Wharf Chowder and Crab Sidewalk Stands
11. FY Gary Danko
12. EY Rainforest Cafe
13. FY Scoma's
14. FY The Buena Vista Cafe
15. EY The Franciscan Crab Restaurant

Marina

16. FY Ace Wasabi's Rock 'n' Roll Sushi
17. DY Eastside West Restaurant and Bar
18. EY Greens

SORTIES

Fisherman's Wharf

19. EY Cellar 360
20. FY Pier 23 Cafe
21. FY The Buena Vista Café
22. EY Wattle Creek

Marina

23. EZ Greens Sports Bar
24. DY Matrix Fillmore
25. DZ Mauna Loa Club
26. DY Nectar Wine Lounge

▲ HÉBERGEMENT

Pacific Heights
1. DV Jackson Court
2. DW Queen Anne Hotel

Japantown
3. DW Hotel Kabuki
4. EW The Hotel Majestic

Civic Center, Tenderloin et Hayes Valley
5. EX Inn at the Opera
6. EX Phoenix Hotel
7. FX Renoir Hotel

Haight-Ashbury
8. BY The Red Victorian

● RESTAURANTS

Japantown
9. DW Bushi-Tei
10. DW Dosa
11. DX Yoshi's Jazz Club and Japanese Restaurant

Civic Center, Tenderloin et Hayes Valley
12. EX Absinthe Brasserie & Bar
13. DX Bar Jules
14. EX Blue Bottle Coffee Co.
15. EX Cafe Asia
16. EX Caffe delle Stelle
17. FW Dottie's True Blue Café
18. EY Espetus Churrascaria
19. EX Hayes Street Grill
20. EX Jardinière
21. DX Momi Tobys Revolution Café & Art Bar
22. EX Opaque
23. DX Sebo
24. EY Zuni Café

Haight-Ashbury
25. DY Axum Cafe
26. AY Cha cha cha
27. BY Eos Restaurant & Wine Bar
28. DY Indian Oven
29. DY Kate's Kitchen
30. BY Magnolia Pub & Brewery
31. DY Squat & Gobble Café and Crepery
32. DY Thep Phanom Thai Restaurant

SORTIES

Civic Center, Tenderloin et Hayes Valley
33. EX Absinthe Brasserie & Bar
34. FW Bourbon and Branch
35. EW Edinburgh Castle Pub
36. EY Hôtel Biron
37. DX Place Pigalle
38. DY The Mint Karaoke Lounge

Haight-Ashbury
39. BY Eos Wine Bar
40. DX Mad Dog in the Fog
41. CY Madrone Art Bar
42. DX Nickies
43. DY Toronado
44. DY Uva Enoteca

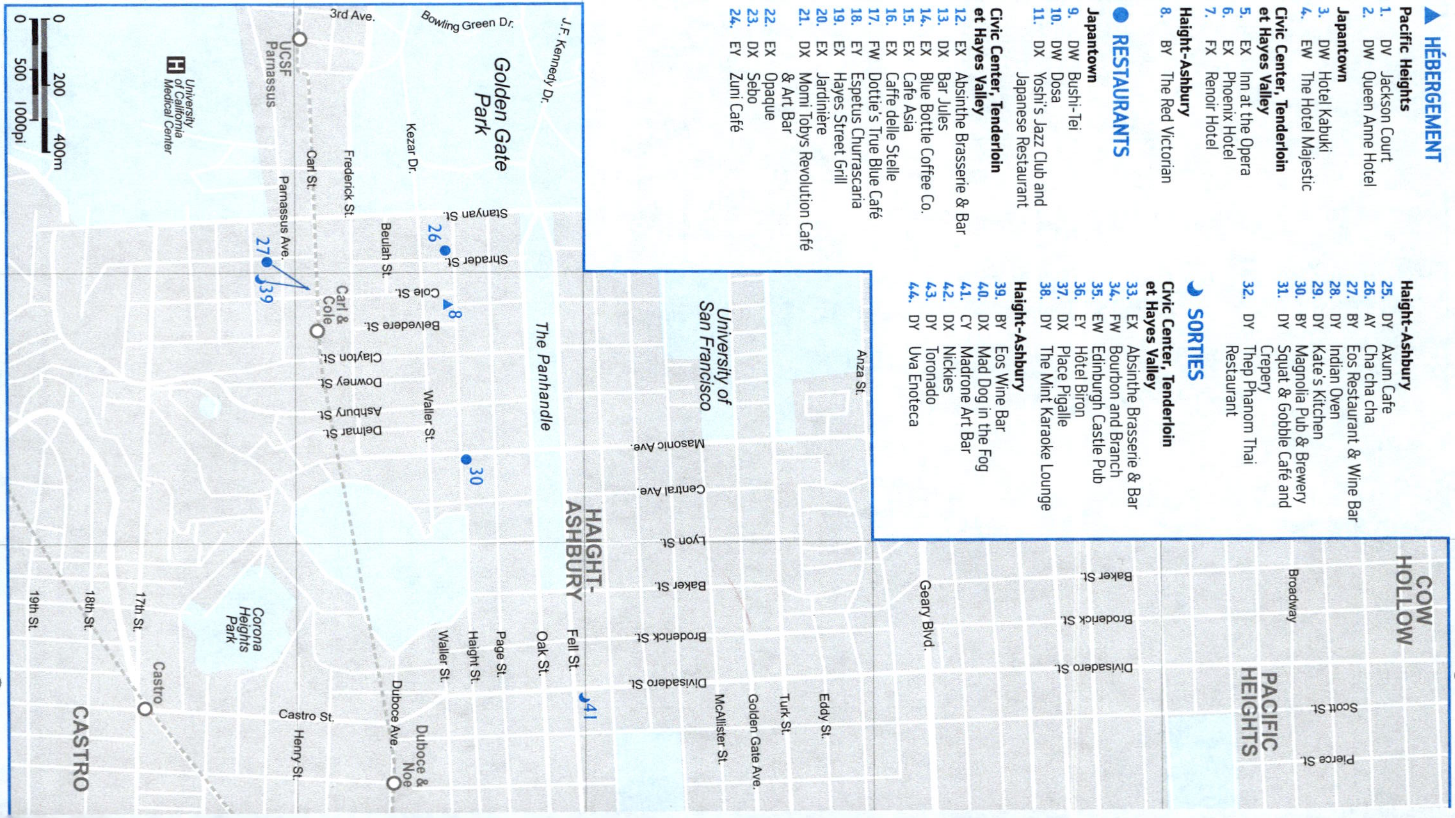

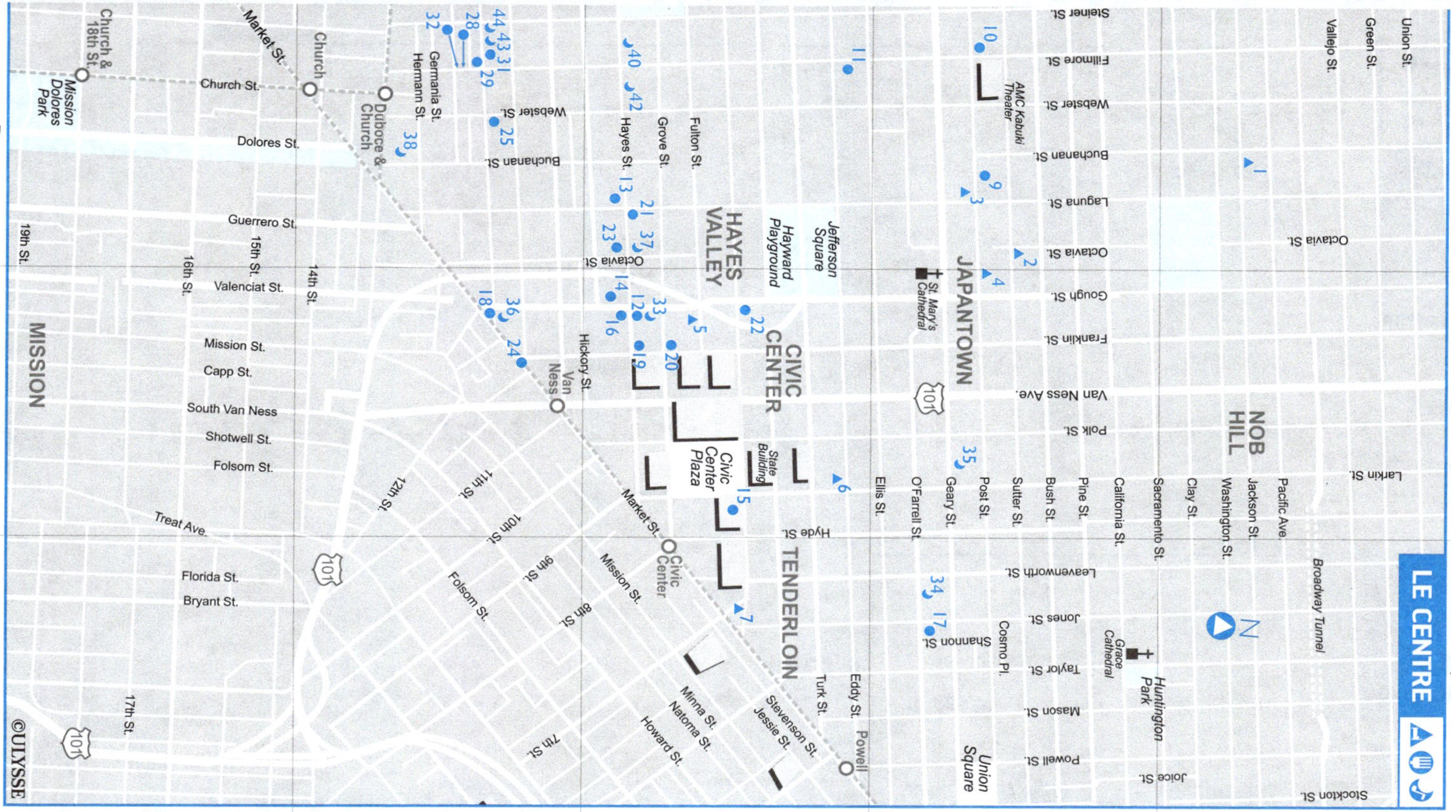
LE CENTRE
MISSION
HAYES VALLEY
CIVIC CENTER
TENDERLOIN
JAPANTOWN
NOB HILL
Civic Center Plaza
State Building
Hayward Playground
Jefferson Square
Union Square
Huntington Park
Mission Dolores Park
St. Mary's Cathedral
Grace Cathedral
AMC Kabuki Theater
Church & 18th St.
Church
Duboce & Church
Van Ness
Civic Center
Powell
Market St.
Church St.
Dolores St.
Guerrero St.
Valenciat St.
Mission St.
Capp St.
South Van Ness
Shotwell St.
Folsom St.
Treat Ave.
Florida St.
Bryant St.
14th St.
15th St.
16th St.
17th St.
19th St.
12th St.
11th St.
10th St.
9th St.
8th St.
7th St.
Howard St.
Natoma St.
Minna St.
Jessie St.
Stevenson St.
Hickory St.
Hayes St.
Grove St.
Fulton St.
Hermann St.
Germania St.
Webster St.
Buchanan St.
Octavia St.
Turk St.
Eddy St.
Ellis St.
O'Farrell St.
Geary St.
Post St.
Sutter St.
Bush St.
Pine St.
California St.
Sacramento St.
Clay St.
Washington St.
Jackson St.
Pacific Ave.
Broadway Tunnel
Hyde St.
Larkin St.
Polk St.
Van Ness Ave.
Franklin St.
Gough St.
Laguna St.
Fillmore St.
Steiner St.
Leavenworth St.
Jones St.
Shannon St.
Cosmo Pl.
Taylor St.
Mason St.
Powell St.
Joice St.
Stockton St.
Union St.
Green St.
Vallejo St.
101
©ULYSSE
D
E
F
V
W
X
Y
Z
N

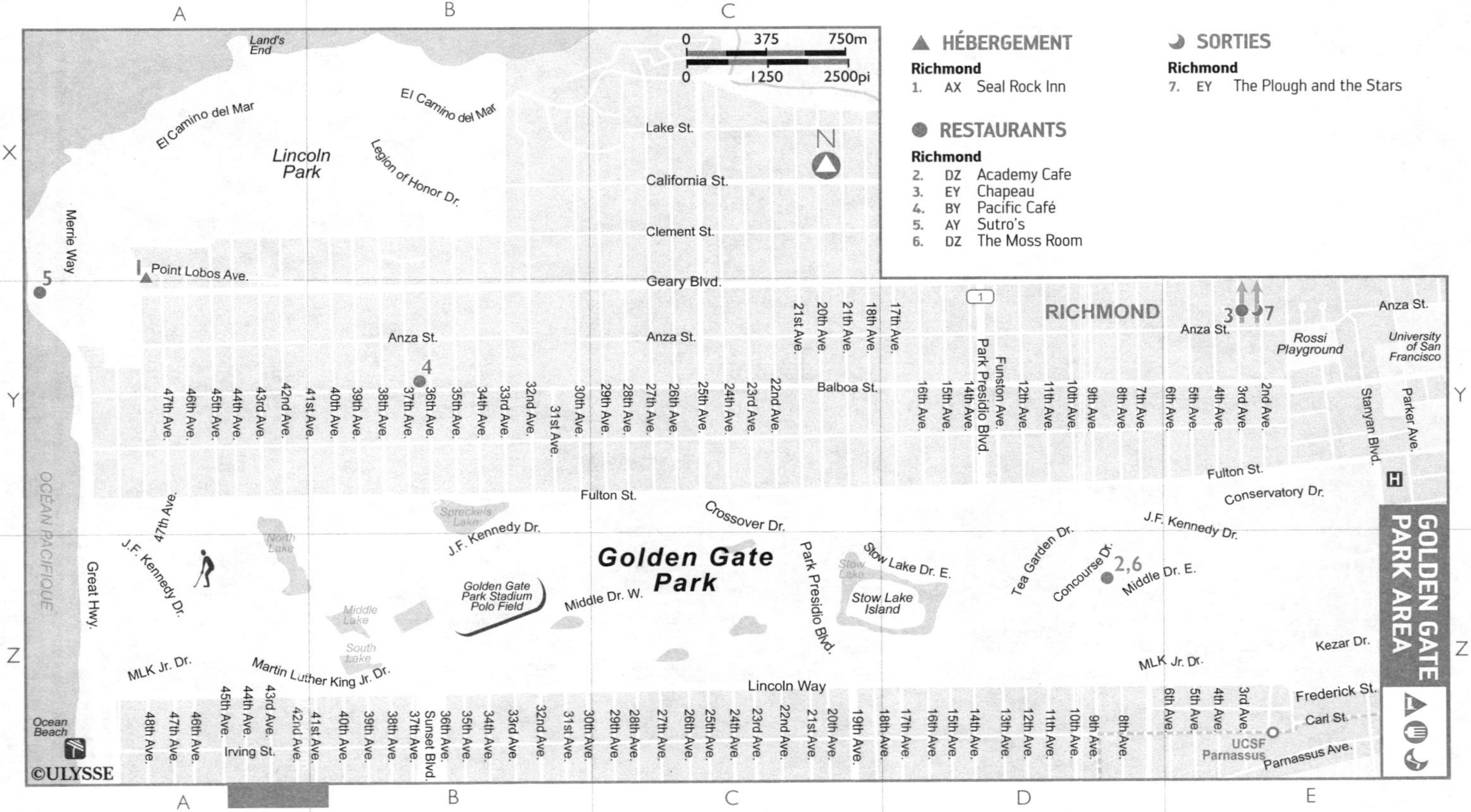

▲ HÉBERGEMENT

Richmond

1. AX Seal Rock Inn

● RESTAURANTS

Richmond

2. DZ Academy Cafe
3. EY Chapeau
4. BY Pacific Café
5. AY Sutro's
6. DZ The Moss Room

SORTIES

Richmond

7. EY The Plough and the Stars

▲ HÉBERGEMENT

South of Market

1. EY Four Seasons San Francisco
2. DY Hotel Palomar
3. DY San Francisco Marriott Marquis
4. DY The Mosser Hotel
5. EY The St. Regis San Francisco
6. EY W San Francisco

Castro

7. AY 24 Henry
8. AY Parker Guest House
9. BY Willows Inn Bed & Breakfast

Mission

10. BZ Elements Hotel
11. BZ The Inn San Francisco

● RESTAURANTS

South of Market

12. CY AsiaSF
13. EY Benu
14. EZ Caffe Centro
15. DZ Fringale
16. DY Heaven's Dog
17. EZ Paragon Restaurant & Bar
18. EY RN74
19. EY Rooftop Garden Coffee Bar/ Blue Bottle Coffee Co.
20. EZ South Park Café
21. EZ Supperclub
22. EY Thirsty Bear Brewing Company
23. EY Town Hall
24. EY Trace
25. EZ TRES
26. EZ Twenty Five Lusk
27. CY Wicked Grounds

Castro et Noe Valley

28. AZ Incanto
29. AY Lime
30. AY Squat & Gobble Café and Crepery

Mission

31. BZ Delfina
32. BZ Dolores Park Cafe
33. AZ Dosa
34. BZ Flour + Water
35. AZ Foreign Cinema
36. BY Four Barrel Coffee
37. BZ Herbivore
38. BY Limón
39. AZ Mr. Pollo
40. AZ Papalote Mexican Grill
41. BZ Taqueria Cancun
42. BZ Tartine Bakery

☾ SORTIES

South of Market

43. DY 1015 Folsom
44. DY 4th Street Bar & Grill
45. BY Café du Nord
46. DY Club Six
47. CY DNA Lounge
48. RY Fluid Ultra Lounge
49. DY Jillian's
50. BY Martuni's
51. EZ Paragon
52. EZ Supperclub
53. DZ The Endup
54. CY The Holy Cow
55. EY Thirsty Bear

Castro

56. AY Harvey's
57. AY Moby Dick
58. AY The Café
59. AY The LookOut
60. AY Twin Peaks Tavern

Mission

61. BZ Laszlo
62. BZ Lexington Club
63. CZ Nihon Whisky Lounge
64. BY Pisco Latin Lounge
65. AZ Roccapulco
66. BZ Skylark
67. BY Zeitgeis

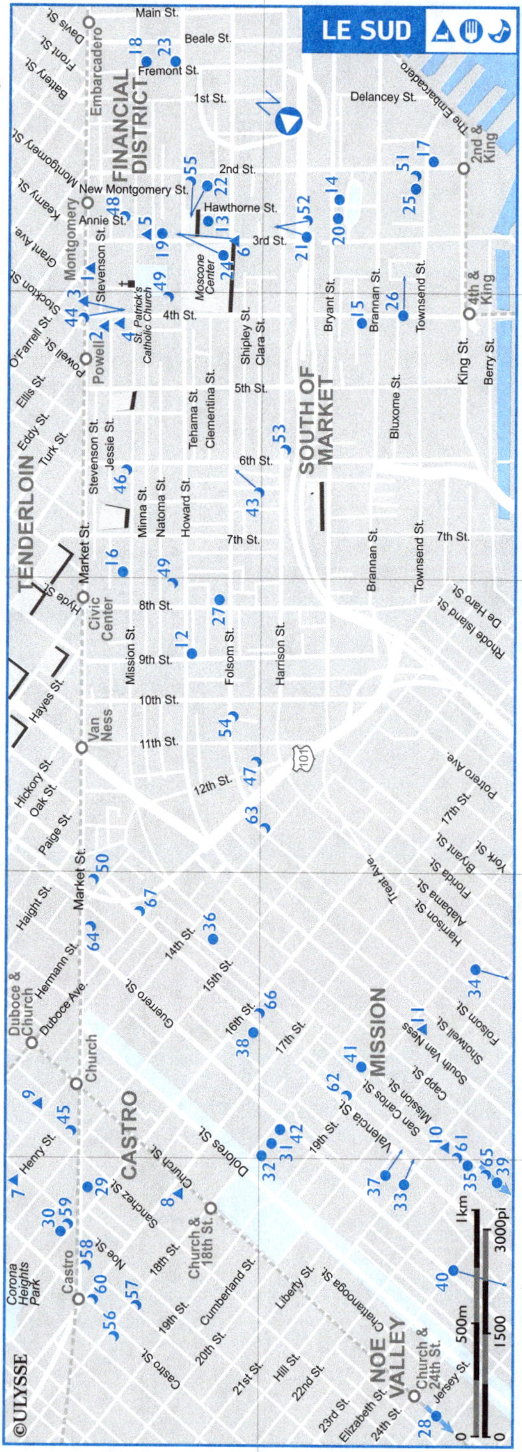

HÉBERGEMENT

1. BY Berkeley Travelodge
2. BZ Downtown Berkeley YMCA Hotel
3. CZ Rose Garden Inn
4. DZ UC Berkeley – Summer Visitor Housing

RESTAURANTS

5. BX Cheese Board Pizza
6. BX Chez Panisse
7. CY Crepes a Go Go

SORTIES

8. CZ Jupiter
9. CY Triple Rock Brewery & Alehouse

▲ HÉBERGEMENT

1. CX Oakland Marriott City Center
2. BX Waterfront Hotel

● RESTAURANTS

3. EX Bay Wolf

☽ SORTIES

4. EX Ben and Nick's
5. CX Eli's Mile High Club

Restaurants

Le centre-ville 146
La côte 155
Le centre 157
Golden Gate Park Area 160
Le sud 161
Les environs de San Francisco 165

Rares sont les villes qui proposent un choix de spécialités culinaires délectables aussi vaste que San Francisco. La quantité impressionnante d'expatriés et de déracinés que compte cette ville de l'ouest des États-Unis forme par son nombre un bouillon de culture ethnique extrêmement diversifié et stimulant. De plus, la proximité des côtes de Californie où la faune marine prolifère, des régions viticoles où sont élaborés des vins réputés, ainsi que des terres fertiles où fruits et légumes abondent en toutes saisons, fait de San Francisco un lieu idéal pour produire, cuisiner et savourer des spécialités culinaires des quatre coins du monde.

Cette combinaison exceptionnelle de denrées variées de qualité suscite l'essor d'un art culinaire particulier où s'entremêlent les effluves de l'Europe, les saveurs du Nouveau Monde, les arômes d'Asie et les subtilités propres à la cuisine d'origine africaine.

Que vous soyez à la recherche de mets californiens, ou carrément exotiques (chinois, italiens, éthiopiens, indiens, thaïlandais, vietnamiens, chinois, français, méditerranéens, japonais, mexicains) ou plus prosaïquement d'un bon steak juteux, vous trouverez sûrement à San Francisco de quoi délecter vos papilles gustatives, soyez-en convaincu. Ici les maîtres cuisiniers expriment éloquemment leur art en dosant subtilement des épices, afin de relever une large palette de plats bien mitonnés et les rendre fort appétissants.

D'ailleurs, la compétition entre les restaurants est si vive à San Francisco que les établissements médiocres sont inexorablement voués à disparaître. Qu'on se le tienne pour dit, San Francisco se classe dans les premiers rangs de la concurrence mondiale pour revendiquer la palme de capitale gastronomique de l'Occident.

› Prix et symboles

Sauf indication contraire, les prix mentionnés dans ce guide s'appliquent à un repas pour une personne, excluant les boissons, les taxes et le service (pourboire).

$	moins de 10$
$$	de 10$ à 20$
$$$	de 21$ à 30$
$$$$	de 31$ à 40$
$$$$$	plus de 40$

Le pictogramme du label Ulysse (ULYSSE) est attribué à nos établissements favoris (hôtels et restaurants). Pour plus de détails, voir p. 114.

› La cuisine californienne

La cuisine californienne est caractérisée par des produits régionaux d'une fraîcheur exemplaire combinés aux saveurs culinaires de la France, de la Méditerranée ou de l'Asie. Il en résulte des créations alléchantes, présentées souvent de façon spectaculaire, qui sont en elles-mêmes une excellente introduction au merveilleux monde gastronomique de la Californie. Bon nombre de chefs, dont Wolfgang Puck, Traci Des Jardins et Jeremiah Tower, ont contribué à populariser la cuisine californienne, mais Alice Waters est sans doute la première à avoir initié la vague au début des années 1970.

› Petit lexique culinaire

Le petit déjeuner est appelé *breakfast*. Le *lunch* correspond au déjeuner, et le dîner est nommé *dinner*. Les *appetizers*, les *first courses* ou les *starters* sont ce qu'on appelle les «entrées». Les *main courses* ou les *second courses* sont les plats principaux.

Comment s'habiller

La plupart des restaurants chics exigent une tenue vestimentaire soignée. Bien que vous ne soyez pas obligé de porter un veston et une cravate, on vous suggère vivement de laisser votre t-shirt *I love San Francisco* et votre bermuda coloré à l'hôtel si vous prévoyez vous attabler dans l'un de ces établissements. Avis aux intéressés, le noir est la couleur branchée qui ne se démode jamais.

La cigarette

Il est strictement interdit de fumer dans les restaurants de la Californie. Cette loi est rigoureusement appliquée.

Pourboires

Sujet de conversation délicat, les pourboires font souvent l'objet d'éternels débats auprès des personnes concernées. En effet, les clients et le personnel ne semblent pas toujours s'entendre sur la somme d'argent à laisser. La situation à San Francisco n'est pas différente d'ailleurs. Grosso modo, laissez entre 15% et 20% de l'addition selon la qualité du service reçu. Les serveurs ont un salaire de base dérisoire et comptent généralement sur la générosité de vos pourboires afin de pouvoir subsister. Faites toutefois attention avant de laisser automatiquement un pourboire, car certains restaurants l'incluent déjà au montant total de l'addition et vous laissent libre d'en rajouter davantage si vous jugez que le service a été exceptionnel.

Index par types de cuisine

Pour choisir un restaurant selon sa spécialité, consultez l'index à la page 167.

Les choix d'Ulysse

Pour un repas sur le pouce
- El Porteño Empanadas 150
- Town Hall 162
- Twenty Five Lusk 163
- Wayfare Tavern 153

Pour le rapport qualité/prix
- Mr. Pollo 164
- Taqueria Cancun 146, 165
- Urban Picnic 146

Pour prendre un café
- Blue Bottle Coffee Co. 150, 158, 161
- Caffe Trieste 154
- Four Barrel Coffee 164
- Mario's Bohemian Cigar Store 154

Pour le brunch
- Dottie's True Blue Café 158
- Mama's on Washington Square 154

Pour le fabuleux décor d'inspiration nautique
- Farallon 149

Pour la nouvelle cuisine américaine
- Benu 163
- Coi 155

Pour savourer les fleurons de la cuisine française
- Café Claude 148
- Chez Papa 152
- Gary Danko 156

Pour goûter aux effluves de la cuisine californienne
- Chez Panisse 166
- Jardinière 159

Pour les italophiles
- Flour + Water 165
- Incanto 163
- Palio d'Asti 153

Pour les *dim sum*
- Yank Sing 145

Pour savourer une cuisine vietnamienne contemporaine
- The Slanted Door 152

Pour découvrir la gastronomie péruvienne

- La Mar Cebicheria 152
- Limón 165

Pour un repas romantique

- La Folie 155
- Tommy Toy's 153

Pour les carnivores

- Harris' 155
- John's Grill 148

Pour les végétariens

- Greens 157

Pour vos gamins

- Cheesecake Factory 146
- Rainforest Cafe 156

Le centre-ville

Voir carte p. 132-133.

Union Square

Taqueria Cancun $

1003 Market St., angle Sixth St., 415-864-6773

Petite gargote à l'éclairage vif et à la décoration très bancale, la Taqueria Cancun fait partie d'une mini-chaîne (voir aussi p. 165) qui propose un menu économique sans aucune prétention gastronomique. Pour beaucoup de résidents, ce restaurant prépare rien de moins que les meilleurs *burritos* (végétariens ou non) en ville, et ils ont sans doute raison. Les portions sont tellement généreuses que l'on pourrait presque sauter le dîner pour ne manger que le lendemain. Vraiment très bon, résolument copieux et pas cher du tout. Seul inconvénient, le restaurant est situé sur un tronçon de Market Street animé par beaucoup de sans-abri et de personnages un peu marginaux.

Mocca $-$$

175 Maiden Lane, 415-956-1188

Situé à un jet de pierre d'Union Square, dans une petite rue fermée à la circulation automobile, le Mocca est un sympathique petit café qui propose un menu simple où tout le monde semble trouver son compte: sandwichs, soupes, antipasti, pâtes, salades et quelques mets végétariens. Au moindre rayon de soleil, le personnel installe des tables sur la terrasse afin que les clients puissent prendre un bol d'air en mangeant.

Urban Picnic $-$$

125 Kearny St., entre Post St. et Vermehr Pl., 415-433-1233, www.urbanpicnicsf.com

Cet établissement sans prétention à la décoration banale propose des sandwichs, des salades et des soupes maison à des prix raisonnables. Le menu affiche aussi un bon choix de plats végétariens. Délicatement parfumée de coriandre, la soupe fumante au bouillon de poulet biologique et aux nouilles de riz est un choix tout indiqué pour se réchauffer durant un après-midi frisquet et chasser la grisaille de la ville. Absolument exquis et délicieusement nourrissant.

Café de la Presse $$-$$$

352 Grant Ave., 415-398-2680

Situé à côté du Chinatown, le Café de la Presse peut combler à n'importe quel moment de la journée aussi bien les petits creux avec ses tartines et sandwichs que les plus gros appétits avec ses classiques de bistro français comme la bavette à l'échalote ou la blanquette de veau. L'établissement dispose d'un grand choix de journaux et de magazines internationaux.

Cheesecake Factory $$-$$$

251 Geary St., entre Stockton St. et Powell St., 415-391-4444

Au huitième étage du magasin Macy's, le Cheesecake Factory propose un menu étendu qui plaira sans doute à toute la famille, avec notamment une très longue liste de ses célèbres *cheesecakes*. Sa jolie terrasse, avec vue sur Union Square et les énormes panneaux publicitaires, est littéralement prise d'assaut durant les journées ensoleillées.

Colibri Mexican Bistro $$-$$$
438 Geary St., angle Mason St., 415-440-2737, www.colibrimexicanbistro.com

Certes un peu cher en raison de sa proximité d'Union Square, Colibri est néanmoins l'un des bons restaurants mexicains en ville. Il vaut décidément le détour si vous aimez le guacamole onctueux et relevé juste à point, ou bien encore les tendres morceaux de poulet ou de bœuf enrobés d'oignons, parsemés de coriandre fraîche, nappés d'une sauce onctueuse et piquante, puis enroulés dans des tortillas chaudes et moelleuses. Diététiquement incorrect, mais délicieusement satisfaisant. Le service est un peu à la traîne et la salle à manger peut devenir très bruyante, mais commandez une margarita ou une bière froide et prenez votre mal en patience.

Cupola Pizzeria $$-$$$
Westfield San Francisco Centre, 845 Market St., 4e étage, 415-896-5600, www.cupolasf.com

Pour bien se sustenter entre deux séances de magasinage, filez au quatrième étage du Westfield San Francisco Center, où la Cupola Pizzeria prépare, dans un four à bois importé directement de Naples, de délicieuses pizzas ensoleillées à la croûte mince, croustillante et tendre à la fois. L'ardoise propose aussi un choix serré de pâtes aux sauces épatantes. En guise de mise en bouche, une salade de calmars frits (en saison seulement afin d'en assurer la fraîcheur) accompagnée de roquette et d'oignons rouges ou bien encore l'assiette de mozzarella fondante avec brocolis, flocons de chili, légèrement ailée et saupoudrée d'un zest de citron, sont des valeurs sûres. La cave renferme une bonne sélection de vins dont plusieurs sont vendus au verre. En finale, optez pour le *budino* au chocolat mi-sucré, nappé de crème chantilly et accompagné de noisettes. Absolument exquis. Le service est bien rodé et le décor agréable.

Daily Grill $$-$$$
347 Geary St., entre Powell St. et Mason St., 415-616-5000, www.dailygrill.com

Jouxtant le **Handlery Union Square Hotel** (voir p. 118), le Daily Grill est une bonne adresse si vous êtes à la recherche d'un endroit où casser la croûte à toute heure du jour. Le menu affiche un vaste choix de plats copieux et typiquement américains à des prix concurrentiels. Le restaurant plaira à coup sûr aux voyageurs qui souhaitent prendre une bouchée rapide, un repas complet, ou simplement siroter une bière fraîche. Pour casser la croûte de façon informelle, installez-vous près du bar à l'entrée du restaurant.

First Crush Restaurant, Bar and Lounge $$-$$$
101 Cyril Magnin St., angle O'Farrell St., 415-982-7874, www.firstcrush.com

Les toques du restaurant First Crush mitonnent une cuisine californienne honnête qui change au gré des saisons et selon les produits frais qui sont disponibles. La salle à manger est conviviale et l'ambiance remuante. L'établissement propose aussi une belle carte de vins uniquement californiens, à prix corrects. Différents crus sont également servis au verre. Bonne adresse pour s'adonner aux plaisirs de Bacchus tout en grignotant un petit plat d'accompagnement de circonstance.

Jeanne d'Arc $$-$$$
Cornell Hotel de France, 715 Bush St., angle Mason St., 415-421-3154

Au sous-sol du **Cornell Hotel de France** (voir p. 117) se trouve l'une des salles à manger les plus originales et les moins connues de San Francisco : Jeanne d'Arc. Le restaurant porte vraiment bien son nom, car on jurerait que l'on dîne dans un musée thématique sur l'épopée de la pucelle d'Orléans, tout en étant bercé par des airs de musique française. La délicieuse cuisine maison est évidemment d'inspiration française.

Urban Tavern $$-$$$
333 O'Farrell St., entre Mason St. et Taylor St., 415-923-4400, www.urbantavernsf.com

À quelques minutes de marche d'Union Square, ce «gastropub» se vante de ne se servir que des produits de la ferme élaborés dans un rayon de plus ou moins 150 km. Aux fourneaux, le chef prépare des assiettes soignées et bien fignolées. En guise d'entrée, optez pour le sandwich de pain de viande Kobe, servi avec des oignons grillés et une sauce à l'ail maison. Un véritable délice! Comme plat de résistance, la bavette, à la cuisson impeccable, est présentée sur une plaque de fonte allongée et est parfaitement assaisonnée. Les personnes qui préfèrent les poissons opteront pour la prise du jour. N'oubliez pas aussi de commander les frites de pommes de terre douces. Côté déco, retenons la statue géante d'un cheval qui a été créée à partir de vieilles pièces récupérées d'une voiture, d'un tracteur et d'une motocyclette. Bref, une adresse extra, des prix corrects et un service gentil comme tout.

Café Claude $$$
7 Claude Lane, entre Grant Ave. et Kearny St., 415-392-3505, www.cafeclaude.com

Rendez-vous des Européens et des expatriés, le Café Claude est situé dans une petite allée tout près du Chinatown. Ici le décor fait mieux que de s'inspirer d'un bistro français: tous les meubles et même le bar proviennent d'un ancien bistro parisien. Le menu typiquement français propose des plats alléchants et variés allant du coq au vin à la bavette sauce au poivre vert. Des musiciens de jazz viennent distraire les convives qui y prennent leur repas du jeudi au samedi. Terrasse. Réservations recommandées.

Gitane $$$
6 Claude Lane, entre Grant Ave. et Kearny St., 415-788-6686, www.gitanerestaurant.com

Situé à quelques rues d'Union Square dans une petite rue fermée à la circulation, ce restaurant sert une cuisine gitane inspirée de la France, de l'Espagne et du Portugal. Au rez-de-chaussée, un bar permet aux convives de prendre l'apéro dans une ambiance bohème et animée. Terrasse donnant sur la rue pour casser la croûte à l'air libre.

Grand Cafe $$$-$$$$
501 Geary St., angle Taylor St., 415-292-0101, www.grandcafe-sf.com

En pénétrant dans le Grand Cafe, vous comprendrez mieux la signification de son nom. La salle à manger loge dans une ancienne salle de bal qui a gardé ses colonnes vertigineuses supportant de très hauts plafonds d'où pendent des chandeliers Art déco. La carte propose une cuisine française avec des influences californiennes ensoleillées. Bonne carte des vins.

John's Grill $$$-$$$$
63 Ellis St., entre Fourth St. et Market St., 415-986-0069, www.johnsgrill.com

Vénérable restaurant ouvert depuis 1908, le John's Grill est une véritable institution à San Francisco. L'établissement propose une fine cuisine américaine bien maîtrisée qui fait l'unanimité auprès d'une clientèle d'habitués et de touristes de passage. D'ailleurs, la seule idée que Dashiell Hammett ait apprécié les spécialités de poissons et fruits de mer du John's Grill et qu'il y ait fait référence à l'époque où il a rédigé *Le Faucon maltais* donne illico l'envie d'y réserver une table. Les murs en bois foncé sont tapissés de photos en noir et blanc des clients célèbres qui sont venus y manger. En entrée, les escargots tendres à souhait, la salade César crémeuse ou la délicieuse chaudrée de palourdes font mouche. Pour assouvir vos instincts carnivores, optez pour le très copieux filet mignon saisi à la perfection, saignant et chaud, qui fond littéralement dans la bouche. La carte des vins est étoffée et offre un vaste choix de vins au verre issus de la vallée de Napa. Des musiciens de jazz contribuent à l'environnement sonore et à l'ambiance feutrée de l'établissement.

Le Colonial $$$-$$$$
20 Cosmo Place, entre Post St. et Taylor St., 415-931-3600

L'un des bons restaurants de la ville est aussi l'un des plus difficiles à dénicher. Caché dans une petite allée près d'Union Square, Le Colonial, au cadre cossu, ressemble davantage à une villa privée où se réunit la faune branchée de San Francisco. Le menu propose une délectable cuisine vietnamienne.

Millennium $$$-$$$$
580 Geary St., 415-345-3900, www.millenniumrestaurant.com

Le Millennium est un fabuleux restaurant végétarien où les convives s'attablent pour savourer une cuisine diététique diablement alléchante. Ici vous ne trouverez pas au menu des salades aux germes de soja

Foodies

Légion à San Francisco, on définit généralement les *foodies* comme étant des gens qui apprécient la cuisine gastronomique de qualité et le bon vin servi avec élégance et sans flagornerie.

fadasses ni des sandwichs au concombre. De plus, pratiquement aucun produit laitier n'est utilisé dans la préparation des plats. Il en résulte des créations culinaires audacieuses qui plairont autant aux végétariens qu'aux carnivores irréductibles. La carte des vins s'agence bien au menu. Le service est courtois et attentionné.

Fleur de Lys $$$$
777 Sutter St., 415-673-7779, www.fleurdelyssf.com
Restaurant gastronomique au cadre romantique à souhait, le Fleur de Lys concocte une excellente cuisine française. La belle salle à manger est baignée d'une douce lumière et d'une musique de circonstance. Tables dressées avec goût, décor raffiné, service impeccable, tout est mis en œuvre pour offrir aux convives une délicieuse expérience culinaire. Très belle carte des vins qui joue sur le registre de la qualité.

Garden Court $$$$
Palace Hotel, 2 New Montgomery St., angle Market St., 415-512-111
Coiffé d'un magnifique et spectaculaire dôme ajouré de vitraux, le Garden Court du **Palace Hotel** (voir p. 120) possède sans nul doute l'une des salles à manger les plus spectaculaires de la ville. Adresse idéale pour se rassasier dans un restaurant plein d'ambiance. Ouvert seulement pour le petit déjeuner et le déjeuner. Le thé y est servi les samedis de 13h à 15h.

The Rotunda $$$$
150 Stockton St., angle Geary St., 4e étage, 415-362-4777
Restaurant du magasin Neiman-Marcus, le Rotunda est une bonne adresse à retenir pour déguster le thé et prendre un en-cas l'après-midi entre deux courses.

Farallon $$$$-$$$$$
450 Post St., entre Mason St. et Powell St., 415-956-6969, www.farallonrestaurant.com
En poussant la porte du fascinant Farallon, vous oublierez votre conception du décor nautique banal traditionnel. La fabuleuse salle à manger semble sortir tout droit de l'imagination de Jacques Cousteau avec, entre autres, des méduses en forme de lampes d'ambiance qui illuminent savamment l'intérieur. Les proprios ont déployé tellement d'efforts pour concevoir et fabriquer un décor spectaculaire qu'il est facile d'oublier qu'on vient ici pour manger. La carte est toutefois à la hauteur du cadre et propose toute une brochette de poissons et de crustacés d'une fraîcheur extraordinaire, toujours bien assaisonnés et présentés.

Postrio $$$$-$$$$$
545 Post St., entre Mason St. et Taylor St., 415-776-7825, www.postrio.com
Réparti sur trois niveaux, le Postrio appartient au réputé chef Wolfgang Puck. Les *foodies* qui n'ont pas réservé leur table doivent généralement patienter au bar, avant d'accéder par un escalier un peu tape-à-l'œil à la spacieuse salle à manger conviviale souvent bondée. La grande cuisine à aire ouverte permet d'observer les cuistots en toque blanche s'exécuter aux fourneaux. Le menu est truffé de plats californiens où s'entremêlent les arômes de la France et de l'Asie. Les desserts sont tout simplement succulents. Service avenant et souriant.

Masa's Restaurant $$$$$
648 Bush St., angle Powell St., 415-989-7154, www.masasrestaurant.com
Fleuron du circuit gastronomique de San Francisco, ce restaurant français jouit d'une excellente réputation depuis son ouverture en 1983. Des menus dégustation alléchants à quatre et sept services sont proposés et servis dans une salle à manger élégante et classique. La cave est à la hauteur des prétentions du restaurant et renferme quelque 800 bouteilles très bien choisies. Si le choix s'avère cornélien, n'ayez crainte puisque le personnel courtois et chevronné vous donnera des conseils avisés. Beaucoup plus cher que la moyenne des restaurants, mais nettement meilleur. Tenue de ville exigée.

Chinatown

Lucky Creation $

854 Washington Ave., 415-989-0818

Ce restaurant chinois sans prétention se contente de servir une belle brochette de plats végétariens au goût du jour. Parfait pour avaler un morceau avant de poursuivre sa route dans les dédales du Chinatown. Le décor ne paie pas de mine: ça permet de se concentrer sur son assiette.

House of Nanking $$

919 Kearny St., 415-421-1429

Autre petit restaurant chinois qui ne paie pas de mine et qui attire de nombreux résidents et habitués. Il faut parfois faire la file avant de pouvoir s'asseoir aux tables communes et déguster de bons plats originaux, mais adaptés aux goûts occidentaux.

Penang Garden $$-$$$

728 Washington St., angle Walter U. Lum Pl., 415-296-7878

Plutôt spacieux et lumineux, ce restaurant au décor tropical-kitsch propose à la fois une cuisine chinoise, malaise, thaïe et singapourienne. D'ailleurs, le plat de crabe épicé à la Singapour et la soupe au durian préparée avec un savoureux bouillon de poulet assaisonné de gingembre et d'épices chinoises comptent parmi les spécialités de la maison. Puisque certains plats peuvent être plutôt relevés, n'oubliez pas de demander aux serveurs aux chemises éclatantes de régler le niveau de «piquant» à votre goût si vous avez du mal à tolérer les épices.

R & G Lounge $$-$$$

631 Kearny St., 415-982-7877

Le R & G Lounge est un autre restaurant dont le menu puise son inspiration dans la cuisine chinoise. Le décor du rez-de-chaussée n'a rien de très affriolant, mais, si vous êtes à la recherche d'un bon repas dans un cadre plus cossu, rendez-vous à l'étage. Le crabe en est une spécialité.

Empress of China $$$

838 Grant Ave., entre Clay St. et Washington Ave., 415-434-1345

Au cœur du Chinatown, l'Empress of China est situé au sixième étage d'un bâtiment qui offre des vues saisissantes sur la ville. Déco vintage et cuisine raffinée.

Financial District et Embarcadero

Au cœur du Financial District se trouve **Belden Place**, une rue fermée à la circulation automobile où vous pourrez vous attabler à l'une des terrasses des sympathiques restaurants de l'endroit, notamment le Cafe Bastille, Plouf et B44.

Blue Bottle Coffee Co. $

1 Ferry Building, nº 7, www.bluebottlecoffee.net

Avis aux grands amateurs de café, la Blue Bottle Coffee Co. sert sans doute les meilleurs cafés biologiques à San Francisco. Au petit comptoir du Ferry Building, il n'est pas rare d'attendre une bonne dizaine de minutes pour siroter son café au lait onctueux préparé à la perfection. Soyez patient, l'attente en vaut le coup! Au dire de nombreux résidents, l'établissement prépare aussi les meilleurs cafés filtres en ville au moyen de siphons à café importés du Japon. On y sert également de délicieuses gaufres pour calmer une petite faim. Autres adresses dans SoMa (voir p. 161) et Hayes Valley (voir p. 158).

El Porteño Empanadas $

1 Ferry Building, à l'extrémité sud de l'édifice, 415-357-3621, www.elportenosf.com

Situé à côté de la boutique **Sur La Table** (voir p. 188), El Porteño sert les meilleures *empanadas* argentines à des kilomètres à la ronde. Sur la courte ardoise: *jamón y queso* (prosciutto et fromage fontina), *carne* (bœuf biologique, piment, olives, raisins et œufs durs), *pollo* (poulet biologique, chorizo, raisins et olives), *fungazetta* (cheddar fort, oignons biologiques et origan) et *champiñones* (champignons biologiques, oignons verts, parmesan et crème fraîche). *¡Buen provecho!*

Mijita Cocina Mexicana $-$$

1 Ferry Building, nº 4, 415-399-0814

Comme son nom l'indique, Mijita Cocina Mexicana est un restaurant mexicain qui propose des plats délicieusement riches en cholestérol. Cet agréable établissement dispose d'une salle à manger aux tonalités chaleureuses où sont réparties de jolies tables en bois. À la carte, des classiques de la cuisine *mexicana* côtoient de délicieuses créations originales. Les *tacos* et les *huevos rancheros* sont particulièrement recommandés. En prime, les clients ont droit à de jolies vues sur l'eau.

Taylor's Automatic Refresher $-$$

1 Ferry Building, n° 6, 415-328-3663

Vous avez une fringale en revenant de Sausalito en traversier? Arrêtez-vous au Taylor's Automatic Refresher pour manger avant de poursuivre votre chemin. Au menu: hamburgers juteux, frites croustillantes, laits fouettés onctueux, bières fraîches et vins californiens. Bon, roboratif et pas très cher.

Cafe Bastille $$-$$$

22 Belden Place, 415-986-5673, www.cafebastille.com

Situé dans une rue agréable fermée à la circulation automobile, le Cafe Bastille reflète la présence européenne dans la ville et propose un menu de bistro d'un bon calibre culinaire. Les carnivores en manque de protéines opteront sans doute pour l'incontournable steak frites ou encore pour le foie de veau cuit à point. Le service est un brin nonchalant mais souriant. Durant la saison estivale, la belle terrasse est prise d'assaut par ceux qui aiment manger sous les étoiles.

Fog City Diner $$-$$$

1300 Battery St., 415-982-2000

Détrompez-vous car derrière ce nom plutôt débonnaire se cache l'un des *diners* les moins conventionnels des États-Unis. Assis sur des banquettes confortables installées dans un décor en chrome rutilant, les convives dégustent une belle brochette de plats qui n'ont pas l'habitude de figurer au menu d'un *diner* classique: filet de saumon, huîtres et steak juteux. L'établissement propose également une petite carte des vins pour les amis de Bacchus. N'ayez crainte, les puristes peuvent jeter leur dévolu sur les hamburgers copieux et bien fichus avec ce qu'il faut de fromage, de bacon et de frites croustillantes.a

Gordon Biersch $$-$$$

2 Harrison St., angle Spear St., 415-243-8246

Le resto-bar Gordon Biersch sert une cuisine étonnamment bonne. Vous ne trouverez pas de grandes surprises culinaires au menu, mais vous en serez quitte pour une cuisine honnête, sans prétention et une coche au-dessus de la restauration rapide. Un bon choix de bières maison est également proposé. En prime, vous bénéficierez de splendides vues sur l'eau et le Bay Bridge.

Tadich Grill $$-$$$

240 California St., angle Battery St., 415-391-1849, www.tadichgrill.com

Le Tadich Grill a ouvert ses portes en 1849, à l'époque de la ruée vers l'or californienne. L'établissement a certes changé de visage depuis, mais on y prépare toujours de délicieuses assiettes de poisson grillé et autres délices de la mer. Le bar longiligne de l'endroit constitue le point d'ancrage des habitués qui relaxent après une journée de labeur. Des murales Art déco et des murs lambrissés ajoutent à l'ambiance chaleureuse et conviviale du restaurant.

B44 $$$

44 Belden Place, 415-986-6287, www.b44sf.com

Petit coin d'Espagne qui a trouvé refuge dans une petite rue au parfum européen, B44 est un digne représentant de la cuisine catalane. Spécialité indubitable de la maison, la savoureuse paella est préparée avec du riz importé de la Catalogne. Le menu propose aussi un bel assortiment de tapas salées et sucrées pour émoustiller vos papilles gustatives. Carte des vins fort intéressante avec une prédominance espagnole. Si la météo le permet, on dresse les tables sur la terrasse pour les convives qui souhaitent prendre leur repas à l'air libre.

Dîner-croisière sur la baie de San Francisco

L'entreprise **Hornblower Cruises & Events** *(1398 The Embarcadero, 415-788-8866, www.hornblower.com)* propose des brunchs *(environ 65$/pers.)* et des dîners-croisières *(environ 110$/pers.)* dans la baie de San Francisco. Il s'agit d'une façon idéale pour célébrer une occasion spéciale ou simplement passer un bon moment. Après l'embarquement, le bateau démarre pour une excursion d'une durée de 2h30 à 3h.

Ozumo $$$
161 Steuart St., entre Howard St. et Mission St., 415-882-1333, www.ozumo.com
Ce très grand restaurant au décor moderne est fréquenté par une clientèle jeune, branchée et élégante qui vient savourer des sushis ultra-frais sous les airs de musique contemporaine. Les convives peuvent regarder les cuistots dans la cuisine ouverte ou profiter de jolies vues sur le Bay Bridge. Très belle sélection de sakés.

Plouf $$$
40 Belden Place, 415-986-6491, www.ploufsf.com
Tirant son nom de l'onomatopée qui évoque le bruit d'une pierre tombant dans l'eau, Plouf propose des festins de poissons et de fruits de mer. Très bon choix de moules étuvées que l'on déguste avec une portion de frites croustillantes, le tout arrosé d'une bière fraîche ou d'un ballon de blanc. Médaillons de porc, agneau et steak font partie des autres victuailles à se mettre sous la dent. Bref, une cuisine de bistro franche et bien exécutée. Agréable terrasse chauffée pour les soirs frisquets.

The Slanted Door $$$
1 Ferry Building, n° 3, 415-861-8032, www.slanteddoor.com
Dans une grande salle à manger épurée, pourvue d'immenses fenêtres qui offrent un panorama splendide sur le Bay Bridge, The Slanted Door fait courir le tout San Francisco à la page. Jouissant d'une formidable renommée dans les cercles culinaires des États-Unis, le chef-propriétaire, Charles Phan, élabore une cuisine vietnamienne contemporaine qui parvient à élever la *street food* (cuisine de rue) au rang de gastronomie de haute voltige. Les plats sont conçus pour être partagés, et l'on vous suggère d'en commander plusieurs pour bien mesurer l'étendue du talent du chef. Ne manquez surtout pas de goûter aux crevettes tigrées caramélisées à l'ail, accompagnées d'oignons biologiques et délicatement nappées d'une sauce au chili. Les rouleaux impériaux, croquants et goûteux à souhait, présentent un équilibre de saveurs remarquable. D'ailleurs, les arômes et les textures se marient délicatement, et vous arriverez sans effort au fond de votre assiette. Belle carte des vins avec une nette prédominance pour les rieslings. Les réservations sont indispensables. Si vous n'avez pas réussi à réserver une table, sachez qu'il y a un comptoir de commandes à emporter.

Yank Sing $$$
Rincon Center, 101 Spear St., angle Mission St., 415-957-9300
49 Stevenson St., 415-541-4949
www.yanksing.com
Dans cet établissement unanimement considéré comme l'un des meilleurs restaurants en ville pour savourer des *dim sum*, une soixantaine de petits plats circulent entre les tables sur des chariots et donnent l'envie de prendre un billet d'avion pour la Chine. La salle à manger, à l'ambiance remuante, semble toujours pleine à craquer. Seul point négatif : l'addition est beaucoup plus élevée que dans les autres restaurants de *dim sum*.

Chez Papa $$$-$$$$
4 Mint Plaza, 415-546-4134, www.chezpaparesto.com
Aucune visite gastronomique à San Francisco n'est complète sans un arrêt au restaurant Chez Papa. Dans une salle à manger chic, feutrée et contemporaine, dominée par des tonalités masculines, les clients dégustent des plats soigneusement travaillés grâce à une excellente maîtrise des cuissons. Il en résulte des créations d'une finesse inouïe qui dégagent des arômes franches et exquises. On y propose une judicieuse sélection de vins à prédominance française dont la majorité provient de la région du Rhône. Le personnel élégant traite les convives avec le plus grand soin. Un vrai régal!

La Mar Cebicheria $$$-$$$$
Pier 1 ½, 415-397-8880, www.lamarcebicheria.com
Premier restaurant de Gastón Acurio aux États-Unis, La Mar Cebicheria a jeté l'ancre loin de son resto-phare de Lima et constitue une très bonne adresse pour satisfaire ses envies gourmandes tout en découvrant une cuisine péruvienne hybridée. Considéré comme l'ambassadeur de la cuisine péruvienne, Acurio marie avec imagination et délicatesse les produits locaux avec les influences *peruanas*. La vedette du menu est visiblement le *ceviche* décliné à toutes les sauces. Dans une spacieuse salle à manger aux couleurs de South Beach, on

y sert aussi du *lomo saltado*, des *papas a la huancaina* et du poisson hyper frais. Pour arroser le tout, optez pour un *pisco sour* en apéro. En finale, jetez votre dévolu sur le *dulce de leche*, un dessert à base de caramel préparé avec du lait évaporé. Possibilité de manger dans la grande salle à manger avec cuisine ouverte ou sur la terrasse si la météo le permet.

Palio d'Asti $$$-$$$$
640 Sacramento St., entre Montgomery St. et Spring St., 415-395-9800, www.paliodasti.com

Étape obligée de la gastronomie italienne, Palio d'Asti propose une cuisine de haut niveau préparée avec beaucoup de délicatesse et de raffinement. Le menu change selon les saisons afin de garantir la fraîcheur des produits et le niveau de qualité. On y propose également une table d'hôte délectable à prix doux. La cave à vin est remplie d'élixirs qui sont en harmonie avec le menu: n'hésitez pas à suivre les conseils éclairés du personnel afin d'orienter votre choix vers un cru qui relèvera admirablement bien votre repas. Décoration soignée et service diligent et empressé.

Bix $$$$
56 Gold St., angle Sansome St., 415-433-6300, www.bixrestaurant.com

Rendez-vous d'une clientèle chic, *trendy* et sophistiquée, le Bix est un immense resto-bar enjolivé de peintures Art déco. Ce décor s'insère dans un cadre des plus agréables, avec murs de briques et plafond vitré, baignant dans une musique d'ambiance *jazz and blues* propice aux conversations intimes. Ce ravissant milieu feutré ne fait qu'ajouter au plaisir de déguster une cuisine californienne raffinée.

Silks $$$$
Mandarin Oriental, 222 Sansome St., 415-276-9888

L'hôtel **Mandarin Oriental** (voir p. 122) est doté d'une excellente table: le restaurant Silks. On y prépare une délicieuse cuisine asiatique métissée résolument gastronomique, servie par un personnel élégant dans un décor léché. En prime, vous aurez droit à de jolis points de vue sur la ville.

Tommy Toy's $$$$
655 Montgomery St., 415-397-4888, www.tommytoys.com

Merveilleux restaurant chinois qui fusionne subtilement des influences françaises, Tommy Toy's se trouve juste à côté de la Transamerica Pyramid et constitue une halte gastronomique fort appréciée de tout *foodie* qui se respecte. Le restaurant est l'endroit tout indiqué pour passer une soirée romantique dans un cadre où les chandeliers, les lumières tamisées, les sempiternelles photos, la coutellerie rutilante et l'attention du personnel distillent une atmosphère unique digne d'un établissement haut de gamme. Le très copieux menu dégustation est un véritable festin pour le palais, le tout accompagné d'une belle carte des vins.

Boulevard $$$$-$$$$$
1 Mission St., angle Steuart St., 415-543-6084, www.boulevardrestaurant.com

Pilier de la restauration de la ville, le Boulevard est le fruit de la collaboration de la chef Nancy Oakes et du designer Pat Kuleto. L'intérieur se divise en trois salles à manger et rappelle le décor de la Belle Époque avec ses peintures Art nouveau. La nourriture est synonyme de cuisine américaine métissée. Possibilité de manger avec vue sur le Bay Bridge ou de regarder les cuistots en toque blanche s'exécuter dans la cuisine à aire ouverte.

Wayfare Tavern $$$$-$$$$$
558 Sacramento St., entre Leidesdorff St. et Montgomery St., 415-772-9060, www.wayfaretavern.com

Restaurant qui fait feu de tout bois depuis son inauguration, la Wayfare Tavern appartient au chef, restaurateur et personnalité connue de la chaîne culinaire Food Network, Tyler Florence. Ici, les convives s'installent dans une salle à manger à la décoration «rustico-chic» pendant qu'aux fourneaux on met au goût du jour les classiques de la cuisine américaine. Il en résulte des plats réconfortants de haute facture et savoureux à souhait, comme la soupe de chou-fleur aux huîtres, le steak frites, ainsi que le poulet frit biologique. Le menu affiche même l'un des plats réconfortants les plus appréciés des Américains, le *mac and cheese* (macaroni au fromage). Adresse idéale pour refaire le plein de glucides et de protéines.

North Beach

Caffe Trieste $
601 Vallejo St., angle Grant Ave., 415-392-6739, www.caffetrieste.com
Ancien point de chute des beatniks, le Caffe Trieste est toujours une adresse emblématique dans l'histoire des cafés de renom de San Francisco. Il n'est pas rare d'y rencontrer un musicien en train de gratter nonchalamment sa guitare en solitaire. Son agréable terrasse est souvent prise d'assaut par les touristes ainsi que par les poètes et les intellos qui aiment bien se lancer dans des débats littéraires ou philosophiques tout en dégustant un énième café. Le menu est simple et propose des viennoiseries, des pizzas et des jus.

Mario's Bohemian Cigar Store $
566 Columbus Ave., angle Union St., 415-362-0536
Si le nom de l'établissement évoque un magasin où l'on vend des cigares, le Mario's Bohemian Cigar Store est plutôt un troquet de quartier à l'ambiance désinvolte. Les nombreux habitués s'y réunissent pour discuter, lire, manger une bouchée ou boire un café bien corsé avant de poursuivre leur route.

Cafe Zoetrope $$
916 Kearny St., 415-291-1700, www.cafecoppola.com
Appartenant au célèbre producteur et réalisateur Francis Ford Coppola, le Cafe Zoetrope est à la fois un café, un restaurant, un *wine bar* et un magasin. Le menu comprend des pâtes fraîches et voluptueuses, des pizzas croustillantes et des sandwichs copieux. Des mecs aux costards griffés côtoient ici de jolies femmes élégamment vêtues. Évidemment, les crus des vignobles Coppola de la vallée de Napa noircissent la carte des vins.

Mama's on Washington Square $$
1701 Stockton St., 415-362-6421, www.mamas-sf.com
Ce restaurant familial sert de copieux petits déjeuners depuis plus de 50 ans. Œufs bénédictine, pain doré, *pancakes* (crêpes) maison et omelettes figurent au menu. Ouvert dès 8h30 pour servir des petits déjeuners toute la journée. Service efficace, mais attendez-vous à faire la file, car l'endroit est très couru les fins de semaine.

Mona Lisa $$
353 Columbus Ave., angle Vallejo St., 415-989-4917, www.monalisasf.com
Phare de nuit de North Beach, Mona Lisa est une bonne adresse pour faire ripaille dans la pure tradition italienne. Ceux qui opteront pour un plat à la carte pourront jeter leur dévolu sur le veau ou le poisson.

Sushi on North Beach $$
745 Columbus Ave., entre Mason St. et Powell St., 415-788-8050
Petit restaurant de quartier sans prétention dédié à la cuisine nippone, le Sushi on North Beach prépare d'excellents sushis et tempuras ainsi que quelques assiettes fumantes de teriyaki. La carte propose aussi une bonne sélection de sakés froids ou chauds.

Trattoria Pinocchio $$
401 Columbus Ave., angle Vallejo St., 415-392-1472
La carte de la Trattoria Pinocchio offre un bon choix de délicieuses pâtes maison, pizzas et autres classiques de la cuisine italienne. On y mange coude à coude dans la salle à manger, tandis que la terrasse constitue un bon endroit pour prendre le pouls du quartier.

Tommaso Ristorante Italiano $$-$$$
1042 Kearny St., 415-398-9696
Envie d'une pizza tout feu tout flamme? Ne cherchez plus car ce restaurant en prépare de savoureuses, à base de produits frais et sans ingrédients fantaisistes, et ce, depuis 1935; autant dire qu'ils ont un certain savoir-faire. Et même si vous devez attendre quelques minutes avant d'avoir une table, patientez car vous ne le regretterez pas. Ambiance simple et sympathique.

The House $$$
1230 Grant Ave., 415-986-8612, www.thehse.com
Dans ce quartier où la cuisine italienne domine, The House constitue une bonne option. Le chef prépare une excellente cuisine fusion à tendance asiatique, en utilisant beaucoup de poissons et de fruits de mer. Les carnivores ne sont pas en reste puisqu'ils peuvent jeter leur dévolu sur, entre autres, de délicieuses côtes de porc et du bœuf Kobe. Vu que le restaurant n'est pas très

grand mais très couru, les réservations sont recommandées.

Coi $$$$
373 Broadway, entre Bartol St. et Osgood Pl., 415-393-9000, www.coirestaurant.com
Restaurant dont le nom tient en une syllabe (prononcez lentement «quoi»), Coi s'inscrit dans la lignée des rares établissements gastronomiques doublement étoilés de la ville. Coi est dirigé avec maestria par le chef-propriétaire Daniel Patterson, qui prépare une cuisine américaine qualifiée de novatrice et d'éclectique. L'ardoise énumère des plats atypiques composés essentiellement de produits biologiques où les légumes priment et les mélanges des goûts et des textures font surgir des saveurs inédites, mais diablement délicieuses. Une belle carte des vins et un service désarmant de gentillesse en font un excellent choix pour les gourmets qui cherchent une adresse culinaire d'exception. Les réservations sont vivement conseillées.

Nob Hill

Harris' $$$-$$$$
2100 Van Ness Ave., angle Pacific Ave., 415-673-1888, www.harrisrestaurant.com
Temple de la viande rouge, Harris' se contente de préparer avec soin de copieuses portions de steak tendre et juteux. Le cadre raffiné et le service sans ostentation sous fond de musique de jazz distillent une ambiance propice à la dégustation. Le menu propose aussi des poissons et des crustacés. Les morceaux de viande séchée à l'entrée inciteront sans doute les végétariens à passer leur chemin. Plus de 300 bouteilles de vin californien sont présentées à la clientèle.

Big 4 Restaurant $$$$
1075 California St., angle Taylor St., 415-771-1140
Big 4 est un nom un tant soit peu ronflant, mais le vocable évoque parfaitement bien le surnom qu'on avait donné jadis aux quatre magnats du chemin de fer de l'Ouest. Depuis une trentaine d'années, cet établissement réputé concocte un menu qui change en fonction des arrivages. Il en résulte une excellente carte de «nouvelle cuisine américaine». Le cadre, dominé par le bois et baigné par une douce lumière rehaussée d'un feu de foyer, est propice aux tête-à-tête intimes ou aux dîners d'affaires importants.

La Folie $$$$
2316 Polk St., entre Green St. et Union St., 415-776-5577, www.lafolie.com
Considéré depuis de nombreuses années comme l'une très bonnes tables en ville, La Folie est un restaurant français raffiné qui attire les fins gourmets de San Francisco et de ses environs. Avis aux intéressés, plusieurs des plats sont préparés avec du foie gras, mais un menu végétarien figure également au menu. L'extrême courtoisie du personnel, combinée aux plats parfaitement maîtrisés, vous fera vivre une mémorable expérience gastronomique, d'autant plus que la maison possède aussi une excellente cave.

La côte

Voir carte p. 134-135.

Fisherman's Wharf

Fisherman's Wharf Chowder and Crab Sidewalk Stands $
Pier 45
Au Fisherman's Wharf, de nombreux petits étals vendent crabes, *chowders* et autres sandwichs aux fruits de mer, prêts à être dégustés sur place. Une expérience très populaire et touristique, mais quel plaisir! Argent comptant seulement.

Bistro Boudin $$
160 Jefferson St., 415-928-1948
Le Bistro Boudin vient ajouter une touche de bon goût aux nombreux restaurants du Fisherman's Wharf. Il connaît un véritable succès auprès d'une clientèle qui apprécie une cuisine honnête, fraîche et roborative. Dans cet immense restaurant élégant qui abrite également un café au rez-de-chaussée, les pizzas à pâte au levain tiennent le sommet de la carte, mais le menu est assez diversifié pour satisfaire tous les goûts. Service diligent et professionnel.

Bubba Gump Shrimp Co. $$
Pier 39, 415-781-4867, www.bubbagump.com
Bubba Gump doit son nom au personnage éponyme du film *Forrest Gump*, campé par l'acteur Tom Hanks. La vedette du menu est évidemment la crevette, déclinée à toutes

les sauces. Rien d'exceptionnel, mais une cuisine honnête et roborative, servie avec le sourire dans un cadre agréable.

The Buena Vista Cafe *$$*
2765 Hyde St., angle Beach St., 415-474-5044, www.thebuenavista.com

Le Buena Vista Cafe n'est pas un café mais un resto-bar qui se targue d'avoir inventé l'Irish Coffee. La carte est sans surprise, mais saura satisfaire l'appétit de ceux qui veulent manger quelque chose de salé ou de consistant en buvant leur café irlandais (mélange de café chaud, whisky irlandais et sucre, recouvert de crème fouettée) ou leur bière fraîche.

Rainforest Cafe *$$*
145 Jefferson St., angle Mason St., 415-440-5610, www.rainforestcafe.com

Parents qui cherchent un restaurant familial où le décor et les plats méritent une bonne note, optez pour le Rainforest Cafe. L'établissement fait partie d'une chaîne de restos thématiques qui jouent la carte écologique en choisissant un cadre et un décor qui s'inspirent de l'environnement luxuriant des forêts tropicales. Les gamins et gamines apprécieront sans doute les aquariums géants où folâtrent des poissons colorés et les animaux mécaniques poussant des rugissements, sans oublier les cascades d'eau et les cris stridents provenant de haut-parleurs dissimulés dans le feuillage des arbres. On ne vient pas ici pour vivre une expérience culinaire, mais l'environnement des lieux enthousiasmera sans doute une famille à l'écoute du choix des enfants.

The Franciscan Crab Restaurant *$$-$$$*
Pier 43½, 415-362-7733, www.franciscancrabrestaurant.com

Ce restaurant bénéficie d'une situation privilégiée près de l'eau. L'immense salle à manger répartie sur trois niveaux peut accueillir environ 300 personnes. Non seulement on ne s'y sent pas à l'étroit, mais chacun des convives dispose d'une vue splendide sur l'eau. Le menu illustré permet d'avoir une bonne idée des plats, surtout constitués de produits de la mer, et offre de quoi satisfaire les petits comme les plus grands appétits. La carte des vins est honnête et propose des bouteilles à des prix très raisonnables. Table d'hôte à prix doux et service avenant. Bon rapport qualité/prix.

Crab House at Pier 39 *$$$*
203 C Pier 39, 415-434-2722, www.crabhouse39.com

Situé au cœur du très touristique Pier 39, le Crab House est un bon choix pour les personnes qui veulent se régaler de délicieux fruits de mer préparés de différentes façons. Le crabe est bien sûr un incontournable au menu, relevé d'une sauce à l'ail remarquable. La salle à manger prend des airs de club nautique et offre une vue splendide sur la baie.

Alioto's *$$$$*
8 Fisherman's Wharf, angle Taylor St., 415-673-0183, www.aliotos.com

Ce très grand restaurant sur deux niveaux se spécialise dans les fruits de mer. La salle à manger à l'étage est feutrée tandis que celle du rez-de-chaussée distille une ambiance plus conviviale.

Gary Danko *$$$$*
800 North Point St., angle Hyde St., 415-749-2060, www.garydanko.com

Au cœur de l'effervescence touristique du Fisherman's Wharf, Gary Danko, le chef, élabore des recettes qui font l'objet d'éloges dithyrambiques pleinement méritées, et il propose une carte revisitant avec maestria les grands classiques de la cuisine française. La cave enivrante compte environ 1 200 bouteilles provenant de 15 pays différents et recèle quelques trésors inestimables. Pour conclure, plateaux de fromages parfaitement affinés et choix de desserts diablement délirant. Bref, mieux vaut ne pas avoir commencé un régime amaigrissant si vous poussez la porte de ce restaurant. Le personnel tiré à quatre épingles offre un excellent service. La gastronomie dans tout son éclat!

Scoma's *$$$$*
Pier 47, 1 Al Scoma Way, 415-771-4383, www.scomas.com

Sans doute est-il un des rares restaurants du Fisherman's Wharf à être fréquenté autant par les visiteurs de passage que par les résidents de la ville. En effet, ces derniers s'écartent volontairement de leur chemin pour venir goûter à une cuisine de fruits de mer de haut vol. La carte propose plus de 90 plats, principalement préparés à partir de

Restaurants végétariens

Bonnes nouvelles pour les végétariens, ils ne seront pas condamnés à l'inanition lors de leur séjour à San Francisco. Il y a dans cette ville non seulement plusieurs établissements qui se dédient à promouvoir et à préparer exclusivement les délices de la cuisine végétarienne, mais parmi ceux-ci il en existe quelques-uns qui sauront amplement satisfaire les exigences des clients qui suivent un régime macrobiotique. Deux restaurants se distinguent parmi ce lot: **Greens** (voir p. 157) et **Millennium** (voir p.148). De plus, si vous optez pour un régime à base de produits laitiers et de poissons, vous serez sans nul doute comblé. Finalement, dans pratiquement tous les autres restaurants, il y a toujours un ou deux plats végétariens au menu.

produits frais et biologiques, qui attisent les papilles avec leurs saveurs marines. Un intelligent choix de vins y est également offert. Service professionnel.

Marina

Ace Wasabi's Rock 'n' Roll Sushi $$
3339 Steiner St., angle Chestnut St., 415-567-4903
À la recherche de saveurs japonaises dans un environnement atypique? Ace Wasabi's Rock 'n' Roll Sushi est le nom à retenir. Fréquenté par une clientèle jeune, dynamique et plutôt jolie, cet établissement au décor contemporain tranche avec l'ambiance résolument zen qui auréole généralement les restaurants nippons classiques. Le niveau de décibels mêlé à celui des conversations rythmées peut rendre l'endroit plutôt bruyant. À la carte, les sushis côtoient sashimis, poulet teriyaki et *stir fry*. Belle sélection de sakés, ainsi qu'une petite carte des vins pour ceux qui préfèrent les plaisirs bachiques. Service souriant.

Eastside West Restaurant and Bar $$
3154 Fillmore St., angle Greenwich St., 415-885-4000
L'Eastside West possède un *raw bar* qui fait le délice des convives venus y savourer des huîtres fraîches ou un *ceviche* bien relevé. Sa terrasse se prête bien à l'une des activités favorites des résidents du quartier: observer la faune urbaine environnante.

Greens $$$-$$$$$
Fort Mason Center, Building A, 415-771-6222, www.greensrestaurant.com
Depuis plus de 25 ans, Greens redéfinit les normes de qualité en matière de cuisine végétarienne en proposant une carte imaginative, alléchante, saine et remplie de saveurs subtiles: soupe aux tomates et lentilles aux épinards saupoudrées de fromage parmesan, curry sri-lankais, brochettes de champignons grillés avec oignons rouges et courgettes ainsi que tofu mariné servi sur couscous aux amandes. Tentez d'obtenir une table avec une vue sur la baie. Les réservations sont fortement recommandées. La carte des vins est remarquable. S'y trouve aussi un petit comptoir *($-$$)* pour ceux qui préfèrent aller manger leur repas dehors.

Le centre

Voir carte p. 136-137.

Japantown

Dosa $-$$
1700 Fillmore St., 415-441-3672, www.dosasf.com
Voir la description p. 164.

Yoshi's Jazz Club and Japanese Restaurant $$$
1330 Fillmore St., angle Eddy St., 415-655-5600
Vous aimez les sushis et le jazz? Vous avez donc deux bonnes raisons de pousser la porte du Yoshi's Jazz Club. La cuisine prépare des plats japonisants simples et contemporains avec des produits saisonniers. Décor empreint de modernité et de touches classiques.

Bushi-Tei $$$$-$$$$$
1638 Post St., entre Buchanan St. et Laguna St., 415-440-4959, www.bushi-tei.com
Pour déguster une cuisine japonaise aux influences californiennes et françaises dans un cadre élégant, optez pour le Bushi-Tei,

l'un des bons restaurants du quartier japonais. Service avenant et souriant.

Civic Center, Tenderloin et Hayes Valley

Blue Bottle Coffee Co. $
315 Linden St., www.bluebottlecoffee.net
La façade de ce petit kiosque de la **Blue Bottle Coffee Co.** (voir p. 150) ne paie pas de mine, et vous devrez boire votre café debout ou l'emporter avec vous – vous y savourerez toutefois probablement le meilleur café en ville. L'établissement est très prisé par les habitants des environs.

Momi Tobys Revolution Café & Art Bar $-$$
528 Laguna St., 415-626-1508
Agréable estaminet sans prétention, le Momi Tobys Revolution Café & Art Bar propose des baguettes au saumon fumé, des *bagels* au fromage à la crème, une soupe du jour, une lasagne maison et un café corsé, ainsi que des bières de microbrasseries locales et du vin. Mis à part les habitués, on y trouve parfois sur la terrasse quelques touristes désorientés en train de consulter la carte de la ville. Argent comptant seulement.

Caffe delle Stelle $$
359 Hayes St., angle Gough St., 415-252-1100
Agréable trattoria italienne, le Caffe delle Stelle est aménagé dans un local doté de grandes fenêtres laissant entrer la lumière qui caresse ses murs peints en jaune. Essayez les entrées de carpaccio et de bruschetta, les pâtes maison, l'osso buco ou le poisson du jour. La carte des vins est très honnête. L'endroit est souvent bondé, car les clients réguliers viennent profiter d'un des bons rapports qualité/prix en ville.

Dottie's True Blue Café $$
522 Jones St., 415-885-2767
On ne vient pas chercher le raffinement culinaire au Dotties's True Blue Café. Ce restaurant grand comme un mouchoir de poche jouit d'une excellente réputation grâce à ses brunchs pantagruéliques du week-end: œufs, jambon, fromages, pommes de terre rissolées, frittatas, pain français. Le midi, on y sert des hamburgers, des salades et des sandwichs.

Bar Jules $$$
609 Hayes St., 415-621-5482
Ce petit restaurant jouit d'une formidable renommée dans les cercles culinaires de la ville grâce à ses plats préparés à partir d'ingrédients locaux et biologiques. L'ardoise change selon les arrivages, et l'établissement fédère les résidents du quartier de Hayes Valley qui viennent prendre un café, une bière ou s'attarder pour le dîner.

Cafe Asia $$$
Asian Art Museum, 200 Larkin St., 415-581-3500
Un petit creux après la visite de l'**Asian Art Museum** (voir p. 86)? Rendez-vous au restaurant du musée pour réveiller vos papilles. Au menu, *dumplings*, *stir fries* et autres plats d'inspiration chinoise d'un bon calibre culinaire.

Sebo $$$
517 Hayes St., 415-684-2181
Considéré comme l'un des meilleurs restaurants de sushis en ville selon de nombreux résidents et critiques culinaires, Sebo attire les adeptes de la découpe. Une adresse pour les adeptes de makis et de sashimis de facture classique, frais et bien faits.

Absinthe Brasserie & Bar $$$-$$$$
398 Hayes St., angle Gough St., 415-551-1590, www.absinthe.com
L'Absinthe ressemble à une brasserie parisienne pleine de charme et est décorée de miroirs stylisés, de boiseries ouvragées et de banquettes en velours. La carte comprend entre autres le croque-monsieur, les huîtres fraîches et les pâtes maison. De la bière fraîche et un bon choix de cocktails explosifs sauront étancher la soif des convives.

Hayes Street Grill $$$-$$$$
324 Hayes St., 415-863-5545, www.hayesstreetgrill.com
Année après année, le Hayes Street Grill se contente d'apprêter du poisson frais en l'accommodant de nombreuses façons. Le menu affiche aussi du poulet et du steak. Les desserts sont excellents. Les sempiternelles photos en noir et blanc ornent les murs de l'établissement. Le personnel souriant est courtois.

Zuni Café $$$-$$$$
1658 Market St., angle Franklin St., 415-522-2522, www.zunicafe.com
Le Zuni Café continue de gagner la faveur des critiques grâce à son menu méditerra-

néen, qui affiche des pizzas croustillantes cuites au four à bois ainsi que de copieux hamburgers bien relevés, et en raison de l'assortiment de poissons et de crustacés garnissant son *raw bar*. Ses immenses fenêtres ouvertes sur Market Street plaisent énormément aux clients qui généralement aiment voir et être vus.

Opaque $$$$
689 McAllister St., angle Gough St., www.sf.darkdining.com
Opaque occupe une classe à part dans les cercles culinaires de la ville. Ici, les convives cassent la croûte dans l'obscurité la plus totale et sont servis par des serveurs non-voyants. Adresse idéale pour réévaluer votre goût en savourant une cuisine californienne honnête. Une expérience sensorielle unique qui a toutefois un prix.

Jardinière $$$$-$$$$$
300 Grove St., angle Franklin St., 415-861-5555, www.jardiniere.com
Au restaurant de la réputée chef Traci Des Jardins, la Jardinière, la clientèle, constituée d'habitués, continue d'affluer depuis 1997 pour y savourer une cuisine française alliant des influences californiennes sous un imposant plafond voûté. Halte populaire avant d'aller applaudir un spectacle d'opéra ou de ballet, l'établissement n'est situé qu'à une rue de l'hôtel de ville (City Hall). La carte des vins est admirablement bien adaptée aux arômes du menu.

Espetus Churrascaria $$$$$
1686 Market St., entre Gough St. et Valencia St., 415-552-8792, www.espetus.com
Le restaurant brésilien Espetus Churrascaria saura sans doute satisfaire l'appétit des carnivores. Le concept est simple et efficace: les serveurs habillés en costumes traditionnels se promènent entre les tables avec des brochettes de cœurs de poulet, filet mignon, porc, agneau, saucisses ou crevettes qui viennent tout juste d'être grillés dans la cuisine. Les convives peuvent prendre une pause entre deux assiettes en disant aux serveurs *Nao obrigado* (Non merci) ou *Sim, por favor* (Oui, svp). Prix fixe et nourriture à volonté. Le buffet de salades (également à volonté) propose aussi toutes sortes d'options végétariennes.

Haight-Ashbury

Axum Cafe $
689 Haight. St., 415-252-7912, www.axumcafe.com
Rendez-vous à l'Axum Cafe pour vous sustenter à l'éthiopienne sans trop alléger votre portefeuille. Le service est un peu lent, mais les délicieux plats parfumés servis avec l'incontournable *injera* méritent définitivement l'attente.

Kate's Kitchen $
471 Haight St., angle Fillmore St., 415-626-3984, www.kates-kitchensf.com
Le décor du Kate's Kitchen ne paie vraiment pas de mine, mais cela ne semble nullement déranger sa clientèle d'habitués qui s'y presse afin de se sustenter de plantureux petits déjeuners américains. En effet, toutes les fins de semaine, les files d'attente qui se forment devant la porte de l'établissement attestent la popularité des lieux.

Cha cha cha $-$$
1801 Haight St., angle Shrader St., 415-386-7670, www.cha3.com
Si vous cherchez un endroit informel pour prendre un repas entre amis, essayez donc le Cha cha cha. On y prépare de délicieuses tapas métissées avec le savoir-faire des Caraïbes.

Squat & Gobble Café and Crepery $-$$
237 Fillmore St., angle Haight St., 415-487-0551
1428 Haight St., 415-864-8484
www.squatandgobble.com
Le Squat & Gobble Café and Crepery est un café à l'ambiance décontractée qui attire une clientèle de bacheliers et d'artistes qui se mélangent à une foule bigarrée. Le menu affiche un délicieux éventail de crêpes salées et sucrées ainsi que des sandwichs, des soupes, des omelettes et des salades.

Magnolia Pub & Brewery $$
1398 Haight St., angle Masonic St., 415-864-7468, www.magnoliapub.com
Le Magnolia Pub & Brewery propose à ses clients un délicieux assortiment de bières maison. On y sert des repas légers ou costauds, gras et salés: salades variées, calmars frits et croustillants ou steak frites. Bon choix de bières brassées sur place.

Indian Oven $$-$$$
233 Fillmore St., entre Haight St. et Waller St., 415-626-1628, www.indianovensf.com
Situé juste à côté du Squat & Gobble Café and Crepery (voir ci-dessus), l'Indian Oven loge dans une maison victorienne où la salle à manger est décorée de quelques tableaux évoquant l'Inde. La carte propose de délicieux plats de poulet *tandoori*, de poisson *masala* ou d'agneau au cari, le tout accompagné de savoureux pains *naan* ou de *chapati*.

Thep Phanom Thai Restaurant $$-$$$
400 Waller St., angle Fillmore St., 415-431-2526
Les personnes qui souhaitent se délecter d'assiettes de saumon nappées d'une sauce au cari ou de cailles frites doivent filer au Thep Phanom Thai Restaurant. Les boiseries ouvragées joliment peintes créent une ambiance feutrée et agréable.

Eos Restaurant & Wine Bar $$$
901 Cole St., angle Carl St., 415-566-3063, www.eossf.com
L'Eos est sans conteste l'un des meilleurs restaurants du quartier. Si vous ne pouvez obtenir une table, pointez-vous au *wine bar* adjacent au resto en attendant. Le chef mitonne une délicieuse cuisine créative qui allie les arômes de l'Asie et de la Méditerranée. La carte des vins en comprend plus de 200 dont une trentaine servis au verre dans une ambiance remuante aux conversations animées.

Golden Gate Park Area

Voir carte p. 138.

Richmond

Academy Cafe $$
California Academy of Sciences, 55 Concourse Dr., www.themossroom.com
Puisque la visite de la **California Academy of Sciences** (voir p. 89) dure de trois à quatre heures, vous pourrez vous rassasier à l'Academy Cafe, au menu varié qui fera le bonheur de toute la famille : paninis, tacos, rouleaux asiatiques...

Pacific Café $$
7000 Geary Blvd., angle 34th Ave., 415-387-7091
Pour savourer des poissons ou des fruits de mer hors des sentiers battus, poussez la porte du Pacific Café. Le cadre est un peu vieillot, mais la cuisine maison est toujours fraîche et honnête.

Chapeau $$$
126 Clement St., entre Second Ave. et Third Ave., 415-750-9787
Tenu par un couple d'expatriés français, ce petit restaurant de quartier rend hommage à la cuisine de l'Hexagone. Sur l'ardoise, salade landaise, cassoulet de Toulouse, confit de canard et filet mignon. Et pour irriguer le tout, la carte des vins propose plus de 300 sélections. Bref, un restaurant qui mérite bien son nom. Chapeau!

Sutro's $$$
Cliff House, 1090 Point Lobos, 415-386-3330, www.cliffhouse.com
Le restaurant de la **Cliff House** (voir p. 93) propose une cuisine californienne honnête à déguster dans une de ses deux salles à manger. Les prix sont élevés, mais son atout principal est sa vue spectaculaire sur l'océan Pacifique.

The Moss Room $$$
California Academy of Sciences, 55 Concourse Dr., 415-876-6121, www.themossroom.com
Les adultes qui veulent s'offrir une pause repas de qualité et tranquille au cours de leur visite de la **California Academy of Sciences** (voir p. 89) iront sans doute s'attabler au Moss Room. Piloté par Charles Phan, le chef-propriétaire du **Slanted Door** (voir p. 152), le restaurant mise sur une savoureuse cuisine californienne aux accents de la Méditerranée.

Inner Sunset

San Tung Chinese Restaurant $$
1031 Irving St., entre 11th Ave. et 12th Ave., 415-242-0828, www.santungrestaurant.com
Dans une salle à manger remuante qui ne paie vraiment pas de mine, une diaspora asiatique et une poignée de *foodies* à la page s'attablent avec une satisfaction manifeste

Only in San Francisco

Autoproclamé le premier et seul *kinky cafe* de San Francisco, **Wicked Grounds** *($; 289 Eighth St., entre Tehama St. et Clementina St., 415-503-0405, www.wickedgrounds.com)* est à la fois un café et une galerie pas comme les autres qui présentent un univers olé olé volontairement provocateur. Inspiré du défunt Coffee Cake & Kink à Londres, Wicked Grounds attire une clientèle polysexuelle en marge qui aime cultiver son excentricité et son côté exhibitionniste. On y croise une foule de personnages bigarrés légèrement vêtus ou habillés entre autres de corsets en cuir et équipés d'accessoires dont nous ignorons le mode d'emploi... Âmes prudes, passez votre chemin.

pour avaler leur repas avec appétit. On y sert de nombreux plats inspirés de la Chine du Nord, ainsi qu'un choix serré de plats coréens. De nombreux habitués qui habitent à l'extérieur de la ville n'hésitent pas à rouler pendant des heures pour venir goûter à leurs plats fétiches, soit les succulentes ailes de poulet frites ou les délicieuses nouilles aux haricots noirs.

Le sud

Voir carte p. 139.

South of Market

Caffe Centro $
102 South Park St., 415-882-1500, www.caffecentro.com
Petit estaminet de quartier sans artifices, le Caffe Centro sert des sandwichs au poulet grillé, de la salade aux épinards, des croissants, de la lasagne et du café. Si la météo est favorable, on peut aussi commander son repas au comptoir et s'en aller le grignoter dans le parc voisin.

Rooftop Garden Coffee Bar/ Blue Bottle Coffee Co. $
San Francisco Museum of Modern Art, 151 Third St., 5e étage, www.bluebottlecoffee.net
Après une visite du **San Francisco Museum of Modern Art** (voir p. 94), allez donc prendre un café tonifiant au Rooftop Garden Coffee Bar de la **Blue Bottle Coffee Co.** (voir p 150). Autre adresse dans le quartier à la Mint Plaza, au 66 Mint Street.

Paragon Restaurant & Bar $$-$$$
701 Second St., angle Townsend St., 415-537-9020, www.paragonrestaurant.com
Stratégiquement situé près du stade de baseball AT&T Park, le Paragon est un restaurant branché et animé qui prend des airs de brasserie américaine contemporaine. L'aménagement très design et industriel est un astucieux mélange de métal, de bois et de banquettes en cuir, dans une salle à manger où les plafonds atteignent un peu plus de 3 m de hauteur. La cuisine est un excellent registre californien qui mélange des influences françaises et qui produit des plats d'une fraîcheur irréprochable.

South Park Café $$-$$$
108 South Park St., 415-495-7275, www.southparkcafesf.com
Dans un registre un peu supérieur, le South Park Café se donne des airs de petit bistro français. Plus petit, plus intime et plus cher que le **Caffe Centro** (voir p. 161), son voisin, il attire une clientèle d'habitués qui vient ici pour s'offrir une table d'hôte aux accents de l'Hexagone. Une petite terrasse permet de regarder l'activité qui se déroule dans le parc.

Thirsty Bear Brewing Company $$-$$$
661 Howard St., entre Second St. et Third St., 415-974-0905, www.thirstybear.com
Ne vous laissez pas rebuter par le nom un peu rébarbatif du Thirsty Bear. Il s'agit plutôt d'un immense restaurant espagnol qui ressemble à un gigantesque loft industriel au sein duquel trônent des cuves en acier inoxydable où les délicieuses bières maison fermentent. Une trentaine de tapas, de la paella et des calmars frits noircissent

le menu. À l'étage se trouvent des tables de billard.

TRES $$-$$$

130 Townsend St., angle Stanford St., 415-227-0500, www.tressf.com

Situé à un pâté de maison du AT&T Park, ce spacieux restaurant au plafond élevé propose une cuisine mexicaine honnête et roborative issue de l'État de Jalisco. Bonne adresse où aller manger avant un match de baseball. Les serveurs peuvent vous aider à choisir parmi plus de 115 tequilas pour bien accompagner votre repas.

AsiaSF $$$

201 Ninth St., angle Howard St., 415-255-2742, www.asiasf.com

Véritable institution de la ville depuis 1998, AsiaSF est surtout connu pour ses travestis aux formes féminines étonnantes qui font du *lip sync* sur des tubes très festifs en se donnant en spectacle le long du comptoir du bar durant le repas. Toutefois, le menu propose une délicieuse cuisine californienne fusionnée à l'asiatique et offerte à un bon rapport qualité/prix. Belle carte des vins pour assortir le tout. L'endroit est très populaire pour les enterrements de vie de jeune fille, les groupes qui souhaitent souligner un événement ou les personnes qui veulent vivre une expérience typiquement san-franciscaine.

Fringale $$$

570 Fourth St., angle Brannan St., 415-543-0573, www.fringalesf.com

Fringale ressemble à un bistro parisien sans prétention. Dans un cadre minimaliste, la cuisine concocte des plats éclectiques français et basques avec, bien sûr, une touche californienne. Le personnel français se fera un plaisir de diriger votre choix sur la liste des vins pour accompagner votre repas. Au dessert, le clafoutis aux fruits saura satisfaire les becs sucrés.

Heaven's Dog $$$

1148 Mission St., entre Seventh St. et Julia St., 415- 863-6008, www.heavensdog.com

Après avoir hissé le Slanted Door dans le peloton des meilleurs restaurants vietnamiens des États-Unis, le chef-propriétaire Charles Phan a décidé d'ouvrir le Heaven's Dog, un resto-*lounge* chinois aux lignes épurées qui propose principalement des nouilles et des soupes.

Town Hall $$$

342 Howard St., 415-908-3900, www.townhallsf.com

Le Town Hall s'impose sur l'échiquier culinaire de la ville grâce à une cuisine qui fait preuve de beaucoup d'esprit créatif et de métier. Il en résulte des plats typiquement américains très goûteux qui portent la marque des grandes maisons, prix faramineux en moins. Après un apéro de circonstance, ouvrez le repas avec l'une des spécialités du restaurant, de délicieux œufs pochés sur rôties au fromage, le tout arrosé d'une crème de piment *jalapeño*. Résolument gourmand! Et pour les friands de volaille, le canard lentement grillé à la perfection, accompagné de riz sauvage et nappé d'une sauce au gingembre, est exquis. Le restaurant est installé dans un ancien entrepôt. Dans la salle à manger élégante, les tables et les chaises en bois sont impeccablement mises en valeur par un éclairage subtil. La très belle carte des vins offre la possibilité de déguster un verre de vin différent avec chaque plat. Bon choix de bouteilles de vin sous la barre des 50$. Finalement, il faudrait être ascète pour ne pas craquer pour la palette de desserts somptueux. Pour un repas sans fausse note, le Town Hall est un incontournable.

RN74 $$$-$$$$

301 Mission St., 415-543-7474, www.RN74.com

Nommé d'après la route nationale éponyme qui traverse le cœur de la Bourgogne, le RN74 est à la fois une vinothèque et un restaurant sous la tutelle du chef de renom Michael Mina. Y règne une atmosphère de loft contemporain haut de gamme : banquettes écarlates en cuir, tables éclairées par des suspensions et murs de briques. L'ardoise affiche des plats des régions de l'Hexagone métissés avec la cuisine américaine. La cave à vin pléthorique contient environ 3 000 bouteilles dont beaucoup peuvent être dégustées au verre.

Trace $$$-$$$$

W San Francisco, 181 Third St., angle Howard St., 415-817-7836

La direction du **W San Francisco** (voir p. 126) a décidé d'arrêter de souffler sur les braises du XYZ, son ancien restaurant, et de faire peau neuve en inaugurant le Trace sous la houlette du chef Paul Piscopo, un jeune chef émergent, adepte du mouvement Locavore. Résultat : une nouvelle cuisine américaine où défilent des plats simples, mais drôlement bons. Belle sélection de plats végétariens.

Twenty Five Lusk *$$$-$$$$*
25 Lusk St., angle Townsend St., 415-495-5875, www.twentyfivelusk.com
Occupant un ancien abattoir datant de 1917, le Twenty Five Lusk est un restaurant branché où l'on croise le tout San Francisco à la page qui vient goûter à l'une des cuisines les plus applaudies de l'heure. Le décor postindustriel à la fois brut de coffrage et ultra-design est mis en valeur par de nombreuses colonnes de bois imposantes d'origine, des planchers lissés et des murs de briques. L'établissement est doublé d'un *lounge* feutré où les convives peuvent s'installer sur les banquettes séduisantes près des foyer suspendus. Les réservations sont recommandées.

Benu *$$$$*
22 Hawthorne St., 415-685-4860, www.benusf.com
Critiques et gastronomes saluent la montée en puissance du très talentueux chef Corey Lee. Après avoir aiguisé ses lames au restaurant triplement étoilé The French Laundry de Thomas Keller, Lee est parvenu à hisser rapidement Benu parmi les meilleurs restaurants en ville en y décrochant deux étoiles. Aux fourneaux, il ne fait aucune concession sur la fraîcheur et la qualité des ingrédients, et multiplie les prouesses culinaires de haute volée pour concocter une cuisine américaine moderne extrêmement soignée aux influences asiatiques et françaises. La salle à manger minimaliste à l'éclairage étudié décline des tons de beige et de crème dans une ambiance idoine. D'un raffinement absolu, le menu dégustation qui enchaîne 8 ou 12 services est tarifé à un prix prohibitif, mais ne manquera pas de satisfaire les esthètes. Les réservations sont recommandées.

Supperclub *$$$$$*
657 Harrison St., entre Third St. et Hawthorne St., 415-348- 0900, www.supperclub.com
Très grand resto hyper branché où les convives mangent dans des lits énormes et qui se transforme en discothèque délurée (voir p. 179) à mesure que la soirée progresse, le Supperclub est une adresse prisée d'une clientèle à la page et bigarrée. L'ambiance est plutôt éclatée, et le service est assuré par un personnel souriant et extravagant. La carte, quant à elle, propose une cuisine américaine contemporaine.

Castro et Noe Valley

Squat & Gobble Café and Crepery *$*
3600 16th St., angle Market St., 415-552-2125, www.squatandgobble.com
Le Squat & Gobble Café and Crepery du quartier de Castro est plus petit et plus moderne que la succursale du Lower Haight (Haight-Ashbury), mais il propose à ses clients le même menu économique et alléchant qui a fait sa réputation.

Lime *$$-$$$*
2246 Market St., 415-621-5256, www.lime-sf.com
À la fois restaurant et *lounge*, Lime arbore un look «rétro-chic». L'établissement attire une clientèle bien fringuée qui aime pratiquer l'art de la conversation en sirotant le dernier cocktail de l'heure tout en dégustant une série de petits plats éclectiques qualifiés de «nouvelle cuisine américaine».

Incanto *$$$-$$$$*
1550 Church St., entre 28th St. et Duncan St., 415-641-4500, www.incanto.biz
Star culinaire américaine très bien connue en Californie, Chris Cosentino tient la barre d'Incanto, un restaurant au pedigree résolument italien qui se taille une place de choix dans les sphères de la restauration biologique et locale, puisqu'il fait directement ses provisions auprès de petits producteurs agroalimentaires. Du coup, il n'est pas rare que le menu change en fonction de l'arrivage du jour, mais les plats alléchants sont toujours préparés avec un équilibre remarquable des saveurs. Dans la salle à manger feutrée et intime, les serveurs très avenants sont toujours prêts à vous conseiller et tiennent à vous faire passer un bon moment.

Le menu affiche aussi un bon choix de plats végétariens. En finale, on nous propose une déclinaison de *panna cottas* qui donnent envie de prendre l'avion pour l'Italie.

Mission

Dolores Park Cafe $
501 Dolores St., angle 18th St., 415-621-2936
Le Dolores Park Cafe est un petit troquet convivial et très lumineux qui attire une clientèle d'habitués. Salades, *bagels* et sandwichs côtoient les jus de fruits vitaminés fraîchement pressés et l'assortiment habituel de cafés corsés.

Four Barrel Coffee $
375 Valencia St., angle 15th St., 415-252-0800, www.fourbarrelcoffee.com
En poussant la porte du Four Barrel Coffee, on ne peut s'empêcher de humer les délicieux arômes du café fraîchement torréfié sur place. Tout le répertoire du café italien est préparé à la perfection par de véritables *baristas* qui se la jouent *cool* sous des airs de musique branchée. L'endroit est décoré de tables en bois et peuplé de conciliabules d'habitués qui pianotent sur leur iPad ou leur ordinateur portable. Les croissants, les scones et les muffins sont à la hauteur des cafés. Au dire de nombreux résidents du quartier, les cafés du Four Barrel Coffee rivalisent victorieusement avec ceux du **Blue Bottle Coffee** (voir p. 150). À vous d'en juger.

Mr. Pollo $
2823 Mission St., entre 24th St. et 25th St., 415-374-5546
Dans l'ombre des restaurants qui brillent dans les cercles culinaires de San Francisco, ce petit bout d'adresse ne paie vraiment pas de mine, mais prépare des plats absolument succulents aux saveurs latino-américaines, en plus d'offrir un excellent rapport qualité/prix, idéal pour les petits budgets. Vu les montants plutôt raisonnables à débourser, les propriétaires ignorent l'usage des cartes bancaires; donc, argent liquide seulement.

Tartine Bakery $
600 Guerrero St., angle 18th St., 415-487-2600
Avec ses grandes fenêtres qui inondent de lumière les tables en bois, ce café chaleureux à l'ambiance un rien baba cool est particulièrement prisé par les résidents du quartier. À l'heure du déjeuner, une ribambelle de plats cuisinés maison s'empilent sur le comptoir: croissants jambon-fromage, croque-monsieur, sandwichs généreusement garnis. Pour les becs sucrés, gâteaux, tartines et biscuits se mangent en sirotant un café biologique tonifiant. Bonne adresse pour ceux qui gardent un œil sur leur budget.

Dosa $-$$
995 Valencia St., entre Liberty St. et 21st St., 415-642-3672, www.dosasf.com
Les indophiles ne voudront certes pas manquer de pousser la porte du restaurant Dosa, qui propose une cuisine exotique et relevée inspirée du sud de l'Inde. Ambiance colorée et très bon rapport qualité/prix. Autre adresse dans Japantown (voir p. 157).

Foreign Cinema $-$$
2534 Mission St., 415-648-7600, www.foreigncinema.com
Les cinéphiles voudront certainement pousser la porte du Foreign Cinema, où des classiques du septième art sont projetés sur le mur de la cour arrière (les convives peuvent fermer le son des haut-parleurs fixés aux tables s'ils le désirent). Le menu propose des plats californiens émancipés d'un soupçon méditerranéen.

Herbivore $-$$
983 Valencia St., entre 20th St. et 21st St., 415-826-5657, www.herbivore-restaurant.com
Chouette estaminet de quartier au décor invitant, l'Herbivore attire une clientèle jeune et écolo à la recherche de mets végétariens variés, nourrissants et parfaitement goûteux. Au menu, les grosses salades diététiques côtoient les quiches aux légumes et les plats de pâtes maison. La plupart des produits sont biologiques. Bon rapport qualité/prix.

Papalote Mexican Grill $-$$
3409 24th St., entre Valencia St. et Poplar St., 415-970-8815, www.papalote-sf.com
Dans un décor très coloré, le Papalote Mexican Grill sert des *burritos with attitude* de 1⅓ livre (près de 600 g!), c'est-à-dire encore plus énormes que dans vos rêves les plus fous. C'est juteux, costaud et diablement rustique. À moins d'avoir l'appétit d'un ogre, vous pourrez facilement le partager pour le déjeuner. Et à seulement 8,50$, qui dit mieux? On y sert aussi du *guacamole*, du *mole*, des *nachos* et de la *carne asada*.

Taqueria Cancun $-$$
2288 Mission St, angle 19th St., 415-252-9560
Voir description p. 146.

Flour + Water $$$
2401 Harrison St., entre 20th St. et 21st St., 415-826-7000, www.flourandwater.com
Nouveau venu dans les cercles culinaires de San Francisco, Flour + Water affiche un nom plutôt incongru pour un restaurant italien, mais on ne peut rien reprocher à ses pâtes maison de haute facture et à ses pizzas tout feu tout flamme cuites dans un four à bois. Tous les plats présentent un équilibre parfait des saveurs et brillent par une étonnante simplicité qui attire le tout San Francisco. La salle à manger est meublée de tables et de chaises en bois attrayantes. Le générique des vins exhibe principalement les couleurs italiennes et présente quelques bouteilles exclusives à la maison. Les réservations sont vivement recommandés.

Delfina $$$$
3621 18th St., 415-552-4055, www.delfinasf.com
Les citadins n'hésitent pas à s'écarter de leur chemin pour venir manger chez Delfina. Aux fourneaux, le chef élabore une délicieuse cuisine californienne ensoleillée, ponctuée de notes italiennes et dont les plats font l'objet d'une très belle présentation visuelle. La carte des vins est bien fournie et soigneusement choisie. Côté décor, la salle à manger arbore de grands miroirs, des tables bien dressées et un plancher de bois franc. Service vraiment charmant.

Limón $$$$
524 Valencia St., 415-252-0918, www.limon-sf.com
Petit resto branché, Limón est une excellente adresse pour élargir sa connaissance de la gastronomie péruvienne. Dans un décor à l'esthétique minimaliste aux murs acidulés, les convives dégustent des spécialités telles que le *ceviche* (poisson ou fruits de mer marinés dans du jus de lime et des oignons) bien relevé et le *lomo saltado* (émincé de filet de bœuf aux tomates, oignons, assaisonné de coriandre fraîche) délectable, aux saveurs riches et variées. La carte propose aussi des calmars frits tendres et parfumés.

Les environs de San Francisco

Marin County

Sausalito

Avatar's $$
2656 Bridgeway Blvd., 415-332-8083, www.enjoyavatars.com
Vous souhaitez savourer un excellent repas dans un restaurant unique? Avatar's propose un heureux mélange de cuisines indienne et mexicaine.

Fred's Coffee Shop $$
1917 Bridgeway St., 415-332-4575
Si vous êtes de passage à Sausalito, voici un bon endroit apprécié des résidents pour prendre un café ou manger une bouchée. Si vous n'arrivez pas à faire votre choix sur le vaste menu, laissez-vous tenter par les omelettes. Elles sont fameuses!

Sushi Ran $$-$$$
107 Caledonia St., 415-332-3620, www.sushiran.com
Les clients qui raffolent de la cuisine japonaise doivent se rendre au Sushi Ran. À l'intérieur d'une coquette salle à manger où sont disposées de chaleureuses tables en bois, les convives savourent sushis, sashimis et teriyaki.

East Bay

Berkeley

Voir carte p. 140.

Cheese Board Pizza $
1512 Shattuck Ave., 510-549-3055, www.cheeseboardcollective.coop
En plus de ses savoureuses pizzas, cette coopérative vend des fromages, des pains en tous genres, des viennoiseries, du café… bref, de quoi vous régaler pour pas cher.

Crepes a Go Go $
2125 University Ave., angle Shattuck Ave., 510-841-7722
Fief des universitaires, le Crepes a Go Go se contente de préparer de savoureuses crêpes salées ou sucrées à des prix pas trop prohibitifs.

Chez Panisse *$$$$-$$$$$*
1517 Shattuck Ave., 510-548-5525, www.chezpanisse.com

Unanimement considérée comme la figure de proue de la cuisine californienne, Alice Waters tient la barre de Chez Panisse depuis 1971 grâce à des créations culinaires qui ont influencé plus d'un chef. Tandis que le restaurant propose un menu à prix fixe, vous pourrez déguster des plats plus simples mais tout aussi délicieux et plus économiques au café situé à l'étage. Les réservations sont vivement recommandées.

Oakland

Voir carte p. 141.

Bay Wolf *$$$-$$$$*
3853 Piedmont Ave., 510-655-6004, www.baywolf.com

Selon l'avis de plusieurs, Bay Wolf brigue toujours sa place parmi les meilleurs restaurants de la ville. La cuisine puise son inspiration dans le répertoire méditerranéen. Service courtois et attentionné.

Au sud de San Francisco

Half Moon Bay

Pasta Moon *$$-$$$*
315 Main St., 650-726-5125, www.pastamoon.com

Spécialisé dans la cuisine italienne, Pasta Moon est sans nul doute l'un des meilleurs restaurants en ville. L'établissement fait également office de traiteur et prépare son propre pain. La carte affiche aussi des mélanges de pâtes et des poissons, et change parfois au gré des arrivages, mais elle parvient toujours à proposer un plat qui vous conviendra. Les desserts maison fondent littéralement dans la bouche. Le service est professionnel, prévenant et sans ostentation.

Index par types de cuisine

Américaine
- Big 4 Restaurant 155
- Cheesecake Factory 146
- Daily Grill 147
- Eastside West Restaurant and Bar 157
- Farallon 149
- Fog City Diner 151
- Garden Court 149
- Gordon Biersch 151
- Hayes Street Grill 158
- John's Grill 148
- Lime 163
- Magnolia Pub & Brewery 159
- Mama's on Washington Square 154
- Squat & Gobble Café and Crepery 159, 163
- Tadich Grill 151
- Taylor's Automatic Refresher 151
- The Buena Vista Cafe 156
- The Franciscan Crab Restaurant 156
- The Rotunda 149
- Town Hall 162
- Wayfare Tavern 153
- Wicked Grounds 161

Argentine
- El Porteño Empanadas 150

Asiatique
- The House 154

Brésilienne
- Espetus Churrascaria 159

Cafés
- Academy Cafe 160
- Blue Bottle Coffee Co. 150, 158, 161
- Café de la Presse 146
- Caffe Centro 161
- Caffe Trieste 154
- Cheese Board Pizza 165
- Dolores Park Cafe 164
- Dottie's True Blue Café 158
- Four Barrel Coffee 164
- Fred's Coffee Shop 165
- Mario's Bohemian Cigar Store 154
- Mocca 146
- Momi Tobys Revolution Café & Art Bar 158
- Rooftop Garden Coffee Bar 161
- Tartine Bakery 164
- Wicked Grounds 161

Californienne
- Bix 153
- Boulevard 153
- Chez Panisse 166
- Delfina 165
- Eos Restaurant & Wine Bar 160
- First Crush Restaurant, Bar and Lounge 147
- Foreign Cinema 164
- Fringale 162
- Grand Cafe 148
- Hornblower Cruises & Events 151
- Jardinière 159
- Opaque 159
- Paragon Restaurant & Bar 161
- Postrio 149
- Supperclub 163
- Sutro's 160
- The Moss Room 160
- Trace 162
- Twenty Five Lusk 163
- Urban Picnic 146
- Urban Tavern 147

Caribéenne
- Cha cha cha 159

Chinoise
- AsiaSF 162
- Cafe Asia 158
- Empress of China 150
- Heaven's Dog 162
- House of Nanking 150
- Lucky Creation 150
- Penang Garden 150
- R & G Lounge 150
- San Tung Chinese Restaurant 160
- Silks 153
- Tommy Toy's 153
- Yank Sing 152

Créative
- Benu 163
- Coi 155

Espagnole
- B44 151
- Thirsty Bear Brewing Company 161

Éthiopienne
- Axum Cafe 159

Française
- Absinthe Brasserie & Bar 158
- Bar Jules 158
- Bistro Boudin 155
- Cafe Bastille 151
- Café Claude 148
- Chapeau 160
- Chez Papa 152
- Crepes a Go Go 165
- Fleur de Lys 149
- Gary Danko 156
- Grand Cafe 148
- Jeanne d'Arc 147
- La Folie 155
- Masa's Restaurant 149
- Plouf 152
- RN74 162
- South Park Café 161

Indienne
- Avatar's 165
- Dosa 157, 164
- Indian Oven 160

Italienne
- Cafe Zoetrope 154
- Caffe delle Stelle 158
- Cheese Board Pizza 165
- Cupola Pizzeria 147
- Delfina 165
- Flour + Water 165
- Incanto 163
- Mona Lisa 154
- Palio d'Asti 153
- Pasta Moon 166
- Tommaso Ristorante Italiano 154
- Trattoria Pinocchio 154

Japonaise
- Ace Wasabi's Rock 'n' Roll Sushi 157
- Bushi-Tei 157
- Ozumo 152
- Sebo 158
- Sushi on North Beach 154
- Sushi Ran 165
- Yoshi's Jazz Club and Japanese Restaurant 157

Latino-américaine
- Mr. Pollo 164

Méditerranéenne
- Bay Wolf 166
- Gitane 148
- Zuni Café 158

Mexicaine
- Colibri Mexican Bistro 147
- Mijita Cocina Mexicana 150
- Papalote Mexican Grill 164
- Taqueria Cancun 146, 165
- TRES 162

Péruvienne
- La Mar Cebicheria 152
- Limón 165

Poissons et fruits de mer
- Alioto's 156
- Bubba Gump Shrimp Co. 155
- Crab House at Pier 39 156
- Fisherman's Wharf Chowder and Crab Sidewalk Stands 155
- Pacific Café 160
- Scoma's 156

Restaurants thématiques
- Rainforest Cafe 156
- Wicked Grounds 161

Steakhouse
- Harris' 155

Thaïlandaise
- Thep Phanom Thai Restaurant 160

Végétarienne
- Herbivore 164
- Millennium 148

Vietnamienne
- Le Colonial 148
- The Slanted Door 152

Sorties

Activités culturelles 170
Bars et boîtes de nuit 173
Festivals et événements 182
Sports professionnels 184

On a souvent tendance à oublier que la ville de San Francisco ne compte que 809 000 habitants. À défaut d'offrir à ses visiteurs une vie nocturne trépidante au même titre que les grandes métropoles comme New York, Los Angeles, Las Vegas ou Miami, San Francisco vous réserve néanmoins un choix d'activités nocturnes diversifié et de qualité.

Parmi la kyrielle de bars, de boîtes de nuit, de salles de théâtre, de danse et de concerts qui rivalisent d'originalité pour séduire les clients, les visiteurs trouveront sans doute un établissement qui convient à leur goût et à leur personnalité. À San Francisco, en effet, ce n'est pas la variété des lieux nocturnes ni la diversité des attractions qui manquent: établissements «veston-cravate», vinothèques, bars de quartier sans prétention, «cabarets du rire», salles de spectacle de blues ou de jazz, boîtes de nuit pimpantes ou pubs à l'atmosphère estudiantine, tous ces endroits n'attendent que vous.

Ceux qui préfèrent se divertir dans le cercle culturel et artistique de la ville peuvent facilement satisfaire ce penchant et se laisser tenter par les spectacles de théâtre, d'opéra ou de danse qui se tiennent régulièrement en ville.

Enfin, les amateurs de sport ne sont pas en reste, car, selon les saisons, les mordus de football ou de baseball pourront se joindre aux supporters locaux pour assister aux matchs des 49ers ou des Giants.

Les hebdomadaires ***Bay Guardian*** *(www.sfbg.com)* et le ***San Francisco Weekly*** *(www.sfweekly.com)* traitent de façon exhaustive de danse, de musique, de théâtre, de bonnes tables et de bien d'autres événements de la scène culturelle, sociale ou artistique qui composent chaque semaine l'actualité de la ville en ces matières. Ces journaux sont gratuits, et on les trouve dans plusieurs lieux publics très fréquentés, comme les bars, les restaurants et quelques boutiques. Par ailleurs, le ***Bay Area Reporter*** *(www.ebar.com)* est un hebdomadaire qui sert la communauté gay de la Bay Area.

Les chasseurs d'aubaines seront heureux d'apprendre que la **TIX Bay Area** *(mar-dim; Powell St. entre Geary St. et Post St., Union Square, 415-433-7827, www.theatrebayarea.org)* consent des rabais pouvant aller jusqu'à 50% du prix régulier d'un billet de spectacle de danse, d'opéra ou de théâtre. Sachez cependant que ces billets sont généralement valables pour la représentation du jour même seulement.

Finalement, sachez qu'il est interdit de fumer dans tous les lieux publics en Californie, y compris dans les bars.

Activités culturelles

› Cabarets du rire

Jadis, les *stand up comics* étaient littéralement relégués au rang de «comiques de service» et avaient pour seule tâche de réchauffer l'auditoire avant l'arrivée de la vedette de la soirée. C'est toujours le cas aujourd'hui, mais à la différence près que les humoristes qui se démarquent du peloton acquièrent vite le droit de donner leur propre spectacle. De plus, ces «cabarets du rire» servent parfois de tremplin à une future vedette du comique. Par chance, il arrive parfois que de gros noms du genre, comme Jerry Seinfeld, Robin Williams ou Andrew Dice Clay, y fassent une apparition surprise. Attendez-vous à débourser entre 15$ et 50$.

Punch Line
444 Battery St., angle Clay St., 415-397-7573,
www.punchlinecomedyclub.com
Le Punch Line est la Mecque des cabarets du rire à San Francisco. Bon nombre d'humoristes de renom, tels Robin Williams et Ellen DeGeneres par exemple, y ont fréquemment déridé l'auditoire.

Cobb's Comedy Club
915 Columbus Ave., 415-928-4320,
www.cobbscomedyclub.com
Le Cobb's Comedy Club est une autre excellente adresse pour les visiteurs à la recherche

Tête de Turc

On vous suggère d'arriver une vingtaine de minutes avant le début du spectacle afin de choisir la meilleure place disponible. Sachez toutefois que celle-ci n'est pas nécessairement située tout près de la scène, car les humoristes en manque d'inspiration peuvent vous prendre soudainement comme tête de Turc, et ce supplice peut parfois durer assez longtemps pour vous gâcher votre soirée. Évidemment, si vous croyez être drôle et assez vif d'esprit pour tenter de répliquer à leur verve, vous pouvez vous essayer à relever ce défi, mais sachez que le cerveau de ces amuseurs publics professionnels fonctionne étonnamment vite et qu'ils risquent ainsi de vous remettre à votre place en un tour de main, vous exposant alors à la risée des autres spectateurs présents.

d'une bonne dose d'humour. L'établissement accueille en effet sa part de comédiens aux gags percutants.

› Cinémas

AMC-Van Ness
1000 Van Ness Ave., 415-674-4630
L'AMC-Van Ness possède 14 salles de cinéma; on peut y voir des films à gros budget de série B. Le son est excellent.

Castro Theatre
429 Castro St., Castro, 415-621-6120, www.thecastrotheatre.com
Magnifique salle de spectacle datant de 1922, le Castro Theatre diffuse des films étrangers ou aux tendances marginales.

Metreon
101 Fourth St., South of Market, 415-369-6000, www.metreon.com
Le Metreon dispose de 15 salles où sont projetés les derniers *blockbusters*. S'y trouve également un cinéma IMAX.

Red Vic Movie House
1727 Haight St., 415-668-3994, www.redvicmoviehouse.com
On projette ici des vieux classiques américains et quelques films européens.

› Concerts

Blues et jazz

Biscuits and Blues
401 Mason St., angle Geary St., Union Square, 415-292-2583, www.biscuitsandblues.com
Les visiteurs de passage et les amateurs de blues se pointent religieusement au Biscuits and Blues. Située près d'Union Square, cette salle de spectacle parvient toujours à engager des musiciens émérites. La cuisine est ouverte à ceux qui auraient une fringale après avoir bu quelques bières.

Boom Boom Room
1601 Fillmore St., angle Geary Blvd., 415-673-8000, www.boomboomblues.com
Situé devant **The Fillmore** (voir p. 172), le Boom Boom Room attire des musiciens de qualité et appartenait à nul autre que John Lee Hooker avant son décès en 2001. L'établissement attire une clientèle d'habitués et d'inconditionnels de blues. La musique aux consonances du Sud est lourde et incisive.

Elbo Room
647 Valencia St., entre 17th St. et 18th St., 415-552-7788, www.elbo.com
À l'Elbo Room, généralement les visiteurs se pointent d'abord au bar chaleureux situé au rez-de-chaussée pour y trinquer entre amis, avant de se rendre à l'étage pour se laisser peu à peu envahir par la rêverie au son du jazz fusionné avec des rythmes latins.

Yoshi's Jazz Club and Japanese Restaurant
1330 Fillmore St., angle Eddy St., 415-655-5600, www.yoshis.com
Les jazzophiles adeptes de sushis doivent absolument se rendre au Yoshi's Jazz Club, qui propose une programmation éclectique et audacieuse. Vous pouvez également prendre un repas (voir p. 157) tout en savourant les notes qui sortent des enceintes.

Musique classique

San Francisco Symphony
Davies Symphony Hall, 201 Van Ness Ave., angle Grove St., 415-864-6000, www.sfsymphony.org
Véritable enchantement pour les oreilles sensibles à la musique classique, le San Francisco Symphony se produit régulièrement au

Davies Symphony Hall, à partir du mois de septembre jusqu'à la fin du mois de mai.

Noontime Concerts
415-777-3211, www.noontimeconcerts.org
Tous les mardis midi, vous pouvez assister à des concerts de musique classique à l'**Old St. Mary's Cathedral** *(don suggéré de 5$; mar 12h30; 660 California St.).*

Opéra

San Francisco Opera
War Memorial Opera House, 301 Van Ness Ave., angle Grove St., 415-864-3330, www.sfopera.com
Ceux qui préfèrent combiner les plaisirs visuels et auditifs opteront peut-être pour une soirée donnée par le San Francisco Opera. Les ténors et barytons performent au War Memorial Opera House en juin et juillet et de septembre à la mi-décembre.

San Francisco Pocket Opera
469 Bryant St., 415-972-8930, www.pocketopera.org
Le San Francisco Pocket Opera offre une option intéressante aux amateurs d'opéra qui veulent sortir un peu des structures conventionnelles. Dans une salle plus intimiste, cet orchestre réputé vous fera sûrement passer une soirée agréable.

Rock

The Fillmore
1850 Geary Blvd., angle Fillmore St., 415-346-6000, www.thefillmore.com
Légendaire salle de spectacle qui a reçu le gratin de la scène musicale des années 1960, The Fillmore continue encore aujourd'hui à engager les grosses pointures de la musique rock, ainsi qu'une poignée de musiciens émergents.

Bottom of the Hill
1233 17th St., angle Missouri St., 415-621-4455, www.bottomofthehill.com
On vient au Bottom of the Hill pour entendre de bons vieux groupes de rock-and-roll. Installé dans une maison victorienne ancienne, l'établissement est doté d'excellentes enceintes qui résonnent très fort. Adresse idéale pour les puristes du rock.

Slim's
333 11th St., entre Folsom St. et Harrison St., South of Market, 415-255-0333, www.slims-sf.com
Bar sans prétention tout indiqué pour prendre un verre en bonne compagnie. On y présente des spectacles de musiciens aux allégeances variées (entre autres rock, punk ou métal).

› Danse

San Francisco Ballet
War Memorial Opera House, 301 Van Ness Ave., angle Grove St., 415-865-2000, www.sfballet.org
La splendide troupe de danse classique du San Francisco Ballet s'exécute et virevolte également au War Memorial Opera House. Il s'agit de la plus ancienne compagnie de ballet aux États-Unis. La saison des spectacles débute au mois de février et se termine à la fin du mois de mai.

› Théâtre

Beach Blanket Babylon
Club Fugazi, 678 Green St., 415-421-4222, www.beachblanketbabylon.com
Véritable institution de San Francisco, *Beach Blanket Babylon* tient la scène depuis 1974 et fait salle comble pratiquement tous les soirs. C'est une excellente comédie musicale dans laquelle les acteurs sont parés de costumes extravagants et coiffés de chapeaux démesurés. Pour apprécier ce spectacle satirique à sa juste valeur, vous devez être au fait de l'actualité américaine. Les visiteurs âgés de moins de 21 ans ne peuvent assister qu'aux représentations en matinée.

Principaux théâtres

American Conservatory Theater
425 Geary St., 415-749-2228, www.act-sf.org
Sans nul doute l'une des principales troupes de théâtre à San Francisco, l'American Conservatory Theater a acquis une solide réputation dans le monde des arts aux États-Unis depuis sa fondation en 1965. Ce conservatoire se targue d'ailleurs d'avoir formé des acteurs de renom comme Denzel Washington et Annette Bening.

Curran Theater
445 Geary St., entre Mason St. et Taylor St., 415-551-2000, www.shnsf.com
Le Curran Theater est une ravissante salle de spectacle dotée de 1 665 sièges. On y présente plusieurs pièces de Broadway. De nombreux ouvrages dramatiques de qualité y sont montés chaque année. D'ailleurs, le *Fantôme de l'Opéra* y a déjà fait salle comble.

Golden Gate Theater
One Taylor St., angle Golden Gate St.,
415-551-2000, www.shnsf.com

Une bonne sélection de pièces célèbres de Broadway est également présentée au Golden Gate Theater: *Rent*, *Chicago*, *Mama Mia!*, etc.

Lorraine Hansberry Theatre
620 Sutter St., Nob Hill, 415-474-8800,
www.lorrainehansberrytheatre.com

Le Lorraine Hansberry Theater présente de très bons spectacles culturels afro-américains.

Magic Theatre
Building D, Fort Mason, Marina, 415-441-8822,
www.magictheatre.org

Le Magic Theatre est un théâtre où sont présentées des pièces de dramaturges abordant des thèmes sociaux et politiques.

The Marsh
1062 Valencia St., angle 22nd St., Mission
2120 Allston Way, Berkeley
415-826-5750, www.themarsh.org

The Marsh favorise les pièces de théâtre écrites par de jeunes artistes locaux inconnus ou en devenir.

Bars et boîtes de nuit

Union Square

Voir carte p. 132-133.

Lefty O'Doul's
333 Geary St., 415-982-8900, www.leftyodouls.biz

Dans un local chaleureux tout en longueur diffusant des matchs télévisés, les amateurs de sport s'attroupent autour d'une bière fraîche en espérant une victoire de leur équipe favorite. La cuisine est ouverte à ceux qui veulent se rassasier. Ce bar sportif a été fondé en 1958 par un célèbre joueur et entraîneur de baseball né à San Francisco, Francis Joseph *Lefty* O'Doul.

Café Claude
7 Claude Lane, entre Grant Ave. et Kearny St.,
415-392-3505, www.cafeclaude.com

Si vous avez envie d'assister à d'excellents spectacles de jazz (durant les week-ends) tout en vous offrant un bon dîner, réservez une table au Café Claude. Situé dans une petite allée, tout près du Chinatown, l'établissement ressemble à un petit bistro français qui exulte la bonne humeur.

Avez-vous 21 ans?

Avant d'arpenter les rues de San Francisco et de vous diriger vers un bar ou une boîte de nuit, assurez-vous d'avoir en votre possession des pièces qui attestent votre identité ainsi que votre âge si votre physique vous fait paraître jeune. En effet, il n'est pas rare que le portier d'un débit de boissons vous en fasse la demande avant de vous laisser entrer à l'intérieur. L'âge légal pour acheter ou boire de l'alcool est de 21 ans.

Clock Bar
The Westin St. Francis, 335 Powell St.,
415-397-9222

Cet écrin feutré propose des cocktails détonants, notamment des martinis délicieusement décadents, ainsi que des mises en bouche délectables préparées par la cuisine du restaurant adjacent, Michael Mina. Sa clientèle résolument chic étale sa garde-robe griffée.

First Crush Restaurant & Bar
101 Cyril Magnin St., angle O'Farrell St.,
415-982-7874, www.firstcrush.com

L'heure de l'apéro a sonné? Dirigez-vous vers le First Crush Restaurant & Bar. Cette petite vinothèque conviviale, située à quelques minutes de marche d'Union Square, ne propose que des vins californiens. Possibilité de grignoter ou de s'offrir un repas.

Press Club
20 Yerba Buena Lane, 415-744-5000,
www.pressclubsf.com

Pour une pause vinicole raffinée, filez au Press Club. Située près d'Union Square tout juste au sud de Market Street, cette vinothèque présente un décor infiniment contemporain aux lignes épurées et aux tonalités apaisantes qui nimbe les visages et les verres de vin d'une lueur douce et enivrante. Les clients peuvent s'adonner à une dégustation de ballons de rouges ou de blancs de plusieurs vignobles réputés de la vallée de Napa tout en partageant un délicieux plateau de fromages, de charcuteries ou de petits fours du jour. Qui plus est, chaque mois, des bouteilles provenant de deux nouveaux vignobles viennent étoffer la carte des vins. Les amateurs de bières ne sont pas en reste puisque l'établissement propose également un très bon choix de produits de microbrasseries. Prenez le temps de discuter avec la sommelière pour faire des choix réfléchis. Le Press Club fédère une clientèle branchée, et l'ambiance monte très vite au fil de la soirée. Bref, une adresse feutrée, festive et *trendy*.

Redwood Room
Clift Hotel, 495 Geary St., angle Taylor St., 415-929-2372, www.clifthotel.com
Tout en bois de séquoia, le Redwood Room est le magnifique bar du **Clift Hotel** (voir p 120). Sirotez un *gin tonic* ou un martini sous les lampes de style Art déco suspendues au plafond élevé et parmi les reproductions évocatrices de Klimt. Vous aurez l'impression de trinquer dans un établissement rétro et design dont le mobilier a été conçu par le célèbre designer Philippe Starck. Adresse idéale pour jouer au nouveau riche. N'oubliez pas de vous habiller en conséquence.

Ruby Skye
420 Mason St., entre Derby St. et Geary St., 415-693-0777, www.rubyskye.com
Ancien théâtre victorien (1890) transformé en une gigantesque boîte de nuit occupant une superficie de 1 400 m^2, Ruby Skye est doté d'un excellent système de son qui crache une variété de styles musicaux allant de la *house* à la *trance* en passant par la pop. Le décor spectaculaire mélange l'architecture Art nouveau avec un mobilier contemporain. L'endroit fédère touristes et résidents à la recherche d'une soirée trépidante.

Chinatown

Voir carte p. 132-133.

Li Po Cocktail Lounge
916 Grant Ave., angle Washington St., 415-982-0072
Nommé d'après l'extravagant poète chinois Li Po, qui avait un penchant pour le vin et les femmes, mais qui a malheureusement trouvé la mort en voulant saisir le reflet de la Lune, ce bar modeste distille une atmosphère quasi clandestine. Dans une pénombre moelleuse, des habitués viennent papoter et trinquer jusqu'au bout de la nuit. L'établissement est réputé pour ses Mai Tai particulièrement dévastateurs.

Financial District et Embarcadero

Voir carte p. 132-133.

Gordon Biersch
2 Harrison St., angle Spear St., Embarcadero, 415-243-8246, www.gordonbiersch.com
Gordon Biersch sert un bon choix de bières artisanales. Cette microbrasserie est le fief des trentenaires et des quadragénaires qui viennent avaler un verre après une journée au turbin. Si la météo le permet, d'ici vous aurez de jolies vues sur l'eau et le Bay Bridge.

Bix
56 Gold St., angle Sansome St., 415-433-6300, www.bixrestaurant.com
Le Bix est un merveilleux resto-bar dont le décor léché pourrait figurer dans un film d'espionnage à gros budget. Enjolivé de peintures Art déco, le local arbore des murs de briques entre lesquels une clientèle branchée rivalise d'élégance sur fond de musique d'ambiance jazz et blues. Si vous avez une fringale, vous pourrez vous y rassasier d'une très bonne cuisine californienne.

Cigar Bar & Grill
850 Montgomery St., 415-398-0850, www.cigarbarandgrill.com
Les visiteurs qui désirent rompre avec la rectitude politique de la loi antitabac peuvent se rendre au Cigar Bar & Grill pour fumer des barreaux de chaise tout en prenant un verre.

Ferry Plaza Wine Merchant & Wine Bar
Ferry Building, n° 23, 415-391-9400, www.fpwm.com
Ce fabuleux marchand de vin (voir p. 195) propose des produits à déguster dans son bar à vin, que vous pourrez accompagner de petites bouchées salées ou sucrées en provenance des producteurs du Ferry Plaza Farmers Market. Ambiance décontractée.

North Beach

Voir carte p. 132-133.

Vesuvio Café
255 Columbus Ave., angle Jack Kerouac Alley, 415-362-3370, www.vesuvio.com
Situé juste à côté de la librairie City Lights, le Vesuvio Café est un ancien point de chute des beatniks. Les murs du bar sont décorés d'anciens poèmes et de coupures de journaux d'une époque révolue. Un incontournable pour les nostalgiques qui désirent prendre un verre à la santé de Jack et ses amis.

Bars et boîtes de nuit par types

Bar avec vue
- Top of the Mark 176

Bars
- Bourbon and Branch 178
- Buena Vista Café 177
- Clock Bar 173
- Edinburgh Castle Pub 177
- Eli's Mile High Club 182
- Kozy Kar 176
- Laszlo 181
- Li Po Cocktail Lounge 174
- Mad Dog in the Fog 178
- Martuni's 180
- Matrix Fillmore 177
- Mauna Loa Club 177
- Moby Dick 181
- Nickies 178
- Nihon Whisky Lounge 181
- No Name Bar 181
- Pisco Latin Lounge 181
- Redwood Room 174
- Skylark 181
- The Endup 180
- The Mint Karaoke Lounge 178
- The Plough and the Stars 178
- Tonga Room 176
- Toronado 178
- Tosca Cafe 176
- Vesuvio Café 174
- Zeitgeist 181

Bars et discothèques gays
- Harvey's 180
- Lexington Club 181
- The Café 180
- The Endup 180
- The LookOut 180
- Twin Peaks Tavern 180

Bars sportifs
- 4th Street Bar & Grill 179
- Greens Sports Bar 177
- Lefty O'Doul's 173
- Nickies 178

Boîtes de nuit
- 1015 Folsom 179
- Club Six 180
- DNA Lounge 179
- Fluid Ultra Lounge 180
- Roccapulco 181
- Ruby Skye 174
- The Holy Cow 180

Microbrasseries
- Ben and Nick's 182
- Gordon Biersch 174
- Jupiter 182
- Thirsty Bear 179
- Triple Rock Brewery & Alehouse 182

Restos-bars
- Absinthe Brasserie & Bar 177
- Bix 174
- Café du Nord 179
- First Crush Restaurant & Bar 173
- Jillian's 180
- Paragon 179
- Pier 23 Cafe 176
- Supperclub 179
- Yoshi's Jazz Club and Japanese Restaurant 171

Salon de cigares
- Cigar Bar & Grill 174

Vinothèques
- Bubble Lounge 176
- Cafe Zoetrope 176
- Cellar 360 177
- Eos Wine Bar 178
- Ferry Plaza Wine Merchant & Wine Bar 174
- Hôtel Biron 178
- Madrone Art Bar 178
- Nectar Wine Lounge 177
- Place Pigalle 177
- Uva Enoteca 178
- Wattle Creek 177

Tosca Cafe

242 Columbus Ave., angle Broadway, 415-986-9651, www.toscacafesf.com

Le vénérable Tosca Cafe a pignon sur rue depuis le début du XXe siècle. Ce chaleureux bar lambrissé sert un bon assortiment de bières, de vins au verre et de cafés, le tout servi sur fond sonore d'une musique classique issue d'un vieux juke-box. Il paraît qu'il y a une porte secrète derrière le bar où les cénacles du monde du septième art viennent trinquer et discuter sans se faire déranger.

Cafe Zoetrope

916 Kearny St., angle Columbus Ave., 415-291-1700, www.cafecoppola.com

Le Cafe Zoetrope est un restaurant et un *wine bar* feutré où les crus des vignobles Coppola de la vallée de Napa sont à l'honneur. Clientèle plutôt jolie aux costards stylés et aux robes bien taillées.

Bubble Lounge

714 Montgomery St., angle Columbus Ave., 415-434-4204, www.bubblelounge.com

Au Bubble Lounge, on débouche des bouteilles de champagne que l'on verse dans des flûtes élancées. On trinque confortablement assis sur des banquettes tapissées de velours en lançant des sourires de connivence à son voisin ou sa voisine.

Nob Hill

Voir carte p. 132-133.

Kozy Kar

1548 Polk St., entre California St. et Sacramento St., 415-346-5699, www.kozykar.com

En apercevant le nom du bar éclairé par des chevilles du jeu Lite-Brite, aucun indice ne vous laisse croire que vous allez entrer dans l'un des bars les plus décalés et atypiques de San Francisco. Avec ses planchers et son bar tapissés d'une profusion de *playmates* des années 1970 (lire: des femmes non siliconées) du célèbre magazine de charme *Playboy*, ses téléviseurs qui diffusent en boucle des films *softcore*, ses banquettes installées à l'intérieur de vieilles fourgonnettes et ses deux lits d'eau discrètement installés dans les recoins, le Kozy Bar donne l'impression d'être plongé dans un film d'Austin Powers sur l'acide. Bref, des arguments qui ne manquent certes pas de susciter la curiosité d'une flopée de *hipsters* et d'une faune nocturne heureuse à l'idée que les *seventies* continuent de s'imposer avec force!

Tonga Room

The Fairmont San Francisco, 950 Mason St., 415-772-5278

L'hôtel Fairmont San Francisco possède un *tiki bar* qui en incitera plus d'un à lever un sourcil dubitatif. Dans un faux décor pittoresque composé de bambou, les sybarites sirotent des cocktails explosifs garnis de petits parapluies.

Top of the Mark

InterContinental Mark Hopkins San Francisco, 1 Nob Hill, entre Mason St. et Pine St., 415-616-6916, www.topofthemark.com

Les esthètes qui ont la folie des hauteurs doivent prendre un cocktail au 18e étage (19th Floor) du chic **InterContinental Mark Hopkins San Francisco** (voir p. 123) et profiter des excellents points de vue sur la ville. Ce bar feutré était le rendez-vous des militaires américains qui venaient boire un dernier verre avant d'être déployés en Europe durant la Seconde Guerre mondiale. Ceux-ci avaient l'habitude d'acheter une bouteille d'alcool qu'ils laissaient derrière le bar pour que le prochain homme qui partait au front puisse boire gratuitement. Dès 21h, les soirées sont animées d'excellents musiciens de jazz ou de swing qui font danser les oiseaux nocturnes jusqu'au bout de la nuit. L'établissement propose une carte bien étoffée, y compris une centaine de martinis différents. L'adresse idéale pour boire un apéritif ou manger un morceau en flirtant avec les étoiles. Les prix sont un peu élevés, mais les points de vue sur San Francisco n'ont pas de prix! Habillez-vous en conséquence.

Fisherman's Wharf

Voir carte p. 134-135.

Pier 23 Cafe

Pier 23, Embarcadero, angle Front St., 415-362-5125, www.pier23cafe.com

Le Pier 23 Cafe est un resto-bar où s'entasse une foule de touristes et de curieux. Le soir venu, des musiciens montent sur scène pour démontrer leur savoir-faire. La programmation musicale varie souvent en affichant entre autres du blues, de la salsa et du jazz.

Buena Vista Café
2765 Hyde St., angle Beach St., 415-474-5044, www.thebuenavista.com
Il est de mise de commander un Irish Coffee au Buena Vista Café. L'établissement se targue en effet d'avoir inventé l'Irish Coffee. Les puristes pourront toujours jeter leur dévolu sur une bière fraîche.

Wattle Creek
Fountain Plaza, Ghirardelli Square, 415-359-1206, wattlecreek.com
Les œnologues qui apprécient les vins de la vallée de Sonoma iront déguster des doses de vins blancs ou rouges à la petite boutique du vignoble Wattle Creek. Les conseils de dégustation sont toujours avisés.

Cellar 360
Woolen Mill Building, Ghirardelli Square, 415-440-0772, www.cellar360.com
Dans les même parages, mais beaucoup plus spacieux que le Wattle Creek, le Cellar 360 est une vinothèque qui offre plutôt des vins de la vallée de Napa. C'est l'adresse idéale pour découvrir un grand cru ou être conseillé sur une appellation. S'y trouve aussi un petit comptoir qui sert de bons sandwichs, si jamais vous avez une fringale.

Marina

Voir carte p. 134-135.

Greens Sports Bar
2239 Polk St., angle Green St., 415-775-4287
Les amateurs de football américain et de baseball se donnent religieusement rendez-vous au Greens Sport Bar chaque fois que les 49ers (Forty Niners) et les Giants disputent un match. On y diffuse également des parties de hockey et de soccer. Écrans géants, ribambelle de télévisions et bonne sélection de bières.

Matrix Fillmore
3138 Fillmore St., entre Filbert St. et Greenwich St., 415-563-4180, www.matrixfillmore.com
Fief des *beautiful people* du quartier, le Matrix Fillmore est un petit écrin design et feutré qui arbore des banquettes en cuir, un foyer et de nombreux miroirs qui reflètent un éclairage tamisé. Petite piste de danse pour se déhancher aux sons de DJ à la mode.

Mauna Loa Club
3009 Fillmore St., angle Union St., 415-563-5137
Dans l'ombre des projecteurs des établissements chics du quartier, le Mauna Loa Club réunit son lot d'habitués qui vient siroter une bière fraîche en toute simplicité en bavardant autour du bar ou de la table de billard. Clientèle plutôt jeune et baba cool.

Nectar Wine Lounge
3330 Steiner St., angle Chestnut St., 415-345-1377, www.nectarwinelounge.com
Excellente adresse pour s'adonner aux plaisirs du vin tout en grignotant un petit plat d'accompagnement de circonstance. La carte propose plus de 800 grands crus, dont une cinquantaine sont détaillés au verre. Certains épicuriens font bloc le long du bar et prennent l'apéro avant de se diriger vers leur restaurant préféré.

Civic Center, Tenderloin et Hayes Valley

Voir carte p. 136-137.

Absinthe Brasserie & Bar
398 Hayes St., angle Gough St., Hayes Valley, 415-551-1590, www.absinthe.com
Pour savourer une bière fraîche ou un cocktail bien dosé dans une ambiance feutrée de brasserie parisienne, poussez la porte de l'Absinthe. Le décor chaleureux et le service amical vous feront passer une belle soirée.

Place Pigalle
520 Hayes St., entre Laguna St. et Octavia St., Hayes Valley, 415-552-2671
Bar aux fines nuances parisiennes, Place Pigalle attire son lot d'expatriés français et de visiteurs à la recherche d'un endroit feutré pour savourer un verre de vin selon les règles de la bienséance. La clientèle stylée pratique l'art de la drague tout en s'échangeant des sourires de connivence.

Edinburgh Castle Pub
950 Geary St., Tenderloin, 415-885-4074, www.castlenews.com
Pub écossais à l'ambiance enjoué, l'Edinburgh Castle Pub propose un bon éventail de whiskys, de bières importées ainsi que quelques bonnes bières mises en marché par des microbrasseries américaines. L'établissement dispose de tables de billard et de jeux de fléchettes. On y sert évidemment le

traditionnel *fish and chips*. Concerts, jeux-concours (The Castle Quiz) ou spectacles presque tous les soirs.

Hôtel Biron
45 Rose St., entre Gough St. et Market St., 415-703-0403, www.hotelbiron.com
Derrière ce nom trompeur se cache un petit établissement grand comme un mouchoir de poche faisant office de vinothèque et de galerie d'art dans le vent qui présente les œuvres d'artistes différents chaque mois. Au programme : banquettes moelleuses, enceintes musicales qui déclinent *electro bass* et *beats* minimalistes, et clientèle dans la vingtaine et la trentaine au sourire béatifique qui aime les vins français et californiens.

The Mint Karaoke Lounge
1942 Market St., entre Buchanan St. et Laguna St., 415-626-4726, www.themint.net
Oubliez toutes notions de rectitude politique et improvisez un karaoké entre amis en interprétant de vieux classiques pop, rock ou hip-hop dans une ambiance ludique à souhait. Adresse idéale pour titiller l'exhibitionniste qui sommeille en vous.

Bourbon and Branch
501 Jones St., entre O'Farrell St. et Geary St., 415-931-7292, www.bourbonandbranch.com
Temple de la branchitude san-franciscaine, le Bourbon Branch arbore un décor évoquant un bar clandestin qui attire les papillons nocturnes et les belles créatures de la ville. La carte des cocktails propose des créations savantes de ce que l'on servait avant la Prohibition.

Haight-Ashbury

Voir carte p. 136-137.

Nickies
466 Haight St., entre Webster St. et Fillmore St., 415-255-0300, www.nickies.com
Le Nickies est un petit bar de quartier qui diffuse les événements sportifs de l'heure. Les hauts-parleurs crachent des airs de *world beat* avec une préférence pour le *soul* et le *funk*. Vous pourrez aussi y grignoter.

Eos Wine Bar
901 Cole St., angle Carl St., 415-566-3063, www.eossf.com
Passage obligé des amis de Bacchus, l'Eos Wine Bar sert environ 200 crus de différents vins ainsi qu'une sélection de 30 vins vendus au verre. C'est une adresse de choix pour prendre l'apéro en devisant sur les aléas de la vie, avant de passer à table dans la salle du restaurant qui lui est contigu (voir p. 160).

Mad Dog in the Fog
530 Haight St., entre Fillmore St. et Steiner St., 415-626-7279
Le Mad Dog in the Fog est un pub anglais de quartier fréquenté par une clientèle d'habitués et de touristes curieux qui consomment pinte après pinte pour finir gaiement la soirée en devisant avec des amis, en jouant aux fléchettes ou en regardant du sport sur grand écran.

Madrone Art Bar
500 Divisadero St., entre Fell St. et Hayes St., 415-241-0202, www.madronelounge.com
Occupant un local attrayant, le Madrone Art Bar est à la fois une galerie d'art qui expose des œuvres d'artistes émergents et un bar qui sert de la vodka distillée sur place, ainsi qu'une quarantaine de bières pour satisfaire les besoins de la clientèle. Le DJ s'autorise toutes les incohérences musicales et peut aussi bien faire jouer du jazz, du rock et du punk que du reggae, du disco et du folk. Des concerts variés y sont aussi présentés.

Uva Enoteca
568 Haight St., entre Fillmore St. et Steiner St., 415-829-2024, www.uvaenoteca.com
Cette belle vinothèque au pedigree italien, *naturamente*, est une bonne adresse pour papoter entre amis en se rinçant la glotte avec un ballon de rouge ou de blanc *italiano*.

Toronado
547 Haight St., entre Fillmore St. et Steiner St., 415-863-2276, www.toronado.com
Le Toronado est fréquenté par une clientèle d'habitués en quête de bières bon marché servies dans un décor quelconque qui ne fait pas partie de ses critères de choix. On y propose une cinquantaine de bières de microbrasseries et une centaine en bouteille. Belle sélection aussi de bières pression et pas de tubes des Grateful Dead au juke-box.

Richmond

Voir carte p. 138.

The Plough and the Stars
116 Clement St., 415-751-1122, www.theploughandstars.com
Trouver un pub irlandais dans le quartier de Richmond est un exercice facile à faire. Parmi une ribambelle d'établissements du

genre, The Plough and the Stars est celui qui ressemble le plus à un pub digne de ce nom. Certains soirs, vous pourrez même y entendre de la musique accompagnée de danses traditionnelles.

South of Market

Voir carte p. 139.

Vous trouverez la majeure partie des boîtes de nuit dans le quartier de South of Market (SoMa). Il n'y pas si longtemps, même les résidents fuyaient les rues désertes et les allées obscures de ce quartier qui tombait en désuétude. C'est aujourd'hui l'un des quartiers les plus branchés de la ville.

1015 Folsom
1015 Folsom St., entre Sixth St. et Seventh St., 415-431-1200, www.1015.com
Même si cette discothèque effervescente se nomme laconiquement « 1015 Folsom », tout bonnement à cause de son adresse, la clientèle régulière qui la fréquente est plutôt bien fringuée. En effet, le portier aux biceps gonflés porte une attention particulière au code vestimentaire. La programmation musicale variée et rythmée change quotidiennement le soir en semaine.

DNA Lounge
375 11th St., angle Harrison St., 415-626-1409, www.dnalounge.com
Le DNA Lounge se range toujours parmi les adresses branchées de la ville. La clientèle fringante n'hésite pas à déployer ses mollets sur les rythmes endiablés du DJ aux platines. L'établissement présente parfois des formations musicales.

4th Street Bar & Grill
San Francisco Marriott Marquis, 55 Fourth St., 415-442-6734
Situé tout juste devant le Metreon dans une annexe de l'hôtel **Marriott Marquis** (voir p. 125), le 4thStreet Bar & Grill est un bar sportif doté de plusieurs téléviseurs et dont les murs sont décorés de fanions d'équipes variées. C'est un lieu idéal pour boire un pichet de bière tout en grignotant et en suivant le déroulement d'un match souvent diffusé en direct.

Supperclub
657 Harrison St., 415-348-0900, www.supperclub.com
Situé à une dizaine de minutes à pied du Musée d'art moderne de San Francisco, le Supperclub est un haut lieu de festivités fréquenté par des célébrités, des *fashionistas* et des touristes à la page qui sont à la recherche d'une sortie atypique et décalée. Tout commence en début de soirée lorsqu'un dîner est servi sur des lits surdimensionnés par un personnel extravagant qui semble s'être échappé d'un film de Fellini, pendant que des contorsionnistes et des acrobates s'exécutent pour divertir les convives. À mesure que la soirée progresse, une palette des meilleurs DJ et VJ des quatre coins du globe font danser la faune bigarrée en extase.

Thirsty Bear
661 Howard St., entre Second St. et Third St., 415-974-0905, www.thirstybear.com
Vous ne trouverez pas de gros ours mal léchés ou assoiffés dans cette spacieuse microbrasserie. De plus, si passé une certaine heure vous êtes à la recherche d'un endroit calme et tranquille pour vous rassasier ou étancher votre soif, passez votre chemin sans vous arrêter, car plus la soirée avance, plus les décibels ajoutés au brouhaha des conversations grimpent et accroissent l'ambiance rythmée et festive des lieux qui se confond alors à celle d'une taverne contemporaine où l'on peut aussi bien manger des tapas que jouer au billard.

Paragon
701 Second St., angle Townsend St., 415-537-9020
Situé à proximité du AT&T Park, le Paragon offre une option digne d'être considérée par l'amateur de baseball exigeant. Fréquenté par une clientèle yuppie et aisée, ce resto-bar prétend capturer l'ambiance d'une brasserie française, mais avec une apparence distinctement américaine.

Café du Nord
2170 Market St., 415-861-5016, www.cafedunord.com
Le Café du Nord est un resto-bar où l'on peut se laisser bercer les oreilles par d'excellents musiciens de jazz, blues ou rock, ou encore par d'autres consonances musicales contemporaines. L'ambiance est chaleureuse et la faune éclectique. Bon choix de whiskys.

Jillian's
101 Fourth St., 415-369-6100

Installé dans le Metreon, Jillian's est un resto-bar qui dispose de 10 splendides tables de billard. Profitez-en pour faire une partie avant de vous attabler ou d'aller voir un film.

The Holy Cow
1535 Folsom St., entre 11th St. et 12th St., 415-621-6087, www.theholycow.com

Facilement reconnaissable par l'énorme vache qui orne sa façade, le Holy Cow est une adresse très prisée d'une foule jeune. La musique est entraînante pour ce public qui, par ailleurs, ne prête guère attention au décor, sans aucune prétention.

Fluid Ultra Lounge
662 Mission St., 415-615-6888, www.fluidsf.com

Le Fluid Ultra Lounge s'impose parmi les antres nocturnes branchés de la ville. Le plancher «rétro-éclairé» attire l'attention en raison de la palette de faisceaux lumineux chatoyants contrôlés par un ordinateur. Le DJ aux platines fait jouer de la musique électronique aux rythmes vivifiants, tandis qu'une clientèle tirée à quatre épingles pratique l'art de la drague tout en sirotant des cocktails surdimensionnés.

Club Six
60 Sixth St., angle Jessie St., 415-863-1221, www.clubsix1.com

Installée sur deux étages, cette boîte de nuit semble réunir toutes les couches de la société qui viennent s'amuser dans la bonne humeur. L'ambiance du rez-de-chaussée est plutôt détendue. Au sous-sol, la faune bigarrée remue les mollets sur la piste de danse, sur les airs entraînants du DJ.

The Endup
401 Sixth St., angle Harrison St., 415-357-0827, www.theendup.com

Grâce à une programmation musicale riche qui couvre les grandes tendances du moment, The Endup est le point de convergence des hétéros, des gays, des lesbiennes et des travestis qui ont envie de se déchaîner. Les soirées à thème changent selon les jours de la semaine. Une adresse nocturne idéale pour les oiseaux de nuit ou les insomniaques.

Martuni's
4 Valencia St., 415-241-0205, http://martunis.ypguides.net

Ce piano-bar élégant et chaleureux compte une clientèle d'habitués qui vient prendre un martini très bien dosé après leur journée de travail.

Castro

Voir carte p. 139.

Twin Peaks Tavern
401 Castro St., angle Market St., 415-864-9470, www.twinpeakstavern.com

Bar à l'ambiance relâchée, le vénérable Twin Peaks Tavern n'est aucunement lié à la série culte de David Lynch. L'établissement est doté de fauteuils dépareillés, mais le mur derrière le bar est décoré de magnifiques boiseries ouvragées. Une clientèle masculine mature vient discuter tranquillement entre amis tout en sirotant une bière fraîche.

Harvey's
500 Castro St., angle 18th St., 415-431-4278, www.harveyssf.com

Harvey's honore la mémoire du conseiller municipal assassiné, Harvey Milk. Une clientèle mixte s'y donne rendez-vous pour trinquer en regardant déambuler les passants dans la rue à travers les baies vitrées. Les clients esseulés peuvent toujours boire leur bière en regardant l'un des téléviseurs fixés au mur.

The Café
2369 Market St., 415-861-3846, www.cafesf.com

The Café n'est pas un café mais une discothèque où une clientèle majoritairement gay, bigarrée et enjouée, vient s'éclater au milieu de la jubilation générale. L'établissement possède quelques tables de billard, mais empressez-vous d'y jouer avant 21h parce qu'après cette heure il y a tout simplement trop de monde et qu'il est interdit alors de jouer. S'y trouve également une petite terrasse où les fumeurs peuvent griller une cigarette sans enfreindre la loi.

The LookOut
3600 16th St., 415-431-0306, www.lookoutsf.com

Ce bar de quartier est fréquenté par une clientèle de tout âge et aux orientations sexuelles confondues. L'établissement est doté d'un balcon spacieux qui permet de prendre un bol d'air et d'observer ce qui se passe à l'extérieur. Ambiance sonore éclectique et barmen canon.

Moby Dick
4049 18th St., angle Hartford St., 415-861-1199, www.mobydicksf.com
Ouvert depuis 1979, le Moby Dick est un haut lieu de testostérone qui regroupe une clientèle résolument mâle qui vient s'encanailler jusqu'aux petites heures du matin. Établissement très bruyant et faune bigarrée qui favorisent le look «jeans, cuir, piercing et tatouage».

Mission

Voir carte p. 139.

Laszlo
2526 Mission St., entre 21st St. et 22nd St., 415-401-0810, www.laszlobar.com
Situé à côté du restaurant **Foreign Cinema** (voir p. 164), le Laszlo est un bar de quartier sans prétention et constitue l'endroit idéal pour s'entrechoquer les chopes en début de soirée avant de poursuivre la fête ailleurs.

Lexington Club
3464 19th St., entre Valencia St. et Mission St., 415-863-2052
Le Lexington Club est le bar de prédilection des lesbiennes en ville. On y vient pour danser, discuter, jouer au billard, se darder du regard, prendre un verre et échanger son numéro de téléphone. Le juke-box fait surtout jouer les tubes des années 1970 et 1980.

Nihon Whisky Lounge
1779 Folsom St., entre 14th St. et Erie St., 415-552-4400, www.dajanigroup.net
Le Nihon Whisky Lounge se targue de proposer plus de 500 sortes de whisky «single malt» (c.-à-d. provenant d'une seule distillerie) de la Californie. Le bar est savamment mis en valeur par une kyrielle de bouteilles éclairées qui attirent immanquablement l'attention des oiseaux de nuit. Si vous avez une petite faim, vous trouverez à l'étage une petite salle à manger où l'on peut déguster des sushis.

Pisco Latin Lounge
1817 Market St., 415-874-9951, www.piscosf.com
Vous aimez les ébouriffants cocktails concoctés en Amérique du Sud? Pointez-vous au pimpant Pisco Latin Lounge, où les soirées vibrantes pilotées par une cohorte de DJ drainent une clientèle qui se moque des conventions. L'établissement propose aussi une belle carte des vins et offre la possibilité de manger de petits plats d'accompagnement.

Roccapulco
3140 Mission St., 415-648-6611, www.roccapulco.com
Discothèque latino à la déco tropicale, Roccapulco est le rendez-vous très prisé des résidents et des touristes qui viennent s'éclater aux rythmes *muy caliente* de *salsa* et de *merengue*. Cours de *salsa* les vendredis et samedis. Tenue de ville exigée: pas de jeans ni de chaussures de sport.

Skylark
3089 16th St., 415-621-9294, www.skylarkbar.com
Ce bar séduisant aux murs écarlates vibre aux sonorités éclectiques pouvant varier du hip-hop à la pop en passant par du bon vieux rock-and-roll. L'établissement est doté d'une grande piste de danse où les noctambules s'amusent comme des gamins déchaînés. On y trouve aussi de nombreuses alcôves où les papillons de nuit peuvent se réfugier et siroter un cocktail bien dosé en observant l'intéressante faune locale.

Zeitgeist
199 Valencia St., angle Duboce Ave., 415-255-7505, www.zeitgeistsf.com
Le logo de Playboy en tête de mort sur la porte du Zeitgeist laisse rapidement savoir qu'il ne s'agit pas d'un écrin chic au design léché. En effet, c'est le refuge de la gente estudiantine, d'artistes incompris et de messagers à vélo un peu en marge. L'intéressante sélection de bières pression constitue à elle seule une bonne raison d'y mettre les pieds.

Marin County

Sausalito

No Name Bar
757 Bridgeway St., 415-332-1392
L'ancien repaire de Clint Eastwood est un bar chaleureux qui présente régulièrement des spectacles de jazz.

East Bay

Berkeley

Voir carte p. 140.

Jupiter
2181 Shattuck Ave., 510-843-8277,
www.jupiterbeer.com
Installé dans une étable datant de 1890, Jupiter est une microbrasserie décorée dans un style gothique dont le bar est recouvert de cuivre. On y propose une excellente sélection de bières maison et de bières importées. Des musiciens de jazz animent parfois les soirées. Des pizzas cuites au four à bois et des sandwichs au *focaccia* sauront satisfaire les fringales. Une vieille «machine à boules» est à la disposition des clients.

Triple Rock Brewery & Alehouse
1920 Shattuck Ave., 510-843-2739,
www.triplerock.com
La Triple Rock Brewery & Alehouse se targue d'être la cinquième microbrasserie à avoir ouvert ses portes aux États-Unis. Excellent choix de bières fortes et légères. Si l'estomac vous tenaille, sachez que la cuisine prépare des *nachos*, du chili et de la soupe maison. Si la météo le permet, installez-vous sur la terrasse juchée sur le toit de l'établissement pour déguster votre bière tout en admirant la vue.

Oakland

Voir carte p. 141.

Ben and Nick's
5612 College Ave., 510-923-0327,
www.benandnicks.com
Ben and Nick's est une microbrasserie conviviale et sans prétention qui prend des allures de pub anglais. Si vous avez une fringale, la cuisine vous préparera des ailes de poulet ou des hamburgers juteux.

Eli's Mile High Club
3629 Martin Luther King Jr. Blvd., 510-594-0666
Situé hors des sentiers battus, l'Eli's Mile High Club draine une clientèle d'habitués et de touristes qui aiment le blues incisif, lourd et lancinant. Le décor est modeste et la bière fraîche.

Festivals et événements

Voici un aperçu des plus grands événements annuels tenus à San Francisco. Nous vous invitons à communiquer avec les organisateurs de ces diverses fêtes pour connaître les dates exactes, différentes chaque année. Pour de plus amples renseignements, visitez le site Internet de l'office de tourisme de San Francisco: *www.sanfrancisco.travel.*

› Janvier

Dr. Martin Luther King Jr.'s Celebration
Yerba Buena Gardens, 415-691-6212
Fête à la mémoire du grand leader des droits civiques.

Chinese New Year Festival & Parade
Chinatown, 415-340-3055,
www.chineseparade.com
Le plus grand festival de San Francisco.

› Février

San Francisco Independent Film Festival
415-820-3907, www.sfindie.com
Festival international du film d'auteur de San Francisco.

San Francisco Arts of Pacific Asia Show
Fort Mason Center, 310-455-2886,
www.caskeylees.com
Environ 80 stands où sont exposées des antiquités provenant des pays de l'Asie du Pacifique.

› Mars

San Francisco International Asian American Film Festival
dans différentes salles à San Francisco, à Berkeley et à San Jose, 415-865-1588,
www.asianamericanmedia.org
Festival de films américano-asiatiques.

St. Patrick's Day Parade
415-395-8417, www.sfstpatricksdayparade.com
L'un des plus grands défilés de San Francisco. Chars allégoriques, plumes et paillettes. Le défilé commence dans Second Street, à l'angle de Market Street, et va jusqu'au Civic Center.

› Avril

Northern California Cherry Blossom Festival
Japantown et Civic Center, 415-563-2313, www.nccbf.org
Deux semaines consécutives où se mêlent des démonstrations d'arts martiaux, des produits d'artisans, des comptoirs de restauration et un défilé.

San Francisco International Film Festival
AMC Kabuki, Castro Theatre et ailleurs, 415-561-5000, www.sffs.org
Plus de 100 films provenant de 30 pays.

› Mai

Cinco de Mayo
Mission Dolores Park, 415-206-0577, www.sfcincodemayo.com
Très grande fête mexicaine qui culmine avec un défilé dans Mission Street.

Zazzle Bay to Breakers
de l'Embarcadero jusqu'à la Great Highway, 415-359-2800, www.zazzlebaytobreakers.com
Un des marathons les plus délurés et atypiques au monde, le Bay to Breakers a lieu chaque année depuis 1912 pour commémorer le terrible tremblement de terre de 1906. Une des caractéristiques atypiques de la course, il n'y a pas de restriction vestimentaire... Du coup, bon nombre de participants n'hésitent pas à arriver au fil de départ habillés en super héros, en personnage de bande dessinée ou en stars, lorsqu'ils ne choisissent pas tout simplement de courir dans leur plus simple appareil....

Carnaval
Mission District, 415-920-0122, www.carnavalsf.com
Il s'agit de la version san-franciscaine du Mardi gras, l'un des plus grands événements publics de l'année. Le défilé débute dans 24th Street, à l'angle de Bryant Street, et se rend jusqu'à Harrison Street.

› Juin

North Beach Festival
Grant Ave., angle Green St., 800-310-6563, http://sresproductions.com/north_beach_festival.html
La plus ancienne *street fair* de la ville, avec spectacles de musique et stands d'artisanat.

Stern Grove Festival
Stern Grove, 415-252-6252, www.sterngrove.org
Festival de musique d'été: pop, jazz, classique et musiques du monde.

Haight-Ashbury Street Fair
Haight St., 415-664-2970, www.haightashburystreetfair.org
Bon nombre d'artistes présentent pendant cette foire des spectacles de musique dans une ambiance festive et enjouée.

San Francisco International Lesbian and Gay Film Festival
Castro Theatre, 415-703-8650, www.frameline.org
Plus de 200 films provenant des quatre coins du globe.

San Francisco Pride
de l'Embarcadero jusqu'au Civic Center, 415-864-0831, www.sfpride.org
Défilé haut en couleur avec chars allégoriques, musique, pectoraux huilés, fesses bombées, plumes et paillettes.

› Juillet

Fourth of July
Fisherman's Wharf, 415-705-5500
Festival pyrotechnique pour souligner la fête nationale.

Jewish Film Festival
Castro Theatre et ailleurs, 415-621-0556, www.sfjff.org
Festival de films juifs.

› Septembre

San Francisco Shakespeare Festival
Golden Gate Park, 415-558-0888, www.sfshakes.org
Pièces de théâtre qui font une ode aux classiques de Shakespeare.

Folsom Street Fair
Folsom St., 415-777-3247, www.folsomstreetfair.com
Foire exotique, colorée et divertissante où le cuir est roi. Plus de 400 000 personnes s'y retrouvent chaque année.

› Octobre

San Francisco Open Studios
dans plusieurs lieux, 415-861-9838, www.artspan.org
Plus de 600 artistes ouvrent leurs studios au public.

San Francisco Jazz Festival
dans plusieurs lieux, 415-398-5655,
www.sfjazz.org
Ce grand festival attire les amateurs de jazz depuis 1983.

› Décembre

San Francisco Ballet Nutcracker
War Memorial Opera House, 415-865-2000,
www.sfballet.org
La troupe de ballet la plus ancienne d'Amérique présente le classique de Tchaïkovski, *Casse-Noisette* (1892).

Sports professionnels

› Baseball

Entre les mois d'avril et d'août, les **Giants de San Francisco** font face à leur rivaux au **AT&T Park** *(415-972-2000, www.sfgiants.com)*. Il s'agit du premier stade de baseball majeur à avoir été entièrement construit avec des fonds privés depuis l'érection du Dodgers Stadium en 1962. La clôture du champ droit est si près de l'eau qu'un panneau indique le nombre de circuits expédiés dans la baie.

Les fanas des **A's d'Oakland** *(877-493-2255, www.oakland.athletics.mlb.com)* n'ont qu'à traverser le Bay Bridge avec le BART pour aller applaudir leurs favoris au **O.co Coliseum** *(www.coliseum.com)*, également connu sous le nom d'Oakland-Alameda County Coliseum.

› Basket-ball

Entre les mois de novembre et d'avril, les **Golden State Warriors** affrontent leurs adversaires à l'**Oracle Arena** *(888-479-4667, www.warriors.com)*.

› Football américain

Entre septembre et novembre, les **49ers de San Francisco** affrontent leurs adversaires au **Candlestick Park** *(415-464-9377, www.sf49ers.com)*. Sachez toutefois que des travaux de construction d'un nouveau stade situé à Santa Clara doivent commencer en 2012 et devraient être terminés pour août 2014.

De l'autre côté de la baie, les **Raiders d'Oakland** disputent leurs matchs au **O.co Coliseum** *(800-745-3000, www.raiders.com)*.

› Hockey sur glace

Si vous visitez la région entre les mois d'octobre et d'avril, sachez que les **Sharks de San Jose** disputent leurs parties locales au **HP Pavilion** *(408-287-9200, www.sj-sharks.com)*, à moins d'une heure de route de San Francisco.Index

Achats

Alimentation 186
Antiquités 187
Centres commerciaux 187
Cigares 188
Décoration intérieure 188
Fleuristes 188
Galeries d'art 188
Grands magasins 189
Insolite 189
Librairies 189
Lunettes 190
Matériel informatique 190
Papeterie 190
Produits de beauté 190
Musique 190
Photographie 191
Plein air 191
Salon de tatouage 191
Vêtements 192
Vêtements et accessoires de mode 193
Vêtements de maternité 194
Vêtements pour enfants 194
Vêtements rétro 195
Vie intime 195
Vins et spiritueux 195
Voyage 196

Avec ses boutiques léchées aux vitrines astiquées, ses petites librairies au charme irrésistible, ses grands magasins de lignes de vêtements et d'accessoires de qualité supérieure, ses disquaires de quartier intimes vendant encore de vieux 33 tours et ses marchands de grands crus californiens, San Francisco a assurément de quoi vous pourvoir en trophées de voyage de toute sorte pouvant convenir à vos choix et à votre budget.

La sélection des établissements commerciaux qui suit n'est qu'un simple survol des innombrables commerces de San Francisco et de ses alentours. Sachez tout de même que la plus grande concentration de magasins et de boutiques se trouve dans le quartier d'**Union Square**. En effet, ceux qui raffolent de courir les magasins et pour qui l'argent ne pose pas de problème seront au nirvana de la consommation en ratissant les chics boutiques qui se trouvent dans Union Square et à proximité. Parmi la jolie brochette d'adresses dignes d'être mentionnées, citons Neiman-Marcus, Saks Fifth Avenue, Versace et Macy's.

Alimentation

Blue Bottle Coffee Co.
1 Ferry Building, n° 7, Embarcadero,
www.bluebottlecoffee.net

Une adresse courue des San-Franciscains (voir p. 150), ainsi que des voyageurs qui raffolent de café de qualité supérieure et qui souhaitent revenir à la maison avec un ou deux sacs de grains de café de cette marque dans leurs valises. Profitez-en pour avaler un petit noir ou un café au lait onctueux à souhait. Autres adresses dans SoMa (voir p. 161) et Hayes Valley (voir p. 158).

Ferry Plaza Farmers Market
Ferry Building, Embarcadero, 415-291-3276,
www.ferrybuildingmarketplace.com

Tous les samedis matin, le Ferry Plaza Farmers Market fourmille d'animation. Une centaine de producteurs agricoles viennent présenter des produits biologiques du terroir californien. Les dimanches, on y vend surtout des fruits et des légumes, ainsi que des plantes. Les mardis et jeudis, de plus petits marchés animent aussi les lieux. Les marchés du jeudi et du dimanche sont généralement fermés de décembre à mars.

XOX Truffles
754 Columbus Ave., entre Filbert St. et Greenwich St., North Beach, 415-421-4814,
www.xoxtruffles.com

L'envie de chocolat vous démange? Ne manquez pour rien au monde de goûter aux truffes de chez XOX Truffles. Le *Chocolatier Magazine* classe XOX Truffles parmi les 10 meilleurs chocolatiers aux États-Unis. De plus, un article de l'*East Bay Express* va même jusqu'à se demander si l'expérience sensorielle procurée par les truffes de Jean-Marc Gorce ne serait pas «meilleure que le sexe». À vous d'en juger.

Miette Confiserie
Ferry Building, Embarcadero, 415-837-0300
449 Octavia St., Hayes Valley, 415-626-6221
www.miette.com

En manque de sucre? Filez tout droit chez Miette Confiserie pour faire le plein de friandises. Optez pour un macaron aérien, des jujubes colorés ou une barbe à papa bien sucrée.

Mitchell's Ice Cream
688 San Jose Ave., angle 29th St., Noe Valley,
415-648-2300, www.mitchellsicecream.com

Selon certains le meilleur marchand de glaces en ville, la sympathique entreprise familiale Mitchell's Ice Cream est établie à San Francisco depuis 1953.

Crown & Crumpet
Ghiradelli Square, Fisherman's Wharf, 415-771-4252,
www.crownandcrumpet.com

Ce salon de thé au charme délicieusement rétro propose plus de 45 sortes de thés.

Scharffen Berger
Ferry Building, Embarcadero, 415-981-9150,
www.scharffenberger.com

Si vous craquez pour le chocolat raffiné, n'hésitez pas à faire un saut chez le chocolatier Scharffen Berger.

Ten Ren Tea
949 Grant Ave., Chinatown, 415-362-0656,
www.tenren.com

Ce petit magasin propose une très vaste sélection de thés de qualité supérieure. Les propriétaires peuvent également répondre à toutes vos questions et peuvent même vous faire goûter à l'infusion de la couleur de votre choix avant d'en acheter: vert, blanc, jaune, rouge ou noir. Optez pour un thé vert tonique ou un thé blanc apaisant.

Antiquités

Le quartier de **Jackson Square** (situé dans le Financial District et délimité par Pacific Avenue au nord, Washington Street au sud, Columbus Avenue à l'ouest et Battery Street à l'est) est réputé pour ses nombreux antiquaires. Vous en trouverez une liste exhaustive sur *www.jacksonsquaresf.com.*

Bonhams & Butterfields
220 San Bruno Ave., Mission, 415-861-7500,
www.bonhams.com

Bonhams & Butterfields compte parmi les antiquaires les plus fiables en ville. Idéal pour dénicher quelques trésors.

Evelyn's
2088 Oakdale Ave., Hayes Valley, 415-255-1815,
www.evelynantique.com

Malgré un nom typiquement nord-américain, Evelyn's est un antiquaire chinois. Bonne adresse pour se procurer des garnitures, des objets décoratifs et des bibelots afin de décorer son chez-soi avec des antiquités chinoises.

Centres commerciaux

The Cannery
2801 Leavenworth St., entre Jefferson St. et Beach St., Fisherman's Wharf, 415-771-2424,
www.thecannery.com

Autrefois une ancienne usine de conserves de fruits, The Cannery est aujourd'hui un espace commercial de trois étages ouvert sur une place centrale agréable où se côtoient des restaurants et des boutiques.

Crocker Galleria
50 Post St., Financial District, 415-393-1505,
www.thecrockergalleria.com

Coiffée d'un magnifique dôme en verre, la Crocker Galleria est inspirée de la Galleria Vittorio Emmanuel II à Milan. On y trouve entre autres le bijoutier Luxe Pieces, le malletier VIP Luggage & Leather et une boutique du couturier de renom du prêt-à-porter Polo Ralph Lauren. Les clients peuvent également se rassasier dans les nombreux petits cafés et restaurants que compte ce centre commercial.

Ghirardelli Square
900 North Point St., entre Larlin St. et Polk St., Fisherman's Wharf, 415-775-5500,
www.ghirardellisq.com

Ghirardelli Square est une ancienne fabrique de chocolat dont les locaux vétustes ont été transformés en un centre commercial moderne et aéré. En offrant au public un large éventail de services divers, ce centre s'efforce d'attirer et de séduire le plus grand nombre possible de consommateurs de toute provenance.

Westfield San Francisco Center
865 Market St., angle Fifth Ave., Union Square, 415-512-6776, www.westfield.com/sanfrancisco

Situé à deux rues d'Union Square, ce centre commercial géant constitue une attraction en soi puisqu'il occupe l'immense structure de l'ancien grand magasin Emporium construit en 1896, qui a conservé sa belle façade Beaux-Arts et son dôme vitré. Il regroupe de grands magasins comme Bloomingdale's et Nordstrom, ainsi que plus de 200 boutiques spécialisées comme Calvin Klein, Banana Republic et Hervé Léger. Avant de commencer à magasiner, nous vous invitons à faire une halte au bureau du concierge afin de vous procurer un petit guide promotionnel qui contient de nombreux rabais fort intéressants sur des produits offerts dans bon nombre de ses boutiques et autres commerces. Les personnes qui veulent s'offrir un moment agréable de détente entre deux séances de magasinage peuvent se faire bichonner au spa Burke Williams, qui propose une multitude de massages et de soins. Au sous-sol se trouvent aussi une flopée de comptoirs de restauration d'un très bon calibre culinaire, ainsi qu'Out the Door, un petit restaurant affilié au **Slanted Door** (voir p. 152), et Bristol Farms, une épicerie fine qui prépare des plats sains et alléchants. Les personnes qui veulent s'offrir un repas dans un cadre plus tranquille peuvent se rendre au quatrième étage où se trouvent d'excellents restaurants, telle la **Cupola Pizzeria** (voir p. 147).

Cigares

The Humidor
275 Battery St., Financial District, 415-362-1405
The Humidor a une bonne sélection de cigares de qualité, de pipes et d'articles pour fumeurs.

Décoration intérieure

Diptyque
171 Maiden Lane, Union Square, 415-402-0600, www.diptyqueparis.com
Implantée entre autres à Paris, Londres et New York, Diptyque a maintenant pignon sur rue à San Francisco et propose une belle collection de bougies parfumées pour la maison et une gamme d'eaux de toilette.

Gump's
135 Post St., entre Kearny St. et Grant Ave., Union Square, 415-982-1616, www.gumps.com
Installé dans un très bel édifice construit en 1910, Gump's constitue une bonne adresse pour ceux qui sont à la recherche d'objets décoratifs pour la maison.

Pot + Pantry
593 Guerrero St., angle 18th St., Mission, 415-206-1134, www.potandpantry.com
Véritable petite cave aux trésors, cette boutique étriquée propose une merveilleuse sélection d'articles de cuisine neufs et recyclés, mais toujours de très bonne qualité. S'y trouvent aussi des livres de recettes, une poignée de petits coups de cœur gustatifs provenant de producteurs locaux, ainsi que bien d'autres cadeaux culinaires pour faire plaisir à un *foodie*. En prime, les explications s'accompagnent d'un sourire.

Sur La Table
Ferry Building, Embarcadero, 415-262-9970, www.surlatable.com
Vous aimez cuisiner ou vous cherchez un cadeau pour un gastronome? Sur La Table est un magasin à ne pas manquer. Il contient tout ce que vous pouvez imaginer comme accessoires de cuisine: coutellerie, assiettes, machines espresso, livres de recettes, ainsi que tout plein de gadgets imaginatifs et pratiques proposés à des prix qui ne videront pas votre compte épargne. Très bon service à la clientèle.

Williams-Sonoma
340 Post St., Union Square, 415-362-9450, www.williams-sonoma.com
Situé au nord d'Union Square, ce magasin de très haute de gamme installé sur quatre niveaux propose tout ce qu'il faut pour équiper sa cuisine. On y trouve des casseroles rutilantes, des marinades bien dosées, des nappes élégantes, ainsi que des ustensiles bien astiqués.

Wok Shop
718 Grant Ave., Chinatown, 415-989-3737, www.wokshop.com
Même si le Chinatown vend son lot de souvenirs aussi inutiles qu'intéressants, le Wok Shop compte parmi les boutiques dignes de mention. Ceux et celles qui désirent s'initier aux saveurs et finesses de la cuisine chinoise peuvent en effet faire un saut au Wok Shop pour se procurer une batterie de cuisine appropriée. Le magasin vend également des livres de cuisine.

Fleuristes

Ixia
2331 Market St., angle Castro St., Castro, 415-431-3134, www.ixia.com

Podesta Baldocchi
410 Harriet St., SoMa, 415-346-1300, www.podestabaldocchi.com
Ixia et Podesta Baldocchi sont deux excellentes adresses pour ceux qui recherchent des arrangements floraux colorés ou des bouquets de fleurs flamboyants.

Galeries d'art

49 Geary Street Art Galleries
49 Geary St., Union Square
Cette adresse est un véritable centre commercial de l'art. Vous y trouverez, sur plusieurs étages, une vingtaine de galeries qui présentent des œuvres contemporaines de qualité.

The Dreaming Room
245 Columbus Ave., North Beach, 415-788-7882
Galerie d'art exotique et tribale, The Dreaming Room est spécialisé dans les objets de culte provenant de tous les continents. Visite sur rendez-vous seulement.

Xanadu Gallery
140 Maiden Ln., Union Square, 415-392-9999, www.xanadugallery.us
La Xanadu Gallery (voir aussi p. 61) expose et vend des antiquités et des œuvres d'art anciennes en provenance du monde entier.

Grands magasins

Macy's in Union Square
170 O'Farrell St., angle Stockton St., Union Square, 415-397-3333, www.macys.com
L'un des magasins les plus vastes de la planète, Macy's propose sept étages de produits de consommation où se succèdent entres autres des lignes de vêtements personnalisés, des cosmétiques ainsi que de la lingerie confortable.

Neiman-Marcus
150 Stockton St., angle Geary St., Union Square, 415-362-3900, www.neimanmarcus.com
Depuis qu'il a remplacé au début des années 1980 le défunt magasin City of Paris (jadis considéré comme le grand magasin le plus chic de la ville) au grand dam de bien des habitants, Neiman-Marcus n'est pas le magasin le plus populaire auprès des San-Franciscains. Il a toutefois conservé la belle rotonde et la verrière du City of Paris, et a garni ses étalages de vêtements de couturiers de choix, comme Prada, Gucci, Armani, Chanel et Dior. Vous y trouverez également une splendide collection de cristaux de Baccarat, si vous désirez renouveler votre cristallerie.

Saks Fifth Avenue
384 Post St., Union Square, 415-986-4300, www.saksfifthavenue.com
Institution new-yorkaise, le chic Saks Fifth Avenue se dresse aussi au nord-ouest d'Union Square à San Francisco et propose une vaste gamme de vêtements pour habiller madame et mademoiselle.

Saks Fifth Avenue Men's
220 Post St., angle Stockton St., Union Square, 415-986-4300
Les hommes désireux de se procurer des fringues griffées portant la marque Giorgio Armani ou Ralph Lauren dans un décor intérieur astiqué qui rappelle l'Art déco devront pousser la porte du Saks Fifth Avenue Men's, situé dans la même rue à deux pas du magasin précédent.

Insolite

New People
1746 Post St., Japantown, 415-345-1975, www.newpeopleworld.com
Au cœur du Japantown, New People est un concentré de culture pop japonaise sur trois niveaux et une superficie de près de 2 000 m². Appartenant au groupe Shogakukan, l'un des éditeurs nippons les plus influents, ce nouveau complexe contemporain regroupe à la fois des produits hyper design, des mangas, des accessoires intrigants et des dispositifs high-tech de Tokyo. S'y trouvent aussi un cinéma voué aux films japonais et un petit café où l'on peut se procurer un *bento*, du maïs au *wasabi* et du thé apaisant.

Kidrobot
1512 Haight St., entre Ashbury St. et Clayton St., Haight-Ashbury, 415-487-9000, www.kidrobot.com
Vous ne résistez pas à l'envie de collectionner des figurines? Filez tout droit à la petite boutique de la chaîne éponyme Kidrobot, qui propose des accessoires pop art en édition limitée qui plairont autant aux enfants qu'aux adultes.

Librairies

Bound Together Bookstore An Anarchist Collective
1369 Haight St., Haight-Ashbury, 415-431-8355
Le Bound Together Bookstore An Anarchist Collective est une librairie anarchiste dont les profits de la vente de certains livres sont versés directement à des fonds qui soutiennent des œuvres de bienfaisance, ce qui permet, par exemple, l'achat de livres destinés à des détenus.

Café de la Presse
352 Grant Ave., Union Square, 415-398-2680, www.cafedelapresse.com
Situé aux portes du Chinatown, le Café de la Presse est un petit café où l'on vend tout spécialement une abondante sélection de magazines et de journaux européens.

City Lights Booksellers & Publishers

261 Columbus Ave., angle Broadway, North Beach, 415-362-8193, www.citylights.com

Haut lieu de la contre-culture, City Lights fut la première librairie en Amérique du Nord à garnir ses présentoirs de séries de livres de poche. La librairie continue de vendre des livres aux antipodes de la rectitude politique. On trouve évidemment une section bien fournie consacrée à la littérature *beat*. C'est la librairie idéale pour fouiner pendant des heures afin de dénicher un classique du genre au tirage épuisé qui dort incognito sur une tablette.

Comix Experience

305 Divisidero St. Haight-Ashbury, 415-863-9258, www.comixexperience.com

Si vous avez un faible pour le neuvième art, courez chez Comix Experience, un petit magasin qui se consacre à la diffusion de bandes dessinées en tous genres.

European Book Company

925 Larkin St., Civic Center, 415-474-0626, www.europeanbook.com

L'European Book Company garnit ses étagères d'un excellent choix de livres en français, en espagnol et en allemand.

Isotope

326 Fell St., Hayes Valley, 415-621-6543, www.isotopecomics.com

Adresse incontournable pour les amateurs de BD, Isotope est une librairie doublée d'une petite galerie d'art.

Kinokuniya Bookstore

1581 Webster St., Japantown, 415-567-7625

Le Kinokuniya Bookstore est la plus grande librairie japonaise de San Francisco. Outre les publications en langue japonaise, ce magasin vend plusieurs livres en anglais sur le Japon, ainsi que des livres d'art et des méthodes d'apprentissage du japonais.

San Francisco Museum of Modern Art Bookstore

151 Third St., entre Mission St. et Howard St., SoMa, 415-357-4035, www.sfmoma.org

Après avoir visité le Museum of Modern Art, pourquoi ne pas s'arrêter à sa boutique de souvenirs pour rapporter à la maison un livre d'art? On y trouve aussi une belle collection de livres pour enfants.

Lunettes

Optics on Chestnut

2248 Chestnut St., entre Avila St. et Pierce St., Marina, 415-922-7500, www.sfoptics.com

Vaste choix de lunettes de soleil stylées aux branches métallisées ou à la monture enveloppante, signées par des designers de renom pour faire un malheur à coup sûr.

Matériel informatique

Apple Store

1 Stockton St., Union Square, 415-392-0202

Tous les technophiles ne manquent jamais d'aller faire un tour dans cette boutique conceptuelle pour découvrir toute la palette de produits de la marque de la pomme. Sans conteste le meilleur endroit pour acheter un Mac, un iPod, un iPhone ou un iPad. Vous pourrez également obtenir des renseignements sur les derniers produits Mac sur le marché et du soutien technique.

Papeterie

Montblanc

120 Grant Ave., Union Square, 415-403-4000, www.montblanc.com

Comme son nom l'indique, Montblanc vend des stylos de renom ainsi que du papier fabriqué à la main.

Produits de beauté

Sephora

2083 Union St., entre Buchanan St. et Webster St., Marina, 415-614-2704, www.sephora.com

Cette petite boutique jouit d'une grande renommée grâce à ses produits de bain parfumés, à ses cosmétiques à la mode et à ses parfums enivrants. On y trouve même des shampooings pour revigorer vos cheveux raplaplas.

Musique

Amoeba Music

1855 Haight St., Haight-Ashbury, 415-831-1200, www.amoeba.com

Installé dans une ancienne salle de quilles, Amoeba se targue de proposer la meilleure sélection de musique *indie* en Amérique du Nord, et ils n'ont probablement pas tort.

Recycled Records
1377 Haight St., angle Masonic Ave., Haight-Ashbury, 415-626-4075, www.recycled-records.com
Ouvert depuis 1977, Recycled Records est l'endroit tout indiqué pour se procurer de vieux tubes de musique rétro cachés entre deux pochettes de disque.

Haight-Ashbury Music Center
1540 Haight St., Haight-Ashbury, 415-863-7327, www.haight-ashbury-music.com
Le Haight-Ashbury Music Center est l'endroit tout choisi pour les musiciens qui veulent acheter une guitare ou un amplificateur neuf ou usagé. On y vend aussi des basses électriques et des cordes.

Photographie

Discount Camera
33 Kearny St., Union Square, 415-392-1100, www.discountcamera.com
Discount Camera vend et répare les appareils photo à des prix abordables.

Plein air

Blazing Saddles
1095 Columbus Ave.
Pier 41
Pier 43½
2715 Hyde St.
465 Jefferson St.
415-202-8888, www.blazingsaddles.com
Avec cinq succursales pour mieux vous servir dans le seul secteur de Fisherman's Wharf, Blazing Saddles loue et vend des vélos à ceux qui n'ont pas peur des défis que leur réservent les collines pentues de la ville.

Icebreaker
170 Post St., entre Robert Kirk Lane et Grant Ave., Union Square, 415-399-9615, www.icebreaker.com
Appartenant à la chaîne néo-zélandaise éponyme, Icebreaker se spécialise dans la vente de vêtements de plein air faits en laine mérinos : sous-vêtements, chandails, chemises, chaussettes, foulards et tuques pour hommes et femmes. Il s'agit de vêtements idéals pour pratiquer ses activités sportives favorites ou simplement pour arpenter les artères urbaines par temps frais, puisque le mérinos est plus performant, plus doux, plus respirant et plus chaud que les tissus synthétiques. Qui plus est, il contrôle mieux les odeurs.

The NFL Shop
Pier 39, Building Q, Fisherman's Wharf, 415-397-2027, www.nflshop.com
Sans doute la référence en matière de produits dérivés de la Ligue nationale de football, The NFL Shop comblera les attentes des fans les plus enthousiastes. Le magasin propose en effet un éventail délirant de casquettes, de t-shirts et de shorts portant tous le logo de votre équipe préférée.

Niketown
278 Post St., Union Square, 415-392-6453, www.nike.com
Aménagé sur trois niveaux dans un immense local moderne, Niketown vous reçoit dans son temple dédié à la gloire du sport où l'on peut voir sur de grands écrans la projection permanente des exploits de certains athlètes, soit bien sûr ceux portant ostensiblement les équipements de la marque.

The North Face
180 Post St., Union Square, 415-433-3223, www.thenorthface.com
Marque très prisée des amateurs de plein air, The North Face vend une panoplie de sacs à dos, de chaussures de marche et de parkas de qualité. Le service est sympathique, et les conseils sont le plus souvent judicieux.

Patagonia
770 Northpoint St., Fisherman's Wharf, 415-771-2050, www.patagonia.com
Synonyme de vêtements de plein air de qualité, Patagonia comble les attentes des montagnards et des fanas d'espaces verts grâce à une excellente gamme d'articles et de vêtements pour pratiquer toutes les activités de plein air et pour sortir par tous les temps.

REI
840 Brannan St., SoMa, 415-934-1938, www.rei.com
REI est une coopérative spécialisée dans la vente et la location d'équipements de plein air.

Salon de tatouage

Braindrops
1324 Haight St., entre Central Ave. et Masonic Ave., Haight-Ashbury, 415-621-4162, www.braindrops.net
Même si le tatouage possède toujours un certain aspect subversif, il n'est plus la chasse gardée des *bad boys* (ou *bad girls*),

des *bikers* ou des personnages qui gravitent dans les cercles interlopes. Braindrops est l'adresse idéale pour affirmer sa personnalité ou pour travailler son côté rebelle ou rock'n'roll puisque leurs tatoueurs sont de véritables artistes à la créativité débridée.

Vêtements

› Chapeaux

Hats on Post
210 Post St., Union Square, 415-392-3737
Les chapeaux sont à l'honneur au magasin Hats on Post. Bonne adresse pour se procurer des chapeaux originaux et inusités.

Mrs Dewson's Hats
2050 Fillmore St., Pacific Heights, 415-346-1600, www.mrsdewsonhats.com
Si vous êtes à la recherche d'un brin d'excentricité, pointez-vous chez Mrs Dewson's Hats pour vous dénicher un panama ou un galurin stylé.

› Chaussures

Bulo
418 Hayes St., entre Gough St. et Octavia St., Hayes Valley, 415-255-4939, www.buloshoes.com
Cette boutique offre un choix serré mais attrayant de chaussures italiennes, espagnoles et brésiliennes de qualité exemplaire et faites sur mesure, pour hommes et femmes. Montres, sacoches et chaussettes pour assortir le tout.

Gimme Shoes
416 Hayes St., Hayes Valley, 415-864-0691
2358 Fillmore St., angle Washington St., Pacific Heights, 415-441-3040
www.gimmeshoes.com
Vaste choix de chaussures sexy et funky aux marques réputées. Ceux qui ne sont pas intimidés par les prix prohibitifs y trouveront certainement chaussure à leur pied.

Paolo Shoes
524 Hayes St., entre Octavia St. et Laguna St., Hayes Valley, 415-552-4580, www.paoloshoes.com
Dans les mêmes parages, Paolo Shoes propose une flopée de bottes, sandales, chaussures et escarpins italiens faits à la main, et d'une élégance exquise. Adresse idéale pour les *shoe addicts* qui veulent satisfaire leur envie de dépense.

Shoes n Feet
2398 Lombard St., angle Scott St., Marina/Cow Hollow, 415-931-2400, www.shoesnfeet.com
Cette boutique offre un large éventail de chaussures de marche et de course fabriquées par de véritables architectes du pied afin d'assurer le confort des personnes qui souffrent de pronation. Une adresse de choix pour vous aider à affronter les collines pentues de la ville.

› Lingerie féminine

Aricie Lingerie
50 Post St., Suite 32, Union Square, 415-989-0261, www.ariciesf.com
Besoin de renouveau dans votre vie? Cette boutique regorge de lingerie européenne exclusive d'une qualité exceptionnelle qui portent la griffe Aubade, Lise Charmel, Barbara Paris, Simone Pérèle et Ravage. L'adresse idéale pour la gent féminine qui s'y connaît en matière de séduction.

Chadwick's of London
2068 Chestnut St., Marina, 415-775-3423, www.chadwicksoflondon.com
De la lingerie en dentelle et en coton pour les femmes au sex-appeal assumé qui recherchent des vêtements quelques crans au-dessus de ceux que l'on trouve chez Victoria's Secret.

Dark Garden
321 Linden St., Hayes Valley, 415-431-7684, www.darkgarden.com
Exiguë et intimiste, cette boutique se spécialise dans la confection de corsets faits sur mesure. Tout indiquée pour une soirée de bal ou pour affrioler votre partenaire.

Luscious Wear
1410 Polk St., entre Pine St. et California St., Nob Hill, 415-440-0172, www.lusciouswear.com
Luscious Wear vend de la lingerie fine, des jupes de cuir, des talons aiguilles et autres accessoires pour adultes qui veulent pimenter leurs soirées intimes. On y propose aussi un éventail de vêtements excentriques destinés à assouvir les fantasmes de la clientèle fétichiste locale.

Victoria's Secret
335 Powell St., Union Square, 415-433-9671
1 Embarcadero Center, Embarcadero, 415-433-9473
Westfield San Francisco Center, 865 Market St., Union Square, 415-974-1760
Ce n'est plus un secret pour personne : tout le monde sait désormais que Victoria's

Secret propose une belle sélection de dessous féminins qui plairont tant à madame qu'à monsieur.

› Vêtements et accessoires de mode

ACRE/SF
301 Union St., angle Montgomery St., North Beach/Telegraph Hill, 415-875-9590, www.acresf.com

Celles qui sont à la recherche d'une tenue vestimentaire qui donne un petit côté hop-la-vie doivent se rendre chez ACRE/SF pour y dénicher une robe portefeuille contemporaine, une longue jupe fluide, un couvre-chef ravissant, une farandole de bijoux et des accessoires colorés et insolites à l'esprit un brin bohème conçus par des créateurs locaux pour façonner une silhouette typiquement san-franciscaine. Au cas où vous auriez besoin de vous requinquer sur place après tout ce shopping, notez que ACRE/SF abrite un petit comptoir où l'on sert le délicieux café de la **Blue Bottle Coffee Co.** (voir p. 150).

Banana Republic
2 Embarcadero Center, Embarcadero, 415-986-5076, www.bananarepublic.com

Banana Republic possède à l'Embarcadero de San Francisco l'une des plus vastes grandes surfaces de cette compagnie de *sportwear*. On y trouve des pantalons, des cols roulés, des chaussures, des vestes en quantité et même quelques accessoires. Autres adresses au 256 Grant Avenue et au 865 Market Street (tous deux dans le secteur d'Union Square).

Betsey Johnson
845 Market St., Union Square, 415-228-0672
2031 Fillmore St., Pacific Heights, 415-567-2726
www.betseyjohnson.com

Reconnue dans les hauts cercles de la mode pour la qualité de ses vêtements novateurs, Betsey Johnson comblera les attentes et les besoins des clientes à la recherche d'un brin d'excentricité.

The Blues Jean Bar
1827 Union St., entre Laguna St. et Octavia St., Marina, 415-346-4280, www.thebluesjeanbar.com

Vous cherchez un *skinny jean*, un jean à taille haute, à pattes d'éléphant, en denim délavé ou de coupe ajustée pour refaire votre garde-robe? Il vous suffira de passer votre commande à l'un des employés serviables et chevronnés qui cherchera à bien cerner vos envies.

Carrots
843 Montgomery St., Financial District, 415-834-9040, www.sfcarrots.com

Antre de la mode haut de gamme qui attire les *fashionistas* à la fine pointe de la tendance qui veulent donner du *oumph* à leur garde-robe et faire sensation auprès de leurs ami(e)s, ce vaste magasin tient les grandes marques du prêt-à-porter telles que Thakoon, Helmut Lang, Narciso Rodriguez, Stella McCartney, Yigal Azrouel, Band of Outsiders et Lutz. On y trouve aussi des bougies parfumées et des accessoires originaux jolis comme tout.

Chanel Boutique
156 Geary St., Union Square, 415-981-1550

Symbole de féminité, la Chanel Boutique propose à ses clientes des fragrances épicées et colorées, présentées dans de jolis flacons exclusifs à cette marque de parfums réputée. Le magasin vend également des escarpins, des bijoux ainsi que d'autres accessoires stylés.

Diesel
800 Market St., Union Square, 415-398-4055
400 Castro St., Castro, 415-621-5557
www.diesel.com

Pour s'habiller des fringues stylisées d'une marque italienne réputée, Diesel propose sur trois étages de rayons de mode toute une gamme de produits vestimentaires pouvant satisfaire les goûts les plus excentriques des hommes, des femmes et des enfants.

Forever 21
7 Powell St., Union Square, 415-984-0380, www.forever21.com

Comme son nom l'indique, cette boutique fera le bonheur des jeunes femmes qui cherchent des fringues aux couleurs vitaminées, ainsi que d'autres accessoires pour parfaire leur look sans trop se ruiner.

Gucci
240 Stockton St., Union Square, 415-392-2808, www.gucci.com

Dans l'univers sélectif de la flamboyante marque italienne de produits de luxe, le magasin Gucci propose des vêtements et accessoires stylisés pour ajouter à votre look l'aura d'un petit quelque chose de chic.

H&M
150 Powell St., Union Square, 415-986-4215
845 Market St., Union Square, 415-543-1430
www.hm.com
Maillon de la chaîne suédoise, H&M est un magasin très prisé d'une clientèle à la recherche de vêtements et d'accessoires dernier cri vendus à des prix très raisonnables.

Jeremy's
2 S. Park Ave., angle Second St., SoMa,
415-882-4929, www.jeremys.com
Cette boutique vend des vêtements griffés et affirmés tels que Chanel, Prada, Dior, True Religion et Calvin Klein, mais offerts à prix réduit. Seul inconvénient, le choix dépend des arrivages. Il s'agit d'une bonne adresse pour les *fashionistas* qui cherchent du prêt-à-porter cool à prix doux.

Lululemon
327 Grant Ave., entre Bush St. et Sutter St.,
Union Square, 415-402-0914, www.lululemon.com
Située tout près de la porte du Chinatown, cette boutique de la chaîne Lululemon mise sur des vêtements extensibles et respirants à la fois confortables et coquets. Idéal pour le yoga, le sport ou tout simplement pour arpenter la ville avec une élégance urbaine.

Margaret O'Leary
1 Claude Lane, angle Sutter St., Union Square,
415-391-1010
2400 Fillmore St., entre Jackson St. et Washington St., Pacific Heights, 415-771-9982
www.margaretoleary.com
Vous cherchez un chandail en cachemire extrêmement doux et chaud pour affronter les aléas de la météo de San Francisco? Rendez-vous chez Margaret O'Leary pour y dénicher un vêtement de qualité supérieure qui ne manque pas de mordant. La seconde succursale dans Pacific Heights est plus spacieuse et propose également des denims griffés, des chaussures élégantes et des accessoires atypiques tout à fait adorables.

Kenneth Cole
Westfield San Francisco Center, Union Square,
865 Market St., 415-227-4536
Les inconditionnels de la marque Kenneth Cole ne voudront certainement pas manquer d'aller jeter un coup d'œil à l'intérieur de son vaste magasin de San Francisco qui tient en stock le florilège de la ligne vestimentaire KC.

Paul Smith
50 Geary St., Union Square,
415-352-3520, www.paulsmith.co.uk
Ceux et celles qui raffolent des produits métaphoriques et inclassables de l'excentrique Paul Smith doivent mettre le cap vers sa boutique située tout près d'Union Square.

Self Edge
714 Valencia St., entre 18th St. et 19th St., Mission,
415-558-0658, www.selfedge.com
Cette boutique est une destination culte des *hipsters* et des *denim heads* qui n'hésitent pas à flamber une petite fortune pour s'acheter des jeans japonais savamment vieillis et triés sur le volet. C'est l'endroit tout indiqué pour les personnes qui se précipitent sur les jeans signés Iron Heart, Strike Gold, Real Japan Blues et Dry Bones, et qui aiment le statut qui vient avec eux.

Sui GENERIS illa Boutique
2265 Market St., entre Sanchez St. et Noe St.,
Castro, 415-437-2265,
www.suigenerisconsignment.com
Cette adresse compte parmi les terrains de chasse préférés des fans de mode vintage et d'avant-garde qui aiment les fringues signées Alexander McQueen ou Marc Jacobs. S'y trouvent aussi une jolie sélection de griffes pointues mais pas forcément connues, ainsi qu'un bon choix de bijoux, d'accessoires et de chaussures.

› Vêtements de maternité

A Pea in the Pod
345 Sutter St., Union Square, 415-391-1240,
www.apeainthepod.com
A Pea in the Pod gagne la faveur des femmes qui recherchent des vêtements de maternité élégants et contemporains.

› Vêtements pour enfants

Kids Only
1608 Haight St., Haight-Ashbury, 415-552-5445
Moins huppé que Mudpie (voir ci-dessous), Kids Only garnit néanmoins ses étagères de jolis vêtements et de chouettes jouets pour enfants.

Mudpie
2185 Fillmore St., Pacific Heights, 415-771-9262, www.mudpie-sf.com
Après 35 ans dans Union Street, Mudpie a déposé ses pénates dans le quartier de Pacific Heights. Adresse convoitée par les parents au portefeuille bien garni, Mudpie est un magasin réputé pour ses produits de qualité signés par les grands couturiers et qui feront resplendir vos gamins. Belle sélection de jouets.

Yountville
2416 Fillmore St., Pacific Heights, 415-922-5050
Vous voulez habiller votre progéniture selon la dernière mode européenne ou californienne? Rendez-vous chez Yountville pour dénicher un maillot de bain, un pyjama ou un chandail de qualité supérieure. Pour les enfants de 8 ans et moins.

› Vêtements rétro

Bettie Page
1529 Haight St., entre Ashbury St. et Clayton St., Haight-Ashbury, 415-864-6001, www.bettiepageclothing.com
Boutique de vêtements dédiée à la légendaire pin-up des années 1950, Bettie Page est le rendez-vous des femmes qui veulent se façonner un look délicieusement rétro-chic.

Buffalo Exchange
1555 Haight St., Haight-Ashbury, 415-431-7733
1210 Valencia St., Mission, 415-647-8332
www.buffaloexchange.com
Buffalo Exchange est un magasin rétro de vêtements où l'on vient s'habiller dans le style et la mode qui faisaient fureur dans les années 1950. On y trouve aussi des chemises aux couleurs criardes, de vieux Levi's et un bon choix de toilettes plus ou moins démodées.

Wasteland
1660 Haight St., Haight-Ashbury, 415-863-3150, www.shopwasteland.com
Wasteland s'inscrit dans la même veine que Buffalo Exchange et propose un bon éventail de vêtements amusants et colorés.

Vie intime

Good Vibrations
603 Valencia St., Mission, 415-522-5460
1620 Polk St., Nob Hill, 415-345-0400
2504 San Pablo Ave., angle Dwight St., Berkeley, 510-841-8987, www.goodvibes.com
Ouvert depuis 1977, ce sex-shop non conformiste s'adresse principalement aux femmes et vise à offrir de l'information sur une vie sexuellement saine. Belle sélection de «jouets», d'ouvrages et de vidéos pour mettre du piquant dans votre alcôve.

Vins et spiritueux

Bacchus & Venus
769 Bridgeway, Sausalito, 415-331-2001, www.bacchusandvenus.com
Bacchus & Venus abrite une salle de dégustation de vins, une boutique offrant des accessoires (décanteurs, coupes), une galerie d'art et, bien sûr, une excellente sélection de vins de la région.

Ferry Plaza Wine Merchant
Ferry Building, Embarcadero, 415-391-9400, www.fpwm.com
Les aficionados de vins de Californie ou d'ailleurs aux États-Unis doivent absolument pousser la porte du Ferry Plaza Wine Merchant. S'y trouvent également quelques grands crus allemands et autrichiens. Le magasin dispose d'un bar pour les amis de Bacchus (voir p. 174).

PlumpJack Wine Store
3201 Fillmore St., Pacific Heights, 415-346-9870, 4011 24th St., Noe Valley, 415-282-3841, www.plumpjackwines.com
Le PlumpJack Wine Store garnit ses étagères de grands crus californiens, européens et australiens.

Napa Valley Winery Exchange
415 Taylor St., entre Geary et O'Farrell St., Union Square/Tenderloin, www.nvwe.com
Vous n'avez pas le temps de visiter la vallée de Napa? Rendez-vous au Napa Valley Winery Exchange pour dénicher le vin californien qu'il vous faut. L'endroit est plutôt exigu, mais il propose de nombreux vins californiens (zinfandel, syrah, pinot noir, etc.) en quantité limitée que vous ne

trouverez pas à l'extérieur de la Californie. Les conseils sont nickel.

New Star-Ell Liquor
501 Divisadero St., entre Fell St. et Hayes St., Haight-Ashbury, 415-567-7900
Ce commerce offre une excellente sélection de bières belges, allemandes et de microbrasseries américaines, ainsi qu'un choix honnête de vins californiens.

True Sake
560 Hayes St., entre Laguna St. et Octavia St., Hayes Valley, 415-355-9555, www.truesake.com
Une des rares boutiques de saké en Amérique, True Sake propose rien de moins que 220 variétés de cette bière de riz (troubles, crues, translucides, froides, tièdes...)!

Wine Club
953 Harrison St., entre Fifth St. et Sixth St., South of Market, 415-512-9086, www.thewineclub.com
Un coup d'œil rapide sur la vitrine du Wine Club ne rend pas justice à ce commerce, car le Wine Club est l'adresse à retenir pour se procurer du vin à des prix qui défient toute concurrence.

Voyage

Flight 001
525 Hayes St., Hayes Valley, 415-487-1001, www.flight001.com
Flight 001 est l'adresse à retenir pour les gens qui ont la bougeotte. On y propose une belle sélection de guides et d'articles de voyage.

Références

Index 198
Lexique français-anglais 208
Légende des cartes 216
Symboles utilisés dans ce guide 216

Index

Les numéros de page en **gras** renvoient aux cartes.

A

Accès 47
Accessoires de mode 193
Achats 185, 193
Activités culturelles 170
Activités de plein air 109
Aéroports
Oakland International Airport 48
San Francisco International Airport 47
Aînés 51
Alamo Square (Haight-Ashbury) 87
Alcatraz 76, **80-81**
Alimentation 186
Alta Plaza Park (Pacific Heights) 82, 108
Ambassades 52
Angel Island (Marin County) **99**, 100
Angel Island State Park (Angel Island) 100
Antiquités 187
Aquarium of the Bay (Fisherman's Wharf) 74
Architecture 34
Argent 52
Art déco 37
Asian Art Museum (Civic Center) 86
Attraits touristiques 59
Autocar 50
Avion 47

B

Baker Beach 109
Bank of America (Financial District) 67
Bank of California (Financial District) 68
Banques 52
Bars et boîtes de nuit 173, 182
4th Street Bar & Grill 179
1015 Folsom 179
Absinthe Brasserie & Bar 177
Ben and Nick's 182
Bix 174
Bourbon and Branch 178
Bubble Lounge 176
Buena Vista Café 177
Café Claude 173
Café du Nord 179
Cafe Zoetrope 176
Cellar 360 177
Cigar Bar & Grill 174
Clock Bar 173
Club Six 180
DNA Lounge 179
Edinburgh Castle Pub 177
Eli's Mile High Club 182
Eos Wine Bar 178
Ferry Plaza Wine Merchant & Wine Bar 174
First Crush Restaurant & Bar 173
Fluid Ultra Lounge 180
Gordon Biersch 174
Greens Sports Bar 177
Harvey's 180
Hôtel Biron 178
Jillian's 180
Jupiter 182
Kozy Kar 176
Laszlo 181
Lefty O'Doul's 173
Lexington Club 181
Li Po Cocktail Lounge 174
Mad Dog in the Fog 178
Madrone Art Bar 178
Martuni's 180
Matrix Fillmore 177
Mauna Loa Club 177
Moby Dick 181
Nectar Wine Lounge 177

Bars et boîtes de nuit *(suite)*
Nickies 178
Nihon Whisky Lounge 181
No Name Bar 181
Paragon 179
Pier 23 Cafe 176
Pisco Latin Lounge 181
Place Pigalle 177
Press Club 173
Redwood Room 174
Roccapulco 181
Ruby Skye 174
Skylark 181
Supperclub 179
The Café 180
The Endup 180
The Holy Cow 180
The LookOut 180
The Mint Karaoke Lounge 178
The Plough and the Stars 178
Thirsty Bear 179
Tonga Room 176
Top of the Mark 176
Toronado 178
Tosca Cafe 176
Triple Rock Brewery & Alehouse 182
Twin Peaks Tavern 180
Uva Enoteca 178
Vesuvio Café 174
Wattle Creek 177
Zeitgeist 181
BART 51
Baseball 43, 184
Basket-ball 184
Bay Area Discovery Museum (Sausalito) 98
Bay Bridge (Embarcadero) 70
Beach Chalet (Golden Gate Park) 92
Beat Museum, The (North Beach) 71
Beatnik 31
Belden Place (Financial District) 150
Berkeley (East Bay) 100, **101**
hébergement 127, **140**
restaurants **140**, *165*
sorties **140**, *182*
Blues 171
Boissons alcoolisées 53
Buena Vista Park (Haight-Ashbury) 87, 108
Buffalo Paddock (Golden Gate Park) 92
Burroughs, William S. 40

C

Cabarets du rire 170
Cable Car Museum (Nob Hill) 74
Cable cars 51
Caffe Trieste (North Beach) 71
California Academy of Sciences (Golden Gate Park) 89
California Center (Financial District) 68
California Historical Society (South of Market) 94
California Palace Legion of Honor (Richmond) 92
Californie **46**
Cannery, The (Fisherman's Wharf) 75
Cartes de crédit 53
Cartoon Art Museum (South of Market) 94
Castro **95**, 96
hébergement 126, **139**
restaurants **139**, *163*
sorties **139**, *180*
Castro Street (Castro) 96
Castro Theatre (Castro) 96
Centres commerciaux 187
Change 52

Chapeaux 192
Chaussures 192
Chèques de voyage 53
China Beach 109
Chinatown 61, **64-65**
hébergement 121, **132-133**
restaurants **132-133**, *150*
sorties **132-133**, *174*
Chinatown Gateway (Chinatown) 63
Chinese Culture Center (Chinatown) 66
Chinese Historical Society of America (Chinatown) 66
Cigares 188
Cinéma 37
Cinémas 171
City Hall (Civic Center) 83
City Lights Booksellers & Publishers (North Beach) 71
Civic Center 83, **84-85**
hébergement 124, **136-137**
restaurants **136-137**,*158*
sorties **136-137**,*177*
Cliff House (Richmond) 93
Climat 53
Coit Tower (North Beach) 72
Columbus Tower (North Beach) 71
Concerts 171
Conciergerie 114
Conduite automobile 48
Conservatory of Flowers (Golden Gate Park) 88
Consulats 52
Contemporary Jewish Museum (South of Market) 94
Coppola, Francis Ford 39
Cow Hollow (Marina) 79
Critical Mass 111
Crocker Galleria (Financial District) 67
Croisières 109
Cuisine californienne 144

D

Danse 172
Décalage horaire 53
Décoration intérieure 188
Déplacements 47
Dewey Monument (Union Square) 60
De Young Tower (Golden Gate Park) 90
Drogues 54
Dutch Windmill (Golden Gate Park) 92

E

East Bay 100
Économie 23
Électricité 54
Embarcadero **64-65**, 68
hébergement 121, **132-133**
restaurants **132-133**, *150*
sorties **132-133**, *174*
Escalade intérieure 109
Exploratorium (Marina) 78

F

Fairmont San Francisco, The (Nob Hill) 73
Ferlinghetti, Lawrence 41
Ferry Building Marketplace (Embarcadero) 69
Ferry Plaza Farmers Market (Embarcadero) 69
Festivals et événements 182
Carnaval 183
Chinese New Year Festival & Parada 182
Cinco de Mayo 183
Dr. Martin Luther King Jr.s Celebration 182
Folsom Street Fair 183
Fourth of July 183
Haight-Ashbury Street Fair 183
Jewish Film Festival 183
North Beach Festival 183
Northern California Cherry Blossom Festival 183
San Francisco Arts of Pacific Asia Show 182

San Francisco Ballet Nutcracker 184
San Francisco Independent Film Festival 182
San Francisco International Asian American Film Festival 182
San Francisco International Film Festival 183
San Francisco International Lesbian and Gay Film Festival 183
San Francisco Jazz Festival 184
San Francisco Open Studios 183
San Francisco Pride 183
San Francisco Shakespeare Festival 183
Stern Grove Festival 183
St. Patricks Day Parade 182
Zazzle Bay to Breakers 183
Financial District **64-65**, 66
hébergement 121, **132-133**
restaurants **132-133**, *150*
sorties **132-133**, *174*
Fisherman's Wharf 74, **80-81**
hébergement 123, **134-135**
restaurants **134-135**, *155*
sorties **134-135**, *176*
Fleuristes 188
Football américain 44, 184
Formalités d'entrée 47
Fort Point (Presidio) 81
Fumeurs 54

G

Galeries d'art 188
Galeries dart 188
Garden Court (Financial District) 67
Gay Lesbian Bisexual Transgender History Museum (Castro) 96
Gays 56
Géographie 22
Géologie 22
Ghirardelli Square (Fisherman's Wharf) 76
Ginsberg, Allen 40
Golden Gate Bridge (Presidio) 81
Golden Gate Fortune Cookie Factory (Chinatown) 63
Golden Gate Park 87, **91**, 108
Golden Gate Park Area 87, **91**
Gold Rush 27
Golf 109
Grace Cathedral (Nob Hill) 74
Grands magasins 189
Grant Avenue (Chinatown) 63
Grateful Dead, The 87

H

Haas-Lilienthal House (Pacific Heights) 82
Haight-Ashbury **84-85**, 86
hébergement 125, **136-137**
restaurants **136-137**, *159*
sorties **136-137**, *178*
Haight Street (Haight-Ashbury) 87
Half Moon Bay (sud de San Francisco) 104
hébergement 129
restaurants 166
Harvey Milk Plaza (Castro) 96
Hayes Valley **84-85**, 86
hébergement 124, **136-137**
restaurants **136-137**, *158*
sorties **136-137**, *177*
Hébergement 113
24 Henry 126
Adelaide Hostel 117
Argonaut Hotel 123
Berkeley Travelodge 128
Best Western Plus Half Moon Bay Lodge 129
Casa Madrona Hotel & Spa 127
Clift Hotel 120
Cornell Hotel de France 117
Downtown Berkeley YMCA 127
Elements Hotel 126
Embassy Suites San Francisco Airport 127
Four Seasons San Francisco 125
Globetrotter's Inn 117
Golden Gate Hotel 118
Grand Hyatt San Francisco 120
Grant Plaza Hotel 121
Green Tortoise Hostel 122
Handlery Union Square Hotel 118
Hostelling International
- Downtown 117
- Fisherman's Wharf 123

Hébergement *(suite)*
Hotel Bohème 122
Hotel des Arts 117
Hotel Diva 118
Hotel Kabuki 124
Hotel Monaco 120
Hotel Nikko 119
Hotel Palomar 125
Hotel Sausalito 127
Hotel Triton 120
Hotel Vitale 121
Hyatt Regency 121
Inn Above Tide 127
Inn at the Opera 124
InterContinental Mark Hopkins San Francisco 123
Jackson Court 124
JW Marriott Hotel 120
Kensington Park Hotel 118
King George Hotel 118
Mandarin Oriental 122
Marina Inn 123
Mill Rose Inn Bed and Breakfast 129
Oakland Marriott City Center 128
Old Thyme Inn 129
Orchard Garden Hotel 119
Palace Hotel 120
Parker Guest House 126
Petite Auberge 118
Phoenix Hotel 124
Pigeon Point Lighthouse Hostel 128
Point Montara Lighthouse Hostel 128
Prescott Hotel 119
Queen Anne Hotel 124
Renoir Hotel 124
Rose Garden Inn 128
San Francisco Backpacker Hostel Pacific Tradewinds 121
San Francisco Marriott Fishermans Wharf 123
San Francisco Marriott Marquis 125
Seal Rock Inn 125
SW Hotel 121
Taj Campton Place 121
The Fairmont San Francisco 122
The Halcyon Hotel 117
The Hotel Majestic 124
The Huntington Hotel 122
The Inn San Francisco 127
The Mosser Hotel 125
The Red Victorian 125
The Ritz-Carlton 122
The San Remo Hotel 123
The Stanford Court Renaissance San Francisco Hotel 122
The St. Regis San Francisco 126
UC Berkeley – Summer Visitor Housing 128
Waterfront Hotel 128
Westin St. Francis 119
White Swan Inn 118
Willows Inn Bed & Breakfast 126
W San Francisco 126
Herb Caen Way... (Embarcadero) 69
Histoire 24
Hockey sur glace 44, 184
Horaires 54
Huntington Park (Nob Hill) 74
Hyatt Regency (Embarcadero) 68

I

Inner Sunset (Golden Gate Park Area)
restaurants 160
Insolite 189

J

Jack London Square (Oakland) 104
Jackson Square (Financial District) 68
Japan Center (Japantown) 83
Japanese Tea Garden (Golden Gate Park) 90
Japantown 83, **84-85**
hébergement 124, **136-137**
restaurants **136-137**, *157*
Jazz 171
Jogging 110
Joplin, Janis 87
Jours fériés 54
Justin Herman Plaza (Financial District) 69

K

Kayak 110
Kerouac, Jack 40
Kesey, Ken 32
Kong Chow Temple (Chinatown) 63
Koret Children's Quarter (Golden Gate Park) 88

L

Label Ulysse 114
Lafayette Park (Pacific Heights) 82, 108
Lake Merritt (Oakland) 102
Lands End Beach 109
Lawrence Hall of Science (Berkeley) 102
Librairies 189
Lincoln Park (Richmond) 92
Lingerie féminine 192
Littérature 40
Lombard Street (North Beach) 72
Lotta's Fountain (Financial District) 66
Louise M. Davies Symphony Hall (Civic Center) 86
Lower Haight (Haight-Ashbury) 87
Lucas, George 39
Lunettes 190

M

Maiden Lane (Union Square) 61
Marina 78, **80-81**
hébergement 123, **134-135**
restaurants **134-135**, *157*
sorties **134-135**, *177*
Marina Green (Marina) 78
Marin County 98
Matériel informatique 190
McLaren Lodge (Golden Gate Park) 88
Médias 54
Metreon (South of Market) 94
M.H. de Young Museum (Golden Gate Park) 90
Mills Building (Financial District) 67
Mission **95**, 97
hébergement 126, **139**
restaurants **139**, *164*
sorties **139**, *181*
Mission Dolores (Mission) 97
Mission Dolores Park (Mission) 98, 108
Mission Street (Mission) 97
Mobilité réduite 58
Mode 193
Monnaie 52
Montara 104
hébergement 128
Musée Mécanique (Fisherman's Wharf) 75
Museo Italo Americano (Marina) 79
Museum of the African Diaspora (South of Market) 94
Music Concourse (Golden Gate Park) 90
Musique 41, 190
Musique classique 171

N

National Aids Memorial Grove (Golden Gate Park) 89
Neiman-Marcus (Union Square) 61
Nob Hill **64-65**, 73
hébergement 122, **132-133**
restaurants **132-133**, *155*
sorties **132-133**, *176*
Noe Valley (Castro) 97
restaurants **139**, *163*
Noontime Concerts (Chinatown) 63
North Beach **64-65**, 70
hébergement 122, **132-133**
restaurants **132-133**, *154*
sorties **132-133**, *174*
Norton, Joshua Abraham 27

O

Oakland (East Bay) 102, **103**
hébergement 128, **141**
restaurants **141**, *166*
sorties **141**, *182*
Oakland International Airport 48
Oakland Museum of California (Oakland) 102
Observation des baleines 110
Ocean Beach 109
Octagon House (Marina) 79
Old St. Mary's Cathedral (Chinatown) 63
Opéra 172
Opera House (Civic Center) 86

P

Pacific Coast Highway 104
Pacific Heights 82, **84-85**
hébergement 124, **136-137**
Pacific Union Club (Nob Hill) 73
Palace Hotel (Financial District) 67
Palace of Fine Arts (Marina) 78
Papeterie 190
Parcs 108
Alta Plaza Park 108
Buena Vista Park 108
Golden Gate Park 108
Lafayette Park 108
Mission Dolores Park 108
Presidio 108
South Park 108
Tilden Park 108
Passeport 47
Patin à roues alignées 110
Peace Pagoda (Japantown) 83
Pêche 111
People's Park (Berkeley) 102
Phoebe A. Hearst Museum of Anthropology (Berkeley) 102
Photographie 191
Pier 39 (Fisherman's Wharf) 74
Plages 109
Baker Beach 109
China Beach 109
Lands End Beach 109
Ocean Beach 109
Planche à voile 112
Plein air 107, 191
Point Montara Lighthouse (Montara) 104
Population 23
Portrait 21
Portsmouth Square (Chinatown) 63
Postcard Row (Haight-Ashbury) 87
Poste 55
Pourboire 55
Pourboires 145
Precita Eyes Mural Arts Center (Mission) 97
Presidio 79, **80-81**, 108
Presse écrite 54
Produits de beauté 190

R

Radio 55
Randonnée pédestre 111
Renseignements généraux 45, 47
Renseignements touristiques 55
Restaurants 143
Absinthe Brasserie & Bar 158
Academy Cafe 160
Ace Wasabis Rock n Roll Sushi 157
Alioto's 156
AsiaSF 162
Avatar's 165
Axum Cafe 159
B44 151
Bar Jules 158
Bay Wolf 166
Benu 163
Big 4 Restaurant 155
Bistro Boudin 155
Bix 153
Blue Bottle Coffee Co. 150, 158, 161
Boulevard 153
Bubba Gump Shrimp Co. 155
Bushi-Tei 157
Cafe Asia 158
Cafe Bastille 151
Café Claude 148
Café de la Presse 146
Cafe Zoetrope 154
Caffe Centro 161
Caffe delle Stelle 158
Caffe Trieste 154
Cha cha cha 159
Chapeau 160
Cheese Board Pizza Collective 165
Cheesecake Factory 146, 147
Chez Papa 152
Coi 155
Colibri Mexican Bistro 147
Crab House at Pier 39 156
Crepes a Go Go 165
Cupola Pizzeria 147
Daily Grill 147
Delfina 165
Dolores Park Cafe 164
Dosa 157, 164
Dottie's True Blue Café 158
Eastside West 157
El Porteño Empanadas 150
Empress of China 150
Espetus Churrascaria 159

Restaurants *(suite)*
Farallon 149
First Crush Restaurant, Bar and Lounge 147
Fishermans Wharf Chowder and Crab Stands 155
Fleur de Lys 149
Flour + Water 165
Fog City Diner 151
Foreign Cinema 164
Four Barrel Coffee 164
Freds Coffee Shop 165
Fringale 162
Gary Danko 156
Gitane 148
Gordon Biersch 151
Harris 155
Hayes Street Grill 158
Heaven's Dog 162
Herbivore 164
House of Nanking 150
Incanto 163
Indian Oven 160
Jardinière 159
Jeanne dArc 147
John's Grill 148
La Folie 155
La Mar Cebicheria 152
Le Colonial 148
Lime 163
Limón 165
Lucky Creation 150
Magnolia Pub & Brewery 159
Mama's on Washington Square 154
Marios Bohemian Cigar Store 154
Masas Restaurant 149
Mijita Cocina Mexicana 150
Momi Tobys Revolution Café & Art Bar 158
Mona Lisa 154
Mr. Pollo 164
Opaque 159
Ozumo 152
Pacific Café 160
Palio d'Asti 153
Papalote Mexican Grill 164
Paragon Restaurant & Bar 161
Pasta Moon 166
Penang Garden 150
Plouf 152
Rainforest Cafe 156
R & G Lounge 150
RN74 162
Rooftop Garden Coffee Bar 161
San Tung Chinese Restaurant 160
Scoma's 156
Sebo 158
Shanghai 1930 152
Silks 153
South Park Café 161
Squat & Gobble Café and Crepery 159, 163
Supperclub 163
Sushi on North Beach 154
Sushi Ran 165
Sutro's 160
Tadich Grill 151
Taqueria Cancun 146, 165
Tartine Bakery & Café 164
Taylor's Automatic Refresher 151
The Buena Vista Cafe 156
The Franciscan Crab Restaurant 156
The House 154
The Moss Room 160
Thep Phanom 160
The Rotunda 149
The Slanted Door 152
Thirsty Bear Restaurant & Brewery 161
Tommasos North Beach 154
Tommy Toy's 153
Town Hall 162
Trace 162
Trattoria Pinocchio 154
TRES 162
Twenty Five Lusk 163
Urban Picnic 146
Urban Tavern 147
Wayfare Tavern 153
Wicked Grounds 161
XYZ 162
Yank Sing 152
Yoshi's Jazz Club and Japanese Restaurant 157
Zuni Café 158
Richmond **91**, 92
hébergement 125, ***138***
restaurants ***138****, 160*
sorties ***138****, 178*
Rincon Center (Embarcadero) 69
Ripley's Believe it or not Museum (Fisherman's Wharf) 75
Rock 172
Route 1 (sud de San Francisco) 104
Ruée vers l'or 27
Russ Building (Financial District) 67
Russian Hill (North Beach) 72

S

Salon de tatouage 191
San Francisco Bay Model Visitor Center (Sausalito) 98
San Francisco Botanical Garden at Strybing Arboretum (Golden Gate Park) 89
San Francisco International Airport 47
San Francisco Maritime National Historical Park (Fisherman's Wharf) 75
San Francisco Municipal Railway (Muni) 51
San Francisco Museum of Modern Art (South of Market) 94
San Francisco National Military Cemetery (Presidio) 80
San Francisco Public Library (Civic Center) 86
San Francisco Zoo 104
Santé 55
Sather Tower (Berkeley) 102
Sausalito (Marin County) 98
hébergement 127
restaurants 165
sorties 181
Sécurité 55
Services financiers 52
Shakespeare Garden (Golden Gate Park) 89
SoMa 93
Sorties 169
South of Market (SoMa) 93, **95**
hébergement 125, **139**
restaurants **139**, *161*
sorties **139**, *179*
South Park (South of Market) 94, 108
Spiritueux 195
Sports professionnels 43, 184
Spreckels Mansion (Pacific Heights) 82
SS Jeremiah O'Brien (Fisherman's Wharf) 75
Stationnement 48
St. Francis Hotel (Union Square) 60
Stockton Street (Chinatown) 63
Stow Lake (Golden Gate Park) 90
St. Peter and St. Paul Church (North Beach) 72
Sutro Heights Park (Richmond) 92

T

Taux de change 53
Taxes 56
Taxi 51
Télécommunications 56
Telegraph Avenue (Berkeley) 100
Telegraph Hill (North Beach) 72
Tenderloin **84-85**, 86
hébergement 124, **136-137**
restaurants **136-137**, *158*
sorties **136-137**, *177*
Tennis 111
Théâtre 172
Tien Hau Temple (Chinatown) 63
Tilden Park (Berkeley) 102, 108
Train 50
Transamerica Pyramid (Financial District) 68
Transport en commun 51
Traversier 50
Treasure Island 70
Twin Peaks (Castro) 97

U

Union Square 60, **64-65**
hébergement 117, **132-133**
restaurants **132-133**, *146*
sorties **132-133**, *173*
University of California, Berkeley (Berkeley) 100
University of California Botanical Garden (Berkeley) 102
Upper Haight (Haight-Ashbury) 87
Urgences 56
USS Pampanito (Fisherman's Wharf) 75

V

Valet parking 119
Vélo 111
Vesuvio Café (North Beach) 71
Vêtements 192
Vêtements de maternité 194
Vêtements pour enfants 194
Vêtements rétro 195
Veteran's Building (Civic Center) 86
Vie intime 195
Vins 195
Visa 47
Visites guidées 57
Voile 112
Voiture 48
Voyage 196

W

Walt Disney Family Museum (Presidio) 80
Washington Square (North Beach) 72
Wave Organ (Marina) 78
Wax Museum (Fisherman's Wharf) 75
Wells Fargo History Museum (Financial District) 67

X

Xanadu Gallery (Union Square) 61

Y

Yerba Buena Gardens (South of Market) 93
Yerba Buena Island 70

Z

Zeum (South of Market) 94

Lexique
français-anglais

Salut!	*Hi!*
Comment ça va?	*How are you?*
Ça va bien	*I'm fine*
Bonjour	*Hello*
Bonsoir	*Good evening/night*
Bonjour, au revoir	*Goodbye*
À la prochaine	*See you later*
Oui	*Yes*
Non	*No*
Peut-être	*Maybe*
S'il vous plaît	*Please*
Merci	*Thank you*
De rien, bienvenue	*You're welcome*
Excusez-moi	*Excuse me*
Je suis touriste	*I am a tourist*
Je suis Canadien(ne)	*I am Canadian*
Je suis Belge	*I am Belgian*
Je suis Français(e)	*I am French*
Je suis Suisse	*I am Swiss*
Je suis désolé(e), je ne parle pas l'anglais	*I am sorry, I don't speak English*
Parlez-vous le français?	*Do you speak French?*
Plus lentement, s'il vous plaît	*Slower, please*
Comment vous appelez-vous?	*What is your name?*
Je m'appelle...	*My name is...*
époux(se)	*spouse*
frère, sœur	*brother, sister*
ami(e)	*friend*
garçon	*son, boy*
fille	*daughter, girl*
père	*father*
mère	*mother*
célibataire	*single*
marié(e)	*married*
divorcé(e)	*divorced*
veuf(ve)	*widower/widow*

Directions

Est ce qu'il y a un bureau de tourisme près d'ici?	*Is there a tourist office near here?*
Il n'y a pas de...	*There is no...,*
Nous n'avons pas de...	*We have no...*
Où est le/la ...?	*Where is...?*
à côté de	*beside*
à l'extérieur	*outside*
à l'intérieur	*into, inside, in, into, inside*
derrière	*behind*
devant	*in front of*
entre	*between*
ici	*here*
là, là-bas	*there, over there*
loin de	*far from*
près de	*near*
sur la droite	*to the right*
sur la gauche	*to the left*
tout droit	*straight ahead*

Pour s'y retrouver sans mal

aéroport	*airport*
à l'heure	*on time*
aller-retour	*return ticket, return trip*
aller simple	*one way ticket, one way trip*
annulé	*cancelled*
arrêt d'autobus	*bus stop*
L'arrêt, s'il vous plaît	*The bus stop, please*
arrivée	*arrival*
autobus	*bus*
autoroute	*highway*
avenue	*avenue*
avion	*plane*
bagages	*baggages*
bateau	*boat*
bicyclette	*bicycle*
bureau de tourisme	*tourist office*
coin	*corner*
départ	*departure*
est	*east*
gare	*train station*
horaire	*schedule*
immeuble	*building*
nord	*north*
ouest	*west*
place	*square*
pont	*bridge*
quartier	*neighbourhood*
rang	*rural route*
rapide	*fast*
en retard	*late*
retour	*return*
route, chemin	*road*
rue	*street*
sécuritaire	*safe*
sentier	*path, trail*
sud	*south*
train	*train*
vélo	*bicycle*
voiture	*car*

La voiture

à louer	*for rent*
un arrêt	*a stop*
Arrêtez!	*Stop!*
attention	*danger, be careful*
autoroute	*highway*
défense de doubler	*no passing*
essence	*gas*
feu de circulation	*traffic light*
impasse	*no exit*
limitation de vitesse	*speed limit*
piétons	*pedestrians*
ralentir	*to slow down*
stationnement	*parking*
stationnement interdit	*no parking*
station-service	*service/gas station*

L'argent

argent	*money*
banque	*bank*
caisse populaire	*credit union*
carte de crédit	*credit card*
change	*exchange*
chèques de voyage	*traveller's cheques*
Je n'ai pas d'argent	*I don't have any money*
L'addition, s'il vous plaît	*The bill please*
reçu	*receipt*

L'hébergement

ascenseur	*elevator*
auberge	*inn*
auberge de jeunesse	*youth hostel*
basse saison	*off season*
chambre	*bedroom*
climatisation	*air conditioning*
déjeuner	*breakfast*
eau chaude	*hot water*
étage	*floor (first, second...)*
gérant	*manager, owner*
gîte touristique	*bed and breakfast*
haute saison	*high season*
hébergement	*dwelling*
lit	*bed*
logement	*accommodation*
piscine	*pool*
propriétaire	*owner*
rez-de-chaussée	*main floor*
salle de bain	*bathroom*
toilettes	*restroom*
ventilateur	*fan*

Le magasinage

acheter	*to buy*
appareil photo	*camera*
argent	*silver*
artisanat local	*local crafts*
bijouterie	*jewellery*
blouse	*blouse*
blouson	*jacket*
cadeaux	*gifts*
cassettes	*cassettes*
chapeau	*hat*
chaussures	*shoes*
C'est combien?	*How much is this?*
chemise	*shirt*
le/la client(e)	*the customer*
cosmétiques	*cosmetics*
coton	*cotton*
crème solaire	*sunscreen*
cuir	*leather*
disques	*records*
fermé(e)	*closed*
J'ai besoin de...	*I need...*
Je voudrais...	*I would like...*
jeans	*jeans*
journaux	*newspapers*
jupe	*skirt*
laine	*wool*
lunettes	*eyeglasses*
magasin	*store*
magasin à rayons	*department store*
magazines	*magazines*
marché	*market*
montres	*watches*
or	*gold*
ouvert(e)	*open*
pantalon	*pants*
parfums	*perfumes*
pellicule	*film*
pierres précieuses	*precious stones*
piles	*batteries*
revues	*magazines*
sac	*handbag*
sandales	*sandals*
tissu	*fabric*
t-shirt	*T-shirt*
vendeur(se)	*salesperson*
vendre	*to sell*

Divers

bas(se)	*low*
beau	*beautiful*
beaucoup	*a lot*
bon	*good*
chaud	*hot*
cher	*expensive*
clair	*light*
court(e)	*short*
étroit(e)	*narrow*
foncé	*dark*
froid	*cold*
grand(e)	*big, tall*
gros(se)	*fat*
J'ai faim	*I am hungry*
J'ai soif	*I am thirsty*
Je suis malade	*I am ill*
joli(e)	*pretty*
laid(e)	*ugly*
large	*wide*
lentement	*slowly*
mauvais	*bad*
mince	*slim, skinny*
moins	*less*
ne pas toucher	*do not touch*
nouveau	*new*
Où?	*Where?*
pas cher	*inexpensive*
petit(e)	*small, short*
peu	*a little*
pharmacie	*pharmacy, drugstore*
plus	*more*
quelque chose	*something*
Qu'est-ce que c'est?	*What is this?*
rien	*nothing*
vieux	*old*
vite	*quickly*

La température

Il fait chaud	*It is hot outside*
Il fait froid	*It is cold outside*
nuages	*clouds*
pluie	*rain*
soleil	*sun*

Le temps

année	*year*
après-midi	*afternoon*
aujourd'hui	*today*
demain	*tomorrow*
heure	*hour*
hier	*yesterday*
jamais	*never*
jour	*day*
maintenant	*now*
matin	*morning*
minute	*minute*
mois	*month*
janvier	*January*
février	*February*
mars	*March*
avril	*April*
mai	*May*
juin	*June*
juillet	*July*
août	*August*
septembre	*September*
octobre	*October*
novembre	*November*
décembre	*December*
nuit	*night*
Quand?	*When?*
Quelle heure est-il?	*What time is it?*
semaine	*week*
dimanche	*Sunday*
lundi	*Monday*
mardi	*Tuesday*
mercredi	*Wednesday*
jeudi	*Thursday*
vendredi	*Friday*
samedi	*Saturday*
soir	*evening*

Les communications

appel à frais virés (PCV) — *collect call*
appel outre-mer — *overseas call*
attendre la tonalité — *wait for the tone*
bottin téléphonique — *telephone book*
bureau de poste — *post office*
composer l'indicatif régional — *dial the area code*
enveloppe — *envelope*
fax (télécopieur) — *fax*
interurbain — *long distance call*
par avion — *air mail*
tarif — *rate*
télécopieur — *fax*
télégramme — *telegram*
timbres — *stamps*

Les activités

baignade — *swimming*
centre culturel — *cultural centre*
cinéma — *cinema*
équitation — *horseback riding*
faire du vélo — *cycling*
musée — *museum, gallery*
navigation de plaisance — *sailing, pleasure-boating*
pêche — *fishing*
plage — *beach*
planche à voile — *windsurfing*
plongée sous marine — *scuba diving*
plongée-tuba — *snorkelling*
se promener — *to walk around, to stroll*
randonnée pédestre — *hiking*
vélo tout-terrain (VTT) — *mountain bike*

Tourisme

atelier — *workshop*
barrage — *dam*
bassin — *basin*
batture — *sandbank*
belvédère — *lookout point*
canal — *canal*
chenal — *channel*
chute — *waterfall*
cimetière — *cemetery*
colline — *hill*
côte sud/nord — *south/north shore*
couvent — *convent*
douane — *customs house*
écluses — *locks*
école secondaire — *high school*
écuries — *stables*
église — *church*
faubourg — *neighbourhood, region*
fleuve — *river*
gare — *train station*
grange — *barn*
hôtel de ville — *town or city hall*
jardin — *garden*
lieu historique — *historic site*
maison — *house*
manoir — *manor*
marché — *market*
moulin — *mill*
moulin à vent — *windmill*
palais de justice — *court house*
péninsule — *peninsula*
phare — *lighthouse*
pont — *bridge*
porte — *door, archway, gate*
presqu'île — *peninsula*
réserve faunique — *wildlife reserve*
rivière — *river*
voie maritime — *seaway*

Gastronomie

agneau *lamb*
beurre *butter*
bœuf *beef*
calmar *squid*
chou *cabbage*
crabe *crab*
crevette *shrimp*
dinde *turkey*
eau *water*
fromage *cheese*
fruits *fruits*
fruits de mer *seafood*
homard *lobster*
huître *oyster*
jambon *ham*
lait *milk*
langouste *scampi*
légumes *vegetables*
maïs *corn*
noix *nut*
œuf *egg*
pain *bread*
palourde *clam*
pétoncle *scallop*
poisson *fish*
pomme *apple*
pomme de terre *potato*
poulet *chicken*
viande *meat*

Les nombres

1 *one*
2 *two*
3 *three*
4 *four*
5 *five*
6 *six*
7 *seven*
8 *eight*
9 *nine*
10 *ten*
11 *eleven*
12 *twelve*
13 *thirteen*
14 *fourteen*
15 *fifteen*
16 *sixteen*
17 *seventeen*
18 *eighteen*
19 *nineteen*
20 *twenty*
21 *twenty-one*
22 *twenty-two*
23 *twenty-three*
24 *twenty-four*
25 *twenty-five*
26 *twenty-six*
27 *twenty-seven*
28 *twenty-eight*
29 *twenty-nine*
30 *thirty*
31 *thirty-one*
32 *thirty-two*
40 *forty*
50 *fifty*
60 *sixty*
70 *seventy*
80 *eighty*
90 *ninety*
100 *one hundred*
200 *two hundred*
500 *five hundred*
1 000 *one thousand*
10 000 *ten thousand*

Tableau des distances

Distances en kilomètres et en milles

Exemple: la distance entre San Francisco et Los Angeles est de 616 km ou 380 mi.

1 mille = 1,62 kilomètre
1 kilomètre = 0,62 mille

	Bakersfield	Eureka	Fresno	Las Vegas (Nev.)	Los Angeles	Monterey	Palm Springs	Redding	Reno (Nev.)	Sacramento	San Diego	San Francisco	San Luis Obispo
Eureka	889/549												
Fresno	175/108	738/456											
Las Vegas (Nev.)	466/288	1368/844	638/394										
Los Angeles	179/110	1060/654	351/217	444/274									
Monterey	401/248	632/390	245/151	859/530	543/335								
Palm Springs	369/228	1237/764	532/328	457/282	184/114	731/451							
Redding	711/439	253/156	534/330	1170/722	890/549	513/317	1072/662						
Reno (Nev.)	659/407	687/424	488/301	721/445	838/517	526/325	1031/636	477/294					
Sacramento	438/270	483/298	261/161	908/560	628/388	301/186	810/500	268/165	219/135				
San Diego	384/237	1258/777	547/338	543/335	200/123	750/463	232/143	1086/670	1045/645	829/512			
San Francisco	459/283	449/277	289/178	921/569	**616/380**	178/110	800/494	353/218	366/226	146/90	819/506		
San Luis Obispo	198/122	824/509	206/127	762/470	310/191	234/144	506/312	700/432	712/440	495/306	517/319	372/230	
Tijuana (Mex.)	399/246	1283/792	573/354	566/349	225/189	773/477	255/157	1111/686	1070/660	857/529	28/17	845/522	546/337